Demokratie in der Krise

–

Die politische Philosophie des Existentialismus heute

Alfred Betschart (Hrsg.)

Demokratie in der Krise
–
Die politische Philosophie
des Existentialismus heute

Sartre, Camus, Beauvoir im Zwiegespräch mit
Kierkegaard, Nietzsche, Schmitt, Arendt,
Foucault und Butler

Bibliografische Information der Deutschen Nationalbibliothek
Die Deutsche Nationalbibliothek verzeichnet diese Publikation
in der Deutschen Nationalbibliografie; detaillierte bibliografische
Daten sind im Internet über http://dnb.d-nb.de abrufbar.

ISSN 1862-166X
ISBN 978-3-631-72414-9 (Print)
E-ISBN 978-3-631-72521-4 (E-PDF)
E-ISBN 978-3-631-72522-1 (EPUB)
E-ISBN 978-3-631-72523-8 (MOBI)
DOI 10.3726/b11252

© Peter Lang GmbH
Internationaler Verlag der Wissenschaften
Frankfurt am Main 2017
Alle Rechte vorbehalten.
Peter Lang Edition ist ein Imprint der Peter Lang GmbH.

Peter Lang – Frankfurt am Main · Bern · Bruxelles ·
New York · Oxford · Warszawa · Wien

Diese Publikation wurde begutachtet.

www.peterlang.com

Inhaltsverzeichnis

Alfred Betschart

Zur Aktualität existentialistischer politischer Philosophie – eine Einleitung

Gestützt auf Alexandre Kojèves Hegel-Interpretation postulierte Francis Fuku-yama 1992 das Ende der Geschichte. Der Liberalismus habe definitiv gesiegt. In der Tat ist seitdem eine neue Zivilreligion entstanden. Mit ihrem Eintreten für eine neoliberale Wirtschaftsordnung in einer globalisierten, multikulturellen Welt, für ein geeinigtes Europa in Form der EU, für vor Gerichten einklagbare Menschenrechte und für parlamentarische Demokratie beherrscht sie den poli-tischen, kulturellen und medialen Mainstream von den Bürgerlichen bis zu den Sozialdemokraten und Grünen. Dieser parteienübergreifende Konsens wird heute jedoch durch populistische Bewegungen in Frage gestellt, insbesondere jene von rechts, die eher die von Samuel P. Huntington 1996 verkündete Gegenthese des *Clash of Civilizations* vertreten.

Mit dem Sieg in der Brexit-Abstimmung und der Wahl Donald Trumps zum amerikanischen Präsidenten haben die Populisten zwei bedeutende Siege im Zen-trum der neuen Zivilreligion errungen. Obwohl Populisten direkt oder indirekt schon zuvor in mehreren andern Ländern an der Macht oder zumindest an ihr beteiligt waren – von Putin über Kaczyński und Orbán bis zu Tsipras –, ist seit diesen beiden Ereignissen im Mainstream Westeuropas wie der USA das Gefühl virulent, dass unsere Demokratien akut in Gefahr sind.

Zwar könnte der Populismus auch als Beweis für die Lebenskraft der Demo-kratie verstanden werden, indem jene Bevölkerungssegmente, die abschätzig als Wutbürger, Hillary Clintons *deplorables*, bezeichnet werden, wieder in die Demo-kratie mit ihren Prozessen reintegriert werden. Statt *exit* wird wieder vermehrt *voice* gewählt – um Albert O. Hirschmans Terminologie zu benutzen. Doch in der Betrachtung von Politikern, Massenmedien wie Wissenschaftlern überwiegt die negative Sichtweise, dass die einzig richtige Gesinnung, die neue Zivilreligion, durch wachsende Teile des *demos* bedroht ist. Statt von Colin Crouchs Analyse unseres politischen Systems der *post-democracy* zu lernen, haben die Vorbehalte der Eliten gegenüber den partizipativen Elementen in unserer Demokratie zuge-nommen. Das Heil wird vermehrt in einer elitistischen Demokratieauffassung à la

Max Weber oder Joseph Schumpeter gesucht. Die Eliten frönen der Platonschen
Lüge, es besser als die Bürgerinnen und Bürger zu können (SCHÖNHERR-MANN)[1].
Ja, die Demokratie steht in der Krise, doch nicht ob des Populismus, sondern
ob des dahinter stehenden Phänomens der Diversität. Diese hat ein Ausmaß angenommen, dass eine Einigung im Rahmen der existierenden demokratischen
Prozesse immer schwerer fällt. Die politische Kommunikation ist mit Äußerungen
bis hin zu ausgeprägtem Hass zu einem Modus heftiger Konfrontation zurückgekehrt, der seit der Niederlage von Faschismus und Kommunismus als Ausdruck
einer überkommenen Vergangenheit gilt. Mit neuen Gesetzesprojekten, Klagen
vor Gerichten, dem Kampfbegriff der *Fake News* und der Abschaltung von Blog-
funktionen auf den Onlineversionen von Zeitungen wird versucht, die politische
Diskussion wieder in die Bahnen des „Wohlanständigen" zu zwingen und insbesondere der *Social Media*, der modernen Form des Stammtischs, Herr zu werden.

Historisch gesehen kann keine Rede davon sein, dass die Diversität in quali-
tativer Hinsicht im Vergleich zu früheren Zeitepochen wesentlich zugenommen
hat. Der Gegensatz zwischen Rechtspopulisten und linksliberalem Mainstream
von heute ist nicht größer als jener zwischen Bürgerlichen und Kommunisten in
den 1950er Jahren. Vielmehr ist er insofern kleiner, als die kulturelle Hegemonie
des linksliberalen Mainstreams – um mit Antonio Gramsci zu sprechen – heute
fast total ist, während früher auch die Systemopposition über sehr wortmächtige
Stimmen unter Intellektuellen, Künstlern und Wissenschaftlern verfügte. Zuge-
nommen hat aber sicher die quantitative Dimension der Diversität. Claudia Ritzi
und Gary S. Schaal sprechen in diesem Zusammenhang von der Pluralisierung
der Lebensstile bei gleichzeitiger Auflösung gesellschaftlicher Milieus. Damit
verbunden ist, in Jean-Jacques Rousseaus Begriffen, die Verschiebung vom *cito-
yen* zum *bourgeois*, was zu einer zunehmenden Unverhandelbarkeit der eigenen
Präferenzen führt.[2]

Zeiten fundamentaler, auch politischer Krisen sollten für die Philosophie güns-
tige Zeiten sein. Die letzte größere Krise unserer politischen Systeme um 1968
hatte in der Tat wenig später eine intensive Diskussion unter Beteiligung promi-
nenter Philosophen ausgelöst. John Rawls'*A Theory of Justice* (1971) führte in den
USA zu einer intensiven Debatte zwischen Liberalen und Kommunitaristen, die
auch in Europa, u.a. durch Jürgen Habermas mit seiner Theorie der deliberativen
Demokratie, aufgegriffen wurde. Diese Welle von signifikanten Beiträgen zur

---

1   Namen in Kapitälchen verweisen auf den weiter unten befindlichen Beitrag des ent-
    sprechenden Autors.
2   Ritzi / Schaal: *Politische Führung in der „Postdemokratie"*.

politischen Philosophie verebbte in den 1990er Jahren. Judith Butler, Slavoj Žižek, Alain Badiou und Peter Sloterdijk sind zwar immer noch für einen Beitrag mit politischer Relevanz gut, doch diese sind oft zu sehr der Aktualität geschuldet.

Die heutige Zeit kennzeichnet vielmehr das Schweigen der Philosophen. Die herrschende analytische Philosophie hat noch nie den Anspruch erhoben, signifikante Beiträge zu aktuellen Fragen zu leisten. Die heterodoxe Philosophie, Jean-François Lyotards These folgend, wonach die Zeit der Metaerzählungen der Vergangenheit angehört, hat sich mit ihrem Fokus auf die Dekonstruktion selbst weitgehend jeglicher Relevanz beraubt. Statt Teil der Lösung des Problems ist die Philosophie Teil des Problems geworden und insofern für den desolaten Zustand des Denkens im Zeitalter des Populismus mitverantwortlich.

Angesichts der bedenklichen Situation der politischen Philosophie von heute bietet sich ein Rekurs auf die französischen Existentialisten an, auf Jean-Paul Sartre, Simone de Beauvoir, Albert Camus und Maurice Merleau-Ponty, die den Menschen des 21. Jahrhunderts wie keine anderen Philosophen vorwegnahmen. Sie setzten sich für das Recht jedes Menschen ein, in Freiheit und seinem eigenen Entwurf gemäß leben zu dürfen, für eine Welt ohne Unterdrückung, für die Rechte der Frauen und Schwulen und gegen Rassismus. Es sind Werte, die heute so sehr Allgemeingut geworden sind, dass sie kaum mehr mit der existentialistischen Philosophie in Verbindung gebracht werden.

Mit dem Ziel, eben dieses Potential der existentialistischen Philosophie als politische Philosophie zu erörtern, fand am 8./9.7.2016 an der Münchner Hochschule für Politik eine Tagung zum Thema *Demokratie und Partizipation – die politische Philosophie des Existentialismus heute* statt. Die Organisatoren waren Prof. Dr. Hans-Martin Schönherr-Mann und die Sartre-Gesellschaft e.V. Es sind die Beiträge zu dieser Zusammenkunft, die in diesen Sammelband eingeflossen sind.

Den Anstoß zu dieser Tagung gab Schönherr-Manns Buch mit dem Titel *Gewalt, Macht, individueller Widerstand. Staatsverständnisse im Existentialismus.* Dieses ist in zweifacher Hinsicht von grundlegender Bedeutung. Erstens stellt Schönherr-Mann die vier Vertreter des französischen Existentialismus in eine spezifische Traditionsgeschichte. Hierzu weitet er den deutschen Begriff des Existentialismus in einer Weise aus, wie er im englisch- und französischsprachigen Raum üblich ist. Auch Karl Jaspers, Gabriel Marcel und Emil Cioran zählt er zu den Existentialisten. Martin Heidegger rangiert hingegen bei ihm – zusammen mit Hannah Arendt und Georges Bataille – bloß unter den Randgängern des Existentialismus, da Schönherr-Mann bei ihm keine individuelle Intention erkennen kann. Neben den Randgängern kennt Schönherr-Mann noch Wegbereiter – Marquis de Sade, Søren Kierkegaard und Stirner – und Vorläufer des

Existentialismus – Friedrich Nietzsche, Carlo Michelstaedter und Henri Bergson. Zu dieser Traditionsgeschichte will ich auch noch Michel Foucault und Judith Butler als Nachfolger der Existentialisten hinzufügen.

Die zweite Hinsicht, in der Schönherr-Manns Buch von grundsätzlicher Bedeutung ist, betrifft seine Unterscheidung von emanzipatorischem und religiös-metaphysischem Existentialismus. Zu letzterem gehören Jaspers, Marcel und Cioran, zu ersterem Sartre, Beauvoir, Camus und Merleau-Ponty. Bekannter ist jene Differenzierung zwischen dem christlichen (Jaspers, Marcel) und dem atheistischen Existentialismus (Heidegger, Sartre), die Sartre in *L'Existentialisme est un humanisme* (dt.: *Der Existentialismus ist ein Humanismus*) traf. Diese war jedoch damals einem aktuellen Anlass geschuldet, nämlich Sartres Diskussion mit Marcel über Existentialismus, die sich immer mehr auf die Frage nach Gottes Existenz zuspitzte.[3] Gerade im Falle der politischen Philosophie erweist sich Sartres Differenzierung als wenig hilfreich. Heideggers Rede zum Antritt des Rektorats 1933 hatte mehr mit Jaspers' *Die geistige Situation der Zeit* 1931 gemein, wo Jaspers nahe am braunen Sumpf der Nazis sass, als mit Sartres Novellensammlung *Le Mur* (dt.: *Die Wand*) aus derselben Zeit. Auch die Äußerungen Heideggers und Jaspers nach dem Krieg[4] geben keinen Anlass dazu, den Hauptgraben zwischen den Existentialisten in der Gottesfrage zu ziehen, die philosophisch immer sekundär war.

Schönherr-Manns Unterscheidung zwischen einem emanzipatorischen und einem religiös-metaphysischen Existentialismus weist hingegen auf einen philosophisch viel relevanteren Unterschied hin. Allen Existentialisten gemeinsam ist, dass das Individuum in eine Situation geworfen ist. Sie unterscheiden sich allerdings darin, was das Subjekt aus seinem Geworfen-Sein machen soll. Für die Vertreter des emanzipatorischen Existentialismus steht die Revolte im Vordergrund. Um seine Authentizität zu bewahren, wird das Individuum aufgefordert, gegen die Situation und die Unterdrückung zu revoltieren. Entsprechend praktizierten sie selbst, insbesondere Sartre und Beauvoir, ein Leben in dauernder Revolte. Für die Vertreter des metaphysisch-religiösen Existentialismus ging es hingegen immer um ein Arrangement mit der Situation. Heidegger bekannte sich zum deutschen Volk und unterwarf sich dessen Führer. Jaspers blieb zeitlebens geistesaristokratischer Vertreter des protestantischen Großbürgertums und Christ.

---

3   Sartre: „Lettre de Jean-Paul Sartre à Gabriel Marcel".
4   Siehe bspw. Jaspers' moralinsaure Kritik an den Existentialisten in *Was ist Existentialismus?* 1951.

Individualismus und Partizipation

Existentialismus argumentiert von der Position eines methodischen Individualismus aus. Der Ausgangspunkt jeder existentialistischer Betrachtung kann nur das Individuum resp. die Gruppe als Vereinigung von Individuen sein. In dieser Hinsicht stehen die Existentialisten fest in jener Tradition, die von der griechischen Antike mit den Sophisten und Sokrates über die Renaissance bis in die Aufklärung, von Voltaire bis zu Kant, reicht. Dies verbindet sie auch mit den meisten modernen liberalen Denkern, von Rawls über Ronald Dworkin bis zu Habermas, und setzt sie in Opposition zu Philosophen, die einem methodischen Holismus verpflichtet waren, wie Rousseau, G.W.F. Hegel oder den modernen Kommunitaristen Michael Sandel, Charles Taylor, Alasdair MacIntyre und Michael Walzer.

Der methodische Individualismus der existentialistischen Denker darf allerdings nicht mit jenem der Liberalen gleichgesetzt werden. Sartre unterschied schon in seinen Kriegstagebüchern[5] zwischen dem analytischen Geist der Aufklärung und des darauf folgenden Liberalismus und dem synthetischen Geist linker wie rechter totalitärer und autoritärer Strömungen, des Marxismus und Faschismus, aber auch konservativer Prägung wie jenem von Joseph de Maistre und Louis de Bonald (BONNEMANN). Diesen beiden Denkarten hielt Sartre seine eines Individualismus des situierten Individuums entgegen.

Das situierte Individuum befindet sich immer in Situation. Jede Situation weist eine raum-zeitliche Dimension auf, in der alle drei Ekstasen von Vergangenheit, Gegenwart und Zukunft immer im aktuellen Moment präsent sind, die Vergangenheit durch die Geschichte des Seienden, die Zukunft durch die Entwürfe (*projets*) der Handelnden. Die Situation des Individuums wird nicht nur durch die physikalisch-chemische Umgebung, sondern insbesondere durch die Andern bestimmt. Das Individuum ist keine Leibnizsche Monade, vielmehr ein *animal sociale*, ein *zōon politikón*. Bei der Lektüre von Sartres *Les Mouches* (dt.: *Die Fliegen*) und Camus' *L'Étranger* (dt.: *Der Fremde*) mag zwar der Eindruck eines solipsistischen Denkens entstehen. Doch dieses wird weder durch die parallel dazu publizierten Werke *L'Être et le néant* (dt.: *Das Sein und das Nichts*) und *Le Mythe de Sisyphe* (dt.: *Der Mythos des Sisyphos*) noch durch das von Sartre und Camus geführte Leben bestätigt. Im Gegensatz zu Heidegger, der sich als einsamer Denker in seine Hütte auf den Todtnauberg zurückzog, verbrachten Camus und insbesondere Sartre und Beauvoir einen nicht unbeträchtlichen Teil ihres Lebens in Cafés und Restaurants sowie auf Reisen.

---

5   Sartre: *Tagebücher*. S. 204–208.

In der *Critique de la raison dialectique* (dt.: *Kritik der dialektischen Vernunft*) entwickelte Sartre seine auch für die politische Philosophie relevante Nomenklatur der Kollektive. Die einfachste Form des Kollektivs ist jene der Serie. Klassen, Geschlechter, Völker, Rassen, sexuelle Orientierungen, aber auch die Wähler oder die Zuschauer am Fernsehen bilden nur Serien. Serien handeln nicht, sie können bestenfalls ein Milieu herausbilden. Massen als handelnde Gruppen, wie sie bspw. in Zeiten von Revolutionen, aber auch bei Demonstrationen vorkommen, nannte Sartre fusionierende Gruppen. Die Gruppenbildung beginnt mit der einfachen Gruppe, wie sie sich beim spontanen Fußballspiel von Jugendlichen bildet. Mit zunehmendem Organisationsgrad der Gruppe spricht Sartre von der vereideten Gruppe, wo erstmals Macht und Autorität auftauchen, der organisierten Gruppe und der institutionellen Gruppe. In letzterer haben sich Autorität und Bürokratie vollendet herausgebildet, was zur Reserialisierung der Mitglieder führt. Ein gutes Beispiel hierfür bildet die Entwicklung von Parteien: was als verschworene Gruppe von Aktivisten beginnt, wird zu einer Organisation und endet als Bürokratie, in der die Mitglieder kaum mehr ein Mitspracherecht haben.

Allen Vertretern des Existentialismus gemeinsam ist die Auffassung, dass der Mensch wesentlich frei ist. Sartre unterschied hierbei zwischen der absoluten ontologischen Freiheit – sowohl in *L'Être et le néant* wie auch der *Critique* schrieb Sartre von der absoluten Freiheit des Sklaven zur Revolte – und der beschränkten anthropologischen Freiheit. Letztere bringt zum Ausdruck, dass der Mensch nur insofern frei ist, als er frei ist, daraus etwas zu machen, wozu er gemacht wurde. Der Prozess der Konstituierung des Menschen beginnt vor dem Prozess der Personalisierung. Das Subjekt als singuläres Universelles zeichnet sich gleichermaßen durch Verinnerung und Entäußerung aus (SCHÖNWÄLDER-KUNTZE), wobei die Verinnerung der Entäußerung vorausgeht.[6]

Die ontologische Freiheit des Menschen ist für Sartre zentral, da sie Voraussetzung für den Entwurf ist. So wie der Glaube bei Kierkegaard ist der Entwurf bei Sartre ein *acte gratuit*, eine durch nichts begründete Entscheidung. In seinem Entwurf legt das Subjekt seine Werte, mithin auch seine politischen Werte fest. Ebenso weisen seine Bedürfnisse eine direkte Beziehung zu seinem Entwurf auf, insofern Bedürfnisse, neben einer allfälligen physischen Komponente, immer darüber Aufschluss geben, was dem Menschen wert ist. Da der Entwurf ein

---

6   Sartres Kritik am Strukturalismus von Claude Lévi-Strauss oder Foucault (siehe „Jean-Paul Sartre répond") richtete sich nicht gegen deren Aussagen zur Konstituierung des Subjekts, sondern gegen die Vernachlässigung des Prozesses der Personalisierung. Vermutlich hätte er Foucaults *Surveiller et punir* (dt.: *Überwachen und Strafen*) und *La Volonté de savoir* (dt.: *Der Wille zum Wissen*) mit großem Interesse gelesen.

willkürlicher Akt ist und Werte ihren Ursprung immer nur in Entwürfen haben und damit willkürlich und subjektiv sind, kann es für Sartre kein objektives Kriterium für Gut und Böse geben.

Fast allen existenzialistischen Denkern gemeinsam ist, dass der Mensch seine eigene Freiheit meist verleugnet, um die damit einhergehende Verantwortung nicht übernehmen zu müssen. Nietzsche sprach von jenen, die sich mit der Sklavenmoral anstelle der Herrenmoral zufrieden geben, Heidegger von der Uneigentlichkeit des Mans, des Durchschnittsmenschen, des Niemand (SAUER). Jaspers unterschied zwischen dem Dasein der gewöhnlichen Masse und der Existenz der Vertreter der Geistesaristokratie. Bei Sartre zählten Bösgläubigkeit (*mauvaise foi*) und Authentizität zu den zentralen Begriffen seiner Werke der 1940er Jahre.

Neben der Haltung zur Situation – Akzeptieren oder Revolte – tut sich hier ein zweiter Graben zwischen dem emanzipatorischen Existentialismus einerseits und dem metaphysischen andererseits auf. Im Gegensatz zu letzterem ist der emanzipatorische Existentialismus fundamental demokratisch und egalitär. Der inauthentische Entwurf findet sich ebenso sehr in der Elite und bei Intellektuellen wie beim gewöhnlichen Menschen. Den Modellfall eines inauthentischen Menschen stellt zweifellos der von Arendt so treffend analysierte Adolf Eichmann dar, der niemals eine eigene Entscheidung traf und für den Gesetz gleich Befehl war (SAUER). Für Sartre, der Determinismus und Voluntarismus gleichermaßen ablehnte (KAIL/ SOBEL), muss jeder Mensch hingegen die Verantwortung für seine Entscheidungen in den und für die jeweiligen kontingenten Situationen übernehmen.

Ein wesentlicher Aspekt sozialer Beziehungen bei Sartre ist der Kampf um Identität und Anerkennung. Das Für-sich findet nur durch und gegen den Andern zu sich selbst. Butlers sozio-kulturell-historisch vermittelten Kategorien zeigen sich schon in Beauvoirs *Le Deuxième sexe* (dt.: *Das andere Geschlecht*: „Man wird nicht als Frau geboren, man wird es.") und in Sartres Analysen zu Antisemitismus und Rassismus (*Réflexions sur la question juive*, dt.: *Überlegungen zur Judenfrage*; *Orphée noir*, dt.: *Schwarzer Orpheus*). Das Individuum als partizipative Subjektivität hat immer Anteil am sozial Gegebenen und ist somit ein gesellschaftlich konstituiertes Subjekt (SCHÖNWÄLDER-KUNTZE). Parallelen zeigen sich hier auch zu Arendts Auffassung, wonach erst die politische Artikulation das politische Subjekt zum Erscheinen bringt und über die politische Expression von Subjektivität und Identität immer einen Bezug auf die Anderen hat (KLEMENT).

Ein fundamentaler Bestandteil der sozialen Beziehungen ist der Konflikt zwischen dem, was wir sind, und dem, was uns die andern zuschreiben – von Sartre schon in *L'Être et le néant* analysiert und in *Huis clos* (dt.: *Geschlossene Gesellschaft*) beispielhaft dargestellt. In dieser Beziehung zum Andern, geprägt durch wechselseitige Subjektivierung und Objektivierung, erfolgt die Konstitution des politischen Subjekts und seiner Identität, die auch politische Entfremdung implizieren kann, wenn der Andere uns auf eine bestimmte politische Seinsweise festlegt (KLEMENT). Wie immer das Etikett lautet, ob jenes des linken Gutmenschen oder des rechten Faschisten, es gilt: 1. das Etikett entspricht nicht der Kontingenz der politischen Ansichten des Subjekts; 2. das Subjekt verfügt über eine breite Palette von Reaktionen, von der aktiven Anpassung an das Etikett über die bloße Akzeptanz bis zur Revolte gegen die Zuschreibung; 3. beide scheitern, der Andere mit seiner Reduktion des Subjekts auf das Etikett und das Subjekt im Versuch, sich und das Etikett in Übereinstimmung zu bringen.

Gemeinsam ist den emanzipatorischen Existentialisten ihre Ablehnung der Reduktion des Individuums auf Kategorien. Beauvoir und Sartre haben sich zwar immer für Benachteiligte eingesetzt: Frauen (REDOLFI), Kolonisierte, Andersrassige, Schwule, Gefangene, nationale Minderheiten. Doch beide erkannten auch die damit verbundenen Gefahren. Insbesondere Beauvoir führte in den letzten Jahren ihres Lebens harte Kämpfe gegen jene Feministinnen, die die Frauen in ein neues feministisches Korsett zwingen wollten. Judith Butlers Vorbehalte gegenüber der Schwulenehe waren ähnlich durch Befürchtungen begründet, dass heterodoxe Formen der Sexualität einmal mehr – im Sinne Foucaults – in eine enge rechtliche Zwangsjacke gepresst werden sollen. Was sich grundsätzlich als Maßnahme zur rechtlichen Förderung von benachteiligten Minderheiten, auch in Form von Diversity Management positiv anhört (SCHÖNWÄLDER-KUNTZE), ist nicht ohne Bedenken, weil dadurch das Individuum auf Kategorien reduziert wird.[7]

Sartre lehnte auch die allgemeinste aller allgemeinen Kategorien ab, jene des abstrakten Menschen[8]. Damit verbunden waren seine Vorbehalte gegenüber den Menschenrechten, die sich nach ihm ähnlich wie bei Habermas bestenfalls historisch, aber nicht durch einen auf welche Art von Naturrecht auch immer zurückgreifenden Rekurs rechtfertigen lassen. Er warf ihnen nicht nur ihren abstrakten Charakter vor – vor der Unterzeichnung des 11. Zusatzprotokolls zur Europäischen Menschenrechtskonvention 1998 sicher berechtigterweise –, sondern auch fehlende Wertneutralität (BONNEMANN). Der abstrakte Mensch der Menschenrechte ist letztlich ein weißer, protestantischer, heterosexueller, bürgerlicher Mann.

---

7   Dies gilt analog auch für Gruppenrechte im Sinn von Will Kymlicka.

8   Auf dem Hintergrund der aktuellen Diskussion ist interessant, dass Sartre auch den Tieren Bewusstsein und die Fähigkeit zu Nichten zuerkannte und damit die Einmaligkeit des Menschen in Frage stellte.

Da das Individuum frei ist und Serien und Gruppen nur existieren, insofern sie aus freien Individuen bestehen, bezeichnete Sartre das Individuum in der *Critique* als den (eigentlichen) Souverän. Sartre verstand den Staat als Institution resp. Satz von Institutionen, die sich in einem langen historischen Prozess herausgebildet haben und in der eine minoritäre Elite über die Mehrheit regiert. Sartre kehrte das Verhältnis von Staat und Recht einerseits und Gewalt andererseits um. Es ist nicht die Aufgabe von Staat und Recht, Gewalt zu verhindern, wie die Theorie des Gesellschaftsvertrags uns seit Thomas Hobbes und John Locke weismacht, sondern Staat und Recht beruhen auf Gewalt und gebrauchen Gewalt, um das Individuum zu einem konformen Verhalten zu zwingen (BONNEMANN). Während Arendt zwischen Gewalt und Macht als Quellen des Rechts unterschied, beruhte für Sartre Macht auf Gewalt, denn Macht impliziert, dass der Andere im Fall der *ultima ratio* letztlich mit Gewalt zu einem bestimmten Verhalten gezwungen werden kann. Foucaults Analysen, sowohl jene in *Surveiller et punir* wie jene über Biopolitik, zeigen beispielhaft, wie sich der Staat die Individuen unterwirft und Untertanen produziert (SCHÖNHERR-MANN). Dies ist allerdings nur möglich, weil der inauthentische Mensch seine Souveränität an den Staat delegiert, er sich weigert, sich gegenüber dem Staat als eigentlicher Souverän zu behaupten, der er aufgrund seiner ontologischen Freiheit ist.

Für emanzipatorische Existentialisten kann es keine wie immer gestaltete *volonté générale* geben, ob auf der Basis von Volk, Staat, Rasse oder Klasse. Es gibt nur die *volontés particulières* (SCHÖNHERR-MANN). Die Gesellschaft ist wesentlich eine pluralistische. Die Auffassung des emanzipatorischen Existentialismus unterscheidet sich hier kategorisch vom konservativen Denken, jenes von Carl Schmitt eingeschlossen (BONNEMANN), den Theorien der frühen Kommunitaristen (Sandel, Taylor, MacIntyre, Walzer) oder den Philosophien von Rousseau, Hegel und Marx.

Ein Graben trennt ihn aber auch von den Vertretern einer konsensualen Demokratie wie Rawls oder Habermas. Der emanzipatorische Existentialismus lehnt die Auffassung letzterer ab, dass sich Gegensätze in individuellen Werthaltungen und Bedürfnissen durch wie immer geartete Verfahren grundsätzlich überbrücken lassen. Da Werthaltungen auf willkürlichen Entscheiden beruhen, sind sie rationalen Diskussionen nur oberflächlich zugänglich. Hier zeigt sich eine klare Nähe der existentialistischen politischen Philosophie zu agonalen Demokratiemodellen, wie sie Chantal Mouffe, Ernesto Laclau, William E. Connolly, Bonnie Honig, Claude Lefort oder Jacques Rancière entwickelten.

Die Politik ist nach Ansicht der emanzipatorischen Existentialisten von unvermeidbaren Konflikt zwischen divergierenden Ansichten geprägt. In diesen (politischen) Konflikten geht es wie in allen intersubjektiven, sozialen Konflikten grundlegend auch darum, dem Andern die Anerkennung zu verweigern und ihn vom Subjekt zum Objekt zu degradieren.[9] Diese Konflikte sind nicht nur unvermeidbar, sondern letztlich auch unlösbar, außer es gelingt dem Andern, das Subjekt im Krieg oder in der Revolution zu töten. In der Bedeutung der Anerkennung eröffnet sich eine Parallele zu Axel Honneths Philosophie. Es ist eine Parallele, die insofern wenig erstaunt, als beide auf Hegels (durch Kojève vermittelte) Herr-Knecht-Dialektik rekurrieren. Allerdings fällt bei Sartre das Ergebnis für ihn bezeichnenderweise pessimistischer als in Honneths Philosophie aus.[10]

Zur politischen Durchsetzung ihrer Werte und Bedürfnisse, hierin sind sich die emanzipatorischen Existentialisten einig, bedarf es der Zusammenarbeit der Individuen. Für Camus gibt es Freiheit nur im Beisein und im Mitsein (SAUER). Sartre wiederum hob in den 1950/60er Jahren die Bedeutung der Gruppe gegenüber den Serien hervor, insbesondere in seinem Artikel gegen Lefort und in der *Critique*. Seine Betonung der Bedeutung der Partei im Gegensatz zur Serie der Klasse trug ihm in Merleau-Pontys *Les Aventures de la dialectique* (dt.: *Die Abenteuer der Dialektik*) sogar den Vorwurf des Ultrabolschewismus ein. Wie seinem früheren Kontrahenten Lefort galt Sartres großes Interesse in den frühen 1970er Jahren den Neuen Sozialen Bewegungen (BETSCHART). Es zeigt sich hierin auch eine große Nähe zu Arendt, für die Politik das Öffentlich-Gemeinsame ist. Politik bedeutet, dass Individuen mit unterschiedlichen Interessen gemeinsam beratschlagen. Politisches Handeln bedeutet insbesondere öffentliche Kommunikation (KLEMENT, SAUER), eine Auffassung mit Parallelen zu Niklas Luhmanns Theorie sozialer Systeme als autopoietische Systeme auf Basis der Kommunikation (SCHÖNWÄLDER-KUNTZE).

Jenseits der parlamentarischen Demokratie

Ausgehend vom methodischen Individualismus ist die Parrhesia jenes Element, das alle Existentialisten mit ihren Wegbereitern, Vorläufern, Randgängern und

---

9 Siehe hierzu Sartres grundsätzliche Arbeiten in *L'Être et le néant* und den *Cahiers pour une morale* (dt.: *Entwürfe für eine Moralphilosophie*).

10 Die Relevanz der Kategorie der Anerkennung zeigte Arlie Russell Hochschild, Soziologieprofessorin in Berkeley, in ihrem viel gepriesenen, 2016 veröffentlichten Buch *Strangers in their Own Land: Anger and Mourning on the American Right* auf, in dem sie die Motive der Rechtspopulisten (Tea Party) in den USA analysierte. Ihre Analyse spitzt sich letztlich auf einen Konflikt um Anerkennung zu, in dem die Tea Party-Anhänger sich gegen die *linecutters* wehren.

Nachfolgern in Bezug auf die Auffassung von Demokratie eint. Unter Parrhesia verstand Foucault in einem Rückgriff auf die Antike das wiederbelebte Recht aller, nicht zuletzt der Unterdrückten, politisch das Wort zu erheben und wahr zu sprechen (SCHÖNHERR-MANN). Ansonsten lassen sich zwischen den Positionen der verschiedenen Denker allerdings beträchtliche Differenzen beobachten.

Am nächsten zur vorherrschenden Demokratieauffassung liegt zweifellos Hannah Arendts politische Philosophie. In *On Revolution* (dt.: *Über die Revolution*) lobte sie das amerikanische politische System mit seiner Machtteilung und seinen *checks and balances*. In ihm sah sie ihr zentrales Anliegen am besten gewährleistet, nämlich eine auf einer totalitären Ideologie beruhende totalitäre Herrschaft mit ihren Auswüchsen von Terror und Völkermord zu verhindern. Zusammen mit Carl Friedrich wurde Arendt mit *The Origins of Totalitarianism* (dt.: *Elemente und Ursprünge totaler Herrschaft*) zu einer der Initiatorinnen der politphilosophischen Diskussion über die totalitären Systeme des 20. Jahrhunderts.

Im Vergleich zum wohlmeinenden, an die griechische Polis angelehnten Republikanismus Arendts (siehe ihr Werk *Vita activa*) erwies sich ihr väterlicher Freund Jaspers in seiner Schrift *Wohin treibt die Bundesrepublik?* deutlich kritischer. Seine Analyse des Strukturwandels von der Demokratie zu einer Parteienoligarchie, in der die Bürger überfahren werden, zeigt nicht nur interessante Parallelen zu Sartres Theorie der Kollektive, sondern wirkt in einer Zeit, in der die populistischen Parteien gewaltig an Stimmen gewinnen, von erfrischender Aktualität.

Eine sehr enge Verwandtschaft zeigt sich zwischen Arendts *The Origins of Totalitarianism* und Camus' *L'Homme révolté* (Dt.: *Der Mensch in der Revolte*). Camus sprach sich in diesem Werk gegen jede Unterwerfung unter nihilistische Ideologien oder Philosophien aus. Anders als Nietzsche, der Nihilismus ambivalent als Entwertung der obersten Werte verstand, waren für Camus nihilistische Auffassungen solche, die zur Relativierung des menschlichen Lebens führen, sei es auf der Basis der Verneinung, der Bejahung oder der Gerechtigkeit. Richtete sich die Anklage von Arendt gleichermaßen gegen Nationalsozialismus und Kommunismus, stand bei Camus letzterer als eine Ideologie im Vordergrund, die im Namen der Geschichte und der nachrevolutionären Zukunft in der Gegenwart unzählige Menschenleben opfert. Dem absoluten Denken stellte er das mittelmeerische Denken entgegen, ein Denken des Maßes. Für Camus kam nur die Revolte als Weigerung des Individuums in Frage, als Ding behandelt zu werden. Die Revolution im Namen von Ideologien lehnte er ab. Die Revolte richtet sich gegen den Albtraum im Diesseits, ist eine Weigerung, während die Revolution eine universale Neuordnung als Traum im Jenseits, ein Absolutum anstrebt (SAUER, SCHÖNHERR-MANN).

Mit seiner Philosophie der Revolte steht Camus in Nietzsches Nachfolge. In seiner sehr umstrittenen Camus-Biographie bezeichnete Michel Onfray Camus zurecht als einen Linksnietzscheaner[11]. Dass sich in Camus' Arbeitszimmer ein Bild Nietzsches befand und er bei seinem Tod dessen *Die Fröhliche Wissenschaft* in der Aktentasche mit sich führte, zeigt Camus' enge Beziehung zu Nietzsche auf.

Nietzsche war von den Vorläufern und Randgängern des ausgehenden 18. und des 19. Jahrhunderts der für die existentialistische politische Philosophie wohl bedeutendste, wichtiger als Sade oder Kierkegaard. Mit seiner Ablehnung von Gesellschaft und Religion hatte er den Geist des mehr als ein halbes Jahrhundert später entstandenen emanzipatorischen Existentialismus entscheidend vorweggenommen. Fälschlicherweise wird Nietzsches Übermensch meist einseitig im Sinne der Herrenmensch-Ideologie des Nationalsozialismus verstanden. Doch diese Haltung lässt sich angesichts von Nietzsches Gesamtwerk und seiner Vision des guten Europäers nicht aufrechterhalten, die sich als gesamteuropäische Vision bestehend aus dem Norden, Süden und Osten gegen Nationalismen und Rassismus richtete (STEPHAN).

Auch Sartre war zur Zeit seines Studiums an der ENS stark von Nietzsche beeinflusst. Nicht nur hatte er damals Charles Andlers Nietzsche-Biographie gelesen; einer seiner ersten Roman-Versuche, *Une Défaite* (1926), lehnte sich an die Dreiecksgeschichte von Nietzsche und Richard und Cosima Wagner an mit Sartre in der adaptierten Rolle Nietzsches. Auch Nietzsches radikale Politikfeindschaft (STEPHAN) findet sich beim jüngeren Sartre in seiner bis 1941 andauernden protoanarchistischen Phase wieder. Mit seinem Engagement für ein vereinigtes Europa, insbesondere auch für eine gesamteuropäische Schriftstellervereinigung (COMES statt P.E.N.), entsprach Sartre Nietzsches Bild eines guten Europäers gar eher als Camus mit seinem mittelmeerischen Denken.

Im Vorwort zu Roger Stéphanes *Portrait de l'aventurier* (dt.: *Porträt eines Abenteurers*; 1950) wird auch klar, dass Sartres Sympathien eher beim ungebundenen Abenteurer als beim Parteisoldaten der Revolution lagen. Er war allerdings nicht bereit, ob der Katastrophen des 20. Jahrhunderts mit den Kriegen und Massenvernichtungen die historische Bedeutung von Revolutionen, der ihnen zugrunde liegenden Ideologien und der damit verbundenen Gewalt zu negieren. Wir feiern auch heute noch die Französische Revolution, die Amerikanische Revolution (1763–83), die englische *Glorious Revolution* (mit Vorgeschichte 1642–89) oder

---

11 Onfray: *L'Ordre libertaire*. S. 30.

die Reformation.[12] Hierin unterschied sich Sartre radikal von Camus, dem er deshalb in seiner Replik von 1952 Ablehnung der Geschichte und Verleugnung der Zeit vorwarf.[13]

Sartre, sich der geschichtlichen Bedeutung von Revolutionen bewusst, vertrat die Auffassung, dass grundsätzliche historische Veränderungen meist gewaltsame Revolutionen voraussetzen, nicht weil die Gewalt sie adeln würde, sondern weil die konservativen, beharrenden Kräfte eine Veränderung meist mit Gewalt zu verhindern suchen. Dass Sartre sich der negativen Seiten von Revolutionen aber durchaus auch bewusst war, zeigt sich in seinem theoretischen Konzept der Terror-Geschwisterlichkeit (*fraternité-terreur*), nach dem (fast) jede Revolution in Terror umschlägt. Als er 1960 das revolutionäre Kuba besuchte, sagte er den Kubanern jenen Terror voraus, der schon ein Jahr später Wirklichkeit wurde.

Während relativ kurzer Zeit, 1952/54–56 und 1962–66, pflegte Sartre mit den Sowjetkommunisten resp. dem *Parti Communiste Français* eine Zweckallianz (und keine Weggenossenschaft). Seine sich über dreißig Jahre, zwischen 1941 und 1972, hinziehende Auseinandersetzung mit dem Marxismus führte dazu, dass er – zumindest in den 1960er Jahren – die marxistische politische Philosophie weitgehend übernahm, obwohl er der Ansicht war, dass der Marxismus als Philosophie zum Stillstand gekommen war, und trotz des Gegensatzes zwischen dem methodischen Holismus des Marxismus und seinem eigenen methodischen Individualismus, der nicht nur die Basis von *L'Être et le néant*, sondern auch der *Critique* bildete (BETSCHART).

Die – weitgehend unbekannt gebliebene – Korrektur erfolgte ab 1972, als Sartre mit dem Aufbau einer selbständigen politischen Philosophie begann, die neu mehr mit anarchistischen Vorstellungen gemeinsam hatte. Ausgehend von der Tatsache einer pluralistischen, agonalen Gesellschaft vertrat Sartre die Auffassung, dass jedes Individuum nur dann seinem eigenen Entwurf entsprechend leben kann, wenn die Gesellschaft sich als anarchistische Gesellschaft in kleinen Gemeinschaften organisiert. Jede Form des Staates, auch der gemäßigte liberale Staat nach Rawls oder Habermas, impliziert, dass der Staat Individuen zwingt, ihr Verhalten entgegen ihren subjektiven Entwürfen staatlichen Normen anzupassen. Kants Reich der Zwecke kann nur in einer Gesellschaft ohne Staat erreicht werden. Für Sartre war allerdings auch klar, dass der Staat nicht sofort abgeschafft werden

---

12 Analoges kann auch über Kriege gesagt werden. Beispielhaft sei nur der Amerikanische Bürgerkrieg mit dem Ziel der Abschaffung der Sklaverei in den Südstaaten genannt.

13 Sartre: „Antwort an Albert Camus", S. 44.

kann. Aber zumindest wollte er ihn in Richtung eines von unten föderal, regional, aber auch transnational aufgebauten Europa umgebaut wissen (BETSCHART).

Mit seinen gegen Ende seines Lebens gemachten Bekenntnissen zum Anarchismus (BETSCHART) – auch wenn es ein Anarchismus à la Sartrienne war – hatte sich Sartre wieder Camus angenähert. Wie bei Camus (MARIN) findet sich auch bei ihm der Begriff des *socialisme libertaire*[14]. Camus' nach 1945 zunehmend ausgeprägter Moralismus führte zu dessen Annäherung an den revolutionären Syndikalismus und insbesondere die Anarchisten. Zwischen 1949 und 1958 publizierte Camus mehrere kleinere Beiträge nicht nur in der Pierre Monatte und dessen revolutionärem Syndikalismus nahestehenden Zeitschrift *La Révolution prolétarienne*, sondern auch in den von Anarchisten, vor allem Anarchopazifisten geführten Publikationen *Défense de l'Homme*, *Le Libertaire*, *Le Monde libertaire*, *Témoins* und *Liberté*. Auch pflegte Camus persönlichen Umgang mit Anarchisten. Das Verdienst, dies wieder in unser Bewusstsein gebracht zu haben, kommt Lou Marin mit seinem Buch *Albert Camus – Écrits libertaires* zu. Onfrays Camus-Biographie trug entsprechend den Titel *L'Ordre libertaire*, der im Deutschen leider verfälschend als *Im Namen der Freiheit* statt als *Die libertäre* – d. h. anarchistische – *Ordnung* übersetzt wurde. Der sich zumindest teilweise als Anarchist verstehende Camus lobte allerdings auch gleichzeitig die sozialdemokratischen Systeme Skandinaviens[15] und unterstützte 1955/56 aktiv den linksliberalen Politiker Pierre Mendès-France. Camus' hochkomplexe Persönlichkeit zeigte sich so auch in seiner politischen Haltung, zumal er mit seinem mittelmeerischen Denken sogar ein zentrales Element mit dem faschistischen Denken von Charles Maurras und Benito Mussolini teilte.

Die Grenzen der Demokratie – Knappheit und Gewalt

Wesentlich mit dem Verständnis des Subjekts als eines situierten Individuums verbunden ist das Scheitern des Subjekts an den Umständen seiner kontingenten Situation. Im literarischen Werk Sartres, der das Thema der Kontingenz schon während seines Studiums an der ENS aufgegriffen hatte, ist dies von zentraler Bedeutung. Statt Kontingenz war für Camus, sich dabei auf Philosophen wie Kierkegaard, Nietzsche, Jaspers und Heidegger beziehend, in *Le Mythe de Sisyphe* die Absurdität der Situation der zentrale Begriff. Beide Gedanken, Absurdität und Scheitern, haben in der Populärphilosophie oft dazu geführt, der existentialistischen Philosophie einen pessimistischen Anstrich zu verleihen. Doch Camus

---

14 *Libertaire* ist in Frankreich die bevorzugte Eigenbezeichnung der Anarchisten (BETSCHART).

15 Camus: *Der Mensch in der Revolte*. S. 241f.

schrieb in *Le Mythe de Sisyphe* von der verborgenen Freude des Sisyphos über sein Schicksal, jeden Tag den Stein wiederum nach oben schieben zu dürfen. Und Sartre betonte in *L'Existentialisme est un humanisme* den optimistischen Charakter seiner Philosophie.

Zu einem zentralen Thema wurden die vorhandenen Grenzen der individuellen Existenz in Sartres zweitem philosophischem Hauptwerk, der *Critique de la raison dialectique*. Neben methodologischen Überlegungen und solchen über die Art der sozialen Kollektive findet sich dort insbesondere eine Theorie über die Struktur der das Subjekt umgebenden Umwelt. Ausgangspunkt von Sartres Überlegungen bildete die intersubjektive Praxis, die inetwa Max Webers Kategorien des zweck- und wertrationalen Handelns entspricht. Die Ergebnisse praktischen Handelns, nicht zuletzt des Arbeitens als wichtigster Form der Praxis, bezeichnete Sartre im Unterschied zur rein physikalisch-chemischen Welt als das Praktisch-Inerte. Letzteres bildet die Grundlage von Entfremdung. Neben der Praxis kannte er auch noch die Hexis als degenerierte Form von Praxis, die ungefähr dem traditionalen Handeln bei Weber entspricht und die sich in der lateinischen Variante als Habitus bei Pierre Bourdieu wiederfindet. Soziale Vorgänge bestehen allerdings nicht nur aus Praxen und Hexen, sondern auch aus Prozessen. Mit Prozessen bezeichnet Sartre Vorgänge, in denen mehrere Praxen oder auch Praxen mit physikalisch-chemischen Vorgängen verwoben sind. Mehrere Praxen und Prozesse zusammen bilden wiederum ein System.[16]

Sartre führte das Scheitern des Subjekts in der *Critique* primär auf drei Faktoren zurück: Knappheit, Gegenfinalitäten und Erfordernisse (*exigences*). Unter letzteren verstand er vor allem das, was üblicherweise als Sachzwänge bezeichnet wird. Von herausragender Bedeutung ist insbesondere die Knappheit (KAIL/SOBEL). Diesen Ausdruck übernahm Sartre von der (bürgerlichen) neoklassischen Ökonomie. Er erweiterte ihn jedoch über den engen Bereich der Wirtschaft hinaus und erwies sich damit als Zeitgenosse der Vertreter jener ökonomischen Strömung, die von der Politik über die Familie bis zum Recht (James Buchanan, Gordon Tullock, Anthony Downs, Mancur Olson, Gary Becker) alle Teile der Gesellschaft der Analyse mit Hilfe von ökonomischen Begriffen und Methoden unterzog.

Sartre selbst verwendete den Begriff der Knappheit als zentrales Instrument in seiner Analyse der Politik resp. der Geschichte im zweiten Band der *Critique* im Zusammenhang mit dem Versuch, die Entwicklung der Sowjetunion und insbesondere des Stalinismus zu verstehen. Zentral war für ihn dabei die zu einem

---

16 Beispiele: Unterdrückung ist eine Praxis, Ausbeutung ein Prozess und Kolonialismus ein System.

bestimmten Zeitpunkt gegebene Kontingenz und Knappheit der Parteien und politischen Führer. Die ideale Partei und der ideale politische Führer sind immer Mangelware. Der politische Mensch kann nur wählen zwischen dem, was real existiert. Welche Analyse könnte angesichts der beschränkten Wahl zwischen Hillary Clinton und Donald Trump in den USA und zwischen kaum mehr unterscheidbaren Mainstream-Parteien einerseits und (rechts- oder links)populistischen Parteien in Europa andererseits aktueller sein?

Geschichte verstand Sartre als Ausdruck des Kampfs gegen die Knappheit, aber es ist auch erst die Knappheit, die Geschichte ermöglicht. Zur Überwindung der Knappheit trägt auch Arbeit bei, die dadurch zum verbindenden Glied zwischen Bedürfnis und Genuss wird (KAIL/SOBEL, SCHÖNWÄLDER-KUNTZE). Im Zentrum der Politik steht die Verteilung knapper, nicht nur materieller, sondern auch immaterieller Güter. Gewalt wiederum ist eine Folge der Knappheit und damit der Kontingenz der Situationen. Der Konflikt zwischen den Subjekten erhält so bei Sartre in der *Critique* seine soziale, materielle wie immaterielle, (und auch politische) Grundlage. Es sind die Konzepte von Kontingenz und Knappheit, die Sartre von Denkern wie Emmanuel Levinas oder Honneth trennen, die grundsätzlich von einer ähnlichen Grundlage aus philosophieren. Doch Ersterer kommt nur bis zu einem abstrakten Andern und nicht zum konkreten Andern als Alter Ego, und der Zweite vernachlässigt die Konfliktualität menschlicher Beziehungen.

Aufgrund der Allgegenwart von Knappheit ist für Sartre auch Gewalt ubiquitär. Der Gewalt der herrschenden Eliten, meist in Form institutionalisierter Gewalt (oder, um mit Johan Galtung zu sprechen, struktureller Gewalt), steht dabei die direkte Gewalt der Unterdrückten als Gegengewalt gegenüber.[17] In seinem Vorwort zu Frantz Fanons *Les Damnés de la terre* (dt.: *Die Verdammten dieser Erde*) setzte sich Sartre engagiert zugunsten des Rechts der Unterdrückten ein, sich ihr Recht auf Selbstbestimmung auch mit den Mitteln der Gewalt zurückzuholen (BONNEMANN). Er war sich dabei durchaus bewusst, dass auch der Unterdrücker ein Unterdrückter ist und die Befreiung mit Gewalt letztlich nur gemäß dem Prinzip der Terror-Geschwisterlichkeit zu einer neuen Gewaltherrschaft führt.

Damit setzte Sartre einen Kontrapunkt zu Camus. Die Frage der Gewalt resp. nach dem ethischen Verhältnis zwischen Mitteln und Zwecken war seit dem Zweiten Weltkrieg der große philosophische Streitpunkt zwischen dem Moralisten Camus und dem Philosophen Sartre. Zur Zeit der Besatzung teilten beide noch die Ansicht, dass bewaffnete Résistance gerechtfertigt war, auch wenn diese wegen der Retorsionsmaßnahmen der deutschen Truppen zum Tod vieler Unschuldiger

---

17 In den *Cahiers* unterschied Sartre zwischen offensiver, defensiver und Gegengewalt.

führte. Während Sartre diese Ansicht philosophisch-historisch begründet auch später noch vertrat, wandte sich Camus mehr und mehr einem Anarchopazifismus zu, der den Tod Unschuldiger konsequent ablehnte (MARIN).

Auch wenn die Diskussion über das Verhältnis von Mitteln und Zwecken bis 1952 ohne namentliche Nennung des andern geführt wurde, verlief sie sehr intensiv: 1943–45 verfasste Camus die *Lettres à un ami allemand*; 1945 schrieb Simone de Beauvoir *Idéalisme moral et réalisme politique* und *Les Bouches inutiles* (REDOLFI); 1946 folgten Camus' *Ni Victimes, ni bourreaux*; 1947/48 beschäftigte sich Sartre in seinen *Cahiers pour une morale* intensiv mit dem Verhältnis von Mitteln und Zwecken und veröffentlichte er 1948 *L'Engrenage* und *Les Mains sales*; 1949 folgte Camus' Drama *Les Justes*, 1951 Sartres Stück *Le Diable et le bon dieu*. Im selben Jahr publizierte Camus *L'Homme révolté*.[18] Auch wenn Camus' verfehlte Anrede Sartres als *Monsieur le directeur* und seine Behandlung von Francis Jeanson als *Non-valeur* Sartres bissigen Ton teilweise erklären können, der Bruch zwischen Camus und Sartre 1952 lässt sich nur auf dem Hintergrund dieses schon lange schwelenden Streits um das Verhältnis von Mitteln und Zwecken resp. um die Gewalt verstehen.

1952 hatten sich Camus und Sartre soweit auseinanderentwickelt, dass Camus als Gesinnungsethiker Gewalt und insbesondere jede Tötung ablehnte, Sartre als Verantwortungsethiker Gewalt zwar als rechtfertigungsbedürftig betrachtete, sie aber im Rahmen einer Ethik, die Mittel und Zwecke nicht voneinander trennt, als rechtfertigbar betrachtete.[19] Schon in der Zeit vor 1952 war es zu Divergenzen hinsichtlich der Bewertung von politischen Aktionen gekommen. So lieh Camus seine Unterstützung Garry Davis' Weltbürgerbewegung im Gegensatz zu Sartre, der diese für zu wenig effektiv betrachtete. Der politische Gegensatz zwischen beiden zeigte sich in vollem Ausmaß nach Beginn des algerischen Befreiungskampfes 1954. Während Camus als Algerienfranzose sich grundsätzlich gegen die Unabhängigkeit Algeriens stellte und stattdessen eine Art Föderation zwischen Frankreich und Algerien nach Schweizer Vorbild vorschlug, sah Sartre wie viele andere Intellektuelle, auch bürgerliche (Raymond Aron, François Mauriac oder sogar André Malraux), keine Alternative zur Unabhängigkeit Algeriens.

Gerade am Beispiel Algeriens lassen sich verschiedene Elemente von Sartres politischer Philosophie paradigmatisch aufzeigen. Kontingenz und Knappheit

---

18 Auf Deutsch: *Briefe an einen deutschen Freund. Moralischer Idealismus und politischer Realismus. Die unnützen Mäuler. Weder Henker noch Opfer. Entwürfe für eine Moralphilosophie. Im Räderwerk. Die schmutzigen Hände. Die Gerechten. Der Teufel und der liebe Gott. Der Mensch in der Revolte.*

19 Zu dieser Ethik der Einheit von Mittel und Zwecke siehe Betschart: *Sartre und Beauvoir – eine Ethik fürs 21. Jahrhundert.*

manifestierten sich darin, dass nicht jene gewannen, die Sartre politisch am nächsten standen, nämlich zuerst Messali Hadj mit seiner MSA und später die Berberbewegung unter Hocine Aït Ahmed, sondern der FLN mit seiner eher kruden nationalistischen Ideologie. Die Zweck-Mittel-Problematik zeigte sich in den von allen Seiten ergriffenen gewaltsamen Maßnahmen, die bis Terror reichten. Die Terror-Geschwisterlichkeit wiederum erschien in der Militärdiktatur unter Houari Boumedienne, der sich im FLN gegen die politische Führung unter Ahmed Ben Bella durchsetzte. Die Algerier gewannen ihre Unabhängigkeit, aber letztlich nicht ihre Freiheit. Den Preis dafür mussten Camus' Leute, die normalen Algerienfranzosen, die selbst Unterdrückte waren, mit der Flucht bezahlen.

In unserer kontingenten Welt, in der Knappheit, Gegenfinalitäten und Sachzwänge herrschen, sind Fälle wie Algerien Standard, wie uns die Lage heute in Syrien, Libyen, Irak oder Afghanistan lehrt. Aber gerade angesichts der vielen Probleme in der Welt galt für Sartre wie für Beauvoir, dass der Mensch Verantwortung für diese seine Welt übernehmen muss. Verantwortung beinhaltet zuallererst die Pflicht, auf Fragen des Andern eine Antwort bezüglich der eigenen Haltung zur Welt zu geben, und hernach die Pflicht sich in der Welt mit den dem Subjekt zur Verfügung stehenden und zumutbaren Mitteln zu engagieren (REDOLFI). Camus hingegen zog sich, ähnlich wie Merleau-Ponty nach 1950, von der kontingenten Welt mit all ihren Einschränkungen insoweit zurück, als er Schweigen für eine valable Alternative zu Reden und Handeln betrachtete.

SCHÖNHERR-MANN nimmt die Auszeichnung des bösen Philosophen, die Philipp Blom Baron d'Holbach und Denis Diderot verlieh, auch für die Philosophen des emanzipatorischen Existentialismus in Anspruch. Ich meine zurecht – auch und gerade in Hinsicht auf ihre politische Philosophie. Unsere politischen Systeme sehen sich mit großen Herausforderungen konfrontiert. Die Diversität unserer Gesellschaften führt zu einer Zerreißprobe, an der diese zu scheitern drohen. Ein baldiges Abklingen der populistischen Bewegungen ist nicht zu erwarten. Auch in der Außenpolitik sehen wir unsere bisherige Politik angesichts der zunehmenden Zahl der *failed states* in Frage gestellt. Es ist Zeit für eine Anpassung unserer politischen Paradigmen, wollen wir nicht die Implosion unserer politischen Errungenschaften erleben. Ein Blick zurück auf die bösen Philosophen des emanzipatorischen Existentialismus kann uns dabei vielleicht behilflich sein, aus der These des Mainstreams und der Antithese des Populismus eine neue Synthese zu schaffen.

Literatur

Betschart, Alfred: *Sartre und Beauvoir – eine Ethik fürs 21. Jahrhundert*. http:// www.sartre.ch/Sartre+Beauvoir_Ethik_21.%20Jh.pdf (letzter Zugriff: 10.2.17).

Camus, Albert: *Der Mensch in der Revolte*. Rowohlt: Reinbek 1969 (*L'Homme révolté*, 1951).

Hochschild, Arlie Russell: *Strangers in their Own Land: Anger and Mourning on the American Right*. New Press: New York 2016.

Marin, Lou: *Albert Camus. Écrits libertaires (1948–1960)*. 2. A. Égrégores: 2013.

Onfray, Michel: *L'Ordre libertaire*. J'Ai Lu: Paris 2012.

Ritzi, Claudia / Schaal, Gary S.: *Politische Führung in der „Postdemokratie"*. https:// www.bpb.de/apuz/33022/politische-fuehrung-in-der-postdemokratie?p=all (letzter Zugriff: 10.02.17).

Sartre, Jean-Paul: „Antwort an Albert Camus". In: Ders.: *Krieg im Frieden 2*. Rowohlt: Reinbek 1982, S. 27–51 (*Réponse à Albert Camus*, 1952).

–: „Jean-Paul Sartre répond". In: *L'Arc*, Nr. 30, 1966, S. 87–96.

–: „Lettre de Jean-Paul Sartre à Gabriel Marcel". In: *Revue de la Bibliothèque de France*. Nr. 48, 2014, S. 62–63.

–: *Tagebücher. Les carnets de la drôle de guerre. September 1939–März 1940*, Reinbek 1996.

Schönherr-Mann, Hans-Martin: *Gewalt, Macht, individueller Widerstand. Staatsverständnisse im Existentialismus*. Nomos: Baden-Baden 2015.

I. Individualismus und Partizipation

Hans-Martin Schönherr-Mann

Vom Widerstand zur Parrhesia – Partizipatorische Politik bei Sartre, Camus und Foucault

Eine nur scheinbar unwichtige Gemeinsamkeit besitzen Sartres Existentialismus und der Poststrukturalismus von Foucault: beide sind nicht nur, aber vor allem in Deutschland wohl die verrufensten oder angefeindetsten Philosophen. Antikommunisten beschimpfen Sartre als Kommunisten. Universalisten wehren sich verbittert gegen Foucaults Genealogie von Wissen und Macht.

1. ‚Die bösen Philosophen‘

Und jene, die Foucaults Machtanalytik der siebziger Jahre trotzdem schätzen, sehen den späten Foucault auf Abwegen in eine Philosophie als Lebenskunst, die es wagt, Adornos Diktum zu widerstreiten: „Es gibt kein richtiges Leben im falschen."[1] Kapitalismus und Staat darf man ja noch kritisieren. Aber Chancen aufzeigen, die sich dem Individuum bieten, bzw. Verhaltensweisen, mit denen die Bürgerin in den Weltlauf einen eigenen Schnörkel legt, das widerspricht der in der Politik verbreiteten elitären oder kommunitarischen Grundorientierung und der im so massenmedialen wie wissenschaftlichen Zeitalter dominanten Apokalyptik mit ihren Aufrufen zur panischen Lebensänderung im Dienste seltsamer gattungsbezogener Überlebenshysterien, gleichgültig, ob sie wie Hans Jonas ökologisch, rechtsaußen wie Peter Sloterdijk oder von links im Stil von Paul Mason auflaufen.

Auf Sartre und Foucault treffen dagegen die Worte zu, die Philipp Blom über Baron d'Holbach und Denis Diderot schreibt:

> Die Möglichkeit, die Menschheit könnte sich auch noch einige weitere Jahrtausende irgendwie durchmogeln (die bei weitem wahrscheinlichste); sie könnte einige Katastrophen vermeiden und andere erleiden, am Ende aber weder dem Himmel noch der Hölle wesentlich näher sein als heute, entspricht unseren kulturellen Instinkten deutlich weniger. Unsere theologisch konditionierten Hirne denken lieber in Bildern wie Erlösung und Verdammnis und damit auch Belohnung und Strafe, als mit der Erwartung einer Zukunft voller Zufälle und Zwänge, unvorhersehbar, sinnlos, ohne Ziel.[2]

---

1 Adorno: *Minima Moralia*, S. 43.
2 Blom: *Böse Philosophen*, S. 20.

Blom bezeichnet Holbach und Diderot als *Böse Philosophen*, eine Ehre, die ich für Sartre und Foucault auch beanspruchen möchte.

Auf eine ähnliche Weise wie Foucault ruinierte sich auch Sartre den Ruf. Dass er die Philosophie des Widerstands geschrieben hatte, verdrängte man fleißig, weil sein existentialistischer Ansatz nicht von der Gemeinschaft, sondern vom Individuum ausgeht. Individuelle Freiheit hat indes für Kommunitarier jedweder Couleur etwas Obszönes, Unmoralisches. So schreibt Herbert Marcuse 1948 in einer Rezension von *L'Être et le néant*: „Die Erfahrung der totalitären Organisation der menschlichen Existenz verbietet es, Freiheit in irgendeiner anderen Form als in der einer freien Gesellschaft zu verstehen."[3] Individuelle Freiheit wird auch nicht dadurch legitimiert, dass sie widerständige individuelle Opfer bringt, die ja nicht primär einer Gemeinschaft dienen.

Camus, den man nicht des Antikommunismus bezichtigen kann, hat das Unglück, dass ihm ein konservativer Fanclub nachläuft, der seinen antifaschistischen Aufruf zur individuellen Auflehnung im Angesicht von dessen Aussichtslosigkeit anthropologisch umdeutet. Iris Radisch erklärt gar sein ganzes Werk für peripher:

> Als er schließlich das Haus in Lourmarin bezogen, Paris hinter sich gelassen und die Einfachheit gefunden hat, nach der sich sehnt; als es ihm schließlich gelungen ist, seinen Stil so zu verwandeln, dass er die wortlose und schlichte Welt seiner Mutter wiederauferstehen lassen kann – stirbt er. Es ist das größte Paradox seines Lebens: Er stirbt buchstäblich in dem Augenblick, in dem alles beginnen könnte.[4]

Auf diese Weise können sich auch Traditionalisten mit einem Hauch von Nonkonformismus schmücken, die sich bei solchen Leuten dann zumeist in die Striptease-Bar ergießt, aber weit davon entfernt, an Henry Millers *Quiet days in Clichy* auch nur zu schnuppern.

Adorno fällt 1961 in seinem *Versuch das ‚Endspiel'* [von Samuel Beckett] *zu verstehen* über den emanzipatorischen Existentialismus insgesamt das vernichtende Urteil, wenn er schreibt:

> Hat der vor-Beckettsche Existentialismus, wie wenn er der leibhaftige Schiller wäre, Philosophie als poetischen Vorwurf ausgeschlachtet, so präsentiert Beckett, gebildeter als irgendeiner, ihm die Rechnung: Philosophie, Geist selber deklariert sich als Ladenhüter, traumhafter Abhub der Erfahrungswelt, und der dichterische Prozess als Verschleiß.[5]

Ob in *Der Fremde*, in *Die Fliegen*, in *Caligula* oder im *Belagerungszustand* noch in *Tote ohne Begräbnis* oder *Die schmutzigen Hände* kann Adorno weder eine

---

3 Marcuse: „Existentialismus", S. 83.
4 Radisch: *Camus*, S. 309.
5 Adorno: *Versuch das ‚Endspiel' zu verstehen*, S. 170.

Objektivation des gesellschaftlich verursachten Leidens im Kunstwerk erkennen, wie er es von hoher Kunst fordert, noch kann er diese Werke als literarischen Ausdruck politischer Auseinandersetzungen verstehen. Adorno konstatiert: „Kunstwerke sind Statthalter der nicht länger vom Tausch verunstalteten Dinge, des nicht durch den Profit und das falsche Bedürfnis der entwürdigten Menschheit Zugerichteten."[6] Alles andere bleibt bürgerlicher Idealismus, der für Marcuse oder Adorno im Stil von *Wilhelm Tell* die Feier eines verbrauchten, längst ökonomisierten Individuums mimetisch genießt.

2. Vom Spätwerk Foucaults …

Fast reflexartig wird es dem späten Foucault ähnlich gehen, und er verliert noch jene Freunde, die seine Machtanalysen goutierten. Dass die Bürgerin sich der Askese bedienen soll, nicht um sich in das gesellschaftlich bedingte Leiden schuldbewusst einzuüben, sondern im Dienst der eigenen Lüste, dass sie ihr Leben so ästhetisieren soll, dass sie es nicht zum Nutzen der Kinder und der Gemeinschaft gestaltet, sondern um das eigene Selbst auszumalen, erscheint als das Ende der Humanität. Denn dabei steht die Ethik nicht mehr im Dienst der Unterordnung der Bürgerin unter die Gemeinschaft – die traditionelle Funktion der Ethik seit ihren Anfängen –, sondern im Dienst des Individuums selbst. Das wäre nach Rousseau der kulturbedingte Sittenverfall, wenn auch noch in der Ethik die *volonté particulaire* den Ton angibt.

Foucault beruft sich dabei auf die antike Philosophie, wiewohl er damit dieselbe Bewegung fortsetzt, die Kierkegaard und Stirner im 19. Jahrhundert einläuteten, Nietzsche und Carlo Michelstaedter präexistentialistisch weiterleiteten. Charles Taylor wird 2007 in seinem Opus Magnum *Ein säkulares Zeitalter* darin isolierte individuelle Widerstandsneigungen gegenüber einer evangelikalen Moral diagnostizieren. „In der Zeit nach dem Zweiten Weltkrieg beginnt diese Ethik der Authentizität die allgemeine Einstellung der Gesellschaft zu prägen. Es wird gang und gäbe, die ‚eigenen Angelegenheiten' selbst erledigen zu wollen."[7]

Als sich Foucault in den frühen Achtzigern mit dem Thema Selbstsorge beschäftigt, blickt man auf knappe 20 Jahre zurück, in denen zahlreiche jugendbewegte Ausbrüche aus der traditionellen Moral stattfanden, als eine Umwertung der Werte stattfand, die niemand besser repräsentiert als die Rolling Stones, wiewohl sich Nietzsche diese Umwertung sicher ganz anders gedacht hatte. Als 1984 dann die Bände 2 und 3 von *Sexualität und Wahrheit* erscheinen, konnte man sie

---

6 Ders.: *Ästhetische Theorie*, S. 337.
7 Taylor: *Ein säkulares Zeitalter*, S. 792.

leicht als Ausdruck dieser hedonistischen Entwicklung begreifen, und zwar – trotz diverser Bemerkungen Foucaults in diesen beiden Büchern – auch als unpolitische individuelle Perspektive: ein Widerspruch zu *Überwachen und Strafen*, wo Foucault 1975 das Individuum als weitgehend diszipliniert aufzulassen scheint:

> Der Mensch, von dem man uns spricht und zu dessen Befreiung man einlädt, ist bereits in sich das Resultat einer Unterwerfung, die viel tiefer ist als er. Eine ‚Seele' wohnt in ihm und schafft ihm eine Existenz, die selber ein Stück der Herrschaft ist, welche die Macht über den Körper ausübt.[8]

Doch man hat nur geflissentlich die kleine Metonymie übersehen. Denn Foucault hat bereits zwischen 1977 und 1979 seine Gouvernementalitätsvorlesungen gehalten, in denen es um die Orientierung des Staates an der Bevölkerung geht. Und während die 1984er Bände über *Sexualität und Wahrheit* in den Druck gehen, hält er von 1982 bis 1984 die Vorlesungen über *Die Regierung des Selbst und der anderen*. Diese bleiben der Öffentlichkeit lange weitgehend verborgen, erscheinen die Gouvernamentalitätsvorlesungen (*Sicherheit, Territorium, Bevölkerung* und *Die Geburt der Biopolitik*) erst 2004 und die Vorlesungen über *Die Regierung des Selbst und der anderen* 2008/2009. Seither kann man eigentlich nicht mehr von Brüchen im Werk von Foucault sprechen. So sagt er in *Die Regierung des Selbst und der anderen*:

> Die Philosophie als Askese, die Philosophie als Kritik, die Philosophie als widerstrebende Exteriorität gegenüber der Politik, das ist, glaube ich, die Seinsweise der modernen Philosophie. Jedenfalls war das die Seinsweise der antiken Philosophie.[9]

Die Philosophie im Sinne von Foucault stellt sich nicht in den Dienst welcher Politik auch immer – was ihm Marxisten und Konservative gleichermaßen vorwerfen.

3. Parrhesia als demokratisch partizipatorische Perspektive

Philosophie und Politik befinden sich seit Sokrates und Platon in einem Konflikt, den Foucault am Begriff der Parrhesia vorführt. Wenn Platon Dionysos, dem Tyrannen von Syrakus, die Politik erklärt, dann sagt er ihm die philosophische Wahrheit, die der Herrscher braucht, um sich selbst und die anderen regieren zu können. Um überhaupt gut zu regieren, muss der Herrscher auf die von ihm Regierten hören. Das war für Platon riskant, und er litt unter den Folgen.

Die Parrhesia erläutert Foucault ausführlich an Euripides' Tragödie *Ion*, die während des Peloponnesischen Krieges entsteht und die Frage des Bürgerrechts problematisiert, das man damals in Athen sehr restriktiv behandelte, so dass im

---

8   Foucault: *Überwachen und Strafen*, S. 42.
9   Ders.: *Die Regierung des Selbst und der anderen*, S. 445.

Krieg plötzlich die Bürger fehlten. Bei der Parrhesia geht es um das Recht, politisch das Wort erheben zu dürfen, wovon ja die meisten damaligen Zeitgenossen ausgeschlossen waren. Das war aber auch mit einem Wahrsprechen verbunden, also mit dem Anspruch sich um die Wahrheit zu bemühen. Ion, so Foucault,

> will sein Recht, sein politisches Recht in Athen begründen. Er will das Recht haben, dort zu sprechen, alles zu sagen, Wahres zu sagen und seinen Freimut im Reden gebrauchen. Um seine parrhesia zu begründen, ist er darauf angewiesen, dass schließlich die Wahrheit gesagt wird, eine Wahrheit, die dieses Recht begründen könnte.[10]

Hier geht es um das Recht von Mitgliedern der herrschenden Klasse am politischen Diskurs, von dem die Beherrschten in der Antike sowieso ausgeschlossen sind. Nur die Athener Vollbürger hatten das Recht der Parrhesia, also das Recht politisch das Wort zu erheben. In der Römischen Republik war es die Aristokratie, zu der sich der plebejische Adel gesellte. Alles andere Volk hatte keinen Anteil an der Politik, kein Recht auf Parrhesia.

Doch die Parrhesia entfaltet noch eine andere originär demokratische, und zwar partizipatorische Dimension, die sich gleichfalls im *Ion* präsentiert. Kreusa klagt Apollon an, weil er ihr Leid zufügte und dazu schweigt. Sie wirft ihm dabei vor, ‚Sohn der Leto' zu sein, also Sohn einer Sterblichen, mit der Zeus die Ehe brach und die ihre Kinder Apollon und Artemis auf Delos gebar. Apollon entstammt also einer ähnlichen Situation wie diejenige, die Kreusa erlitt, nämlich von Apollon verführt worden zu sein, Ion geboren zu haben, ihn weggeben zu müssen, woraufhin Apollon Ion aufziehen ließ und ihn zu seinem Tempeldiener in Delphi machte. „Der Aufschrei gegen das Orakel, das sich weigert, die Wahrheit zu sagen, gegen den Gesang des Gottes, der Gleichgültigkeit und Achtlosigkeit zum Ausdruck bringt, erhebt sie die Stimme."[11] Von Parrhesia spricht Foucault auch, wenn Unterdrückte sich gegen ihre Unterdrücker auflehnen, wenn also Menschen, die vom politischen Diskurs ausgeschlossen sind, darauf bestehen, dass ihre Stimme Gehör findet.

Diese Vorlesung hält Foucault in den frühen Achtzigern und damit vor dem Hintergrund der diversen Protest- und Emanzipationsbewegungen der siebziger Jahre, die sich vom revolutionären Pfad der linksradikalen Achtundsechziger abkehrten. Foucault formuliert also einen Anspruch auf Partizipation, der sich seither ja durchaus immer weiter verbreitet hat. Er führt vor, dass Demokratie nicht bloß eine erweiterte Legitimation für Elitenherrschaft darstellt, sondern dass seit den letzten Jahrzehnten des 20. Jahrhunderts die vom politischen Diskurs auch in der Demokratie weitgehend Ausgeschlossenen Ansprüche formulieren, die die

---

10 A.a.O., S. 131.
11 A.a.O., S. 166.

Bedingungen des demokratischen Diskurses selbst zum Gegenstand machen: Es geht nicht mehr um Revolution, es geht um die Sprache, um Emanzipation, es geht um gute Argumente und gerade nicht um Falschmeldungen.

Demokratie braucht die Parrhesia, will sie nicht als Aristokratie verkommen, bemerkt Foucault: „Das bedeutet aber, dass die Demokratie notwendig ist, damit die *parrhesia* möglich wird. Für die Demokratie ist die *parrhesia* notwendig und für die *parrhesia* ist die Demokratie notwendig. Wir haben hier eine wesentliche Zirkularität."[12] Eine Zirkularität, um die es dem zeitgenössischen Populismus gerade nicht geht.

Foucault beruft sich in seinen letzten Werken primär auf die Antike. Doch das hat einen Haken. Zwar gab es auch in der Antike Partizipationsbemühungen der Marginalisierten. Aber wirklich das Recht politisch zu sprechen, hatten nur die Mitglieder der Eliten. Den Plebejern oder den Sklaven sprach man die Fähigkeit, die Sprache politisch angemessen zu beherrschen, schlicht ab. Für Aristoteles verstehen die Sklaven zwar die Sprache, beherrschen aber den Logos nicht, benutzen die Sprache eher wie die Tiere, die damit nur Lust und Leid auszudrücken vermögen, nicht aber in der Lage sind, die Frage der Gerechtigkeit zu stellen. Das sind Bedingungen, die es in dieser Formulierung in der Moderne nicht mehr gibt. Die Sprache – darauf weist Jacques Rancière hin – bleibt trotzdem die Bedingung für die Politik und sorgt damit weiterhin für die Differenz:

> Es gibt Politik, weil diejenigen, die kein Recht dazu haben, als sprechende Wesen gezählt zu werden, sich dazuzählen und eine Gemeinschaft dadurch einrichten, dass sie das Unrecht vergemeinschaften, das nichts anderes ist als der Zusammenprall selbst, der Widerspruch der zwei Welten, die in einer einzigen beherbergt sind.[13]

4. …Zum ‚Frühwerk' Sartres: Verantwortung und Unwahrhaftigkeit

Foucault hätte sich daher besser auf Sartre berufen. Sartre befreit nämlich den Zeitgenossen aus dem Kerker des Untertanen, dessen Prototyp Arendts *Eichmann in Jerusalem* verkörpert. Angesichts der nazi-deutschen Schreckensherrschaft analysiert Sartre das Bewusstsein und stellt fest, dass es dem Zeitgenossen ermöglicht, gegenüber jedweder Tyrannei nein zu sagen. Er schreibt 1943: „Die notwendige Bedingung dafür, dass es möglich ist, *nein* zu sagen, ist dass das Nichtsein eine ständige Anwesenheit ist, in uns und außer uns, dass das Nichts das

---

12 A.a.O., S. 202.
13 Rancière: *Das Unvernehmen*, S. 38.

Sein *heimsucht.*"[14] Diese Fähigkeit zu negieren, erweist sich als Grundlage jener Parrhesia der unterdrückten Anteillosen. Wenn sie ihre Anteillosigkeit öffentlich in Frage stellen, dann entsteht für Rancière die Politik. Diese Fähigkeit von an der Politik Anteillosen, ihre Anteillosigkeit in Frage zu stellen, beruht letztlich auf der Möglichkeit der Nichtung.

Andererseits beschreibt Foucault in *Überwachen und Strafen* die Produktion des Untertanen im 19. Jahrhundert, ohne den die großen Kriege noch die Totalitarismen möglich wären. „Die Zuchtgewalt ist in der Tat eine Macht, die, anstatt zu entziehen und zu entnehmen, vor allem aufrichtet, herrichtet, zurichtet – um dann allerdings um so mehr entziehen und entnehmen zu können."[15] Auch Sartre liefert eine Struktur des Bewusstseins, die den Untertan kennzeichnet, wiewohl längst nicht nur diesen. Es ist die Unaufrichtigkeit, die *mauvaise foi*, das verdrehte Bewusstsein. Er schreibt: Die Unaufrichtigkeit „ist eine gewisse Kunst, widersprüchliche Begriffe zu bilden, das heißt solche, die eine Idee und die Negation dieser Idee in sich vereinigen."[16] Damit verdrängt der Untertan seine eigene Verantwortung, erklärt sich als unfrei, der nur Befehle ausführt, der mit Arendt nicht darüber nachdenkt, was er anstellt, ja der letztlich die eigene Freiheit dementiert, obgleich er dazu eigentlich die Freiheit braucht. Nach Hegel muss der Knecht die Sprache des Herrn doch sprechen.

Foucault beschreibt diesen Typus eher äußerlich durch die Mechanismen, denen sich der Zeitgenosse ausgeliefert sieht, der aber auch beim späten Foucault zum Angelpunkt möglicher Veränderung der Botschaften wird, die die Bürgerin durchqueren. Selbstredend dient auch die Metonymie jedem Herren, jenem, der die Verantwortung abschiebt, wie jener, die die Botschaften halbbewusst verzerrt und dadurch das vordemokratische politische Systems stört.

Ein Großteil von Sartres Werk beschäftigt sich mit diesem Scheitern der Freiheit, mit der Unverantwortlichkeit, die zu verantworten der einzelne nicht entgeht. Das, was das Individuum erreichen will, gelingt häufig nicht. Man hat die Zukunft nicht in der Hand, was indes nicht die Freiheit aufhebt, wie es sich der Untertan vorstellt, sondern die Freiheit geradezu zum Zwang werden lässt, für jemanden wie Eichmann allemal. Sartre:

---

14 Sartre: *Das Sein und das Nichts*, S. 63.
15 Foucault: *Überwachen und Strafen*, S. 220.
16 Sartre: *Das Sein und das Nichts*, S. 135.

das Für-sich kann stets nur auf problematische Weise seine Zukunft sein, denn es ist von ihr getrennt durch ein Nichts, das es ist: mit einem Wort, es ist frei und seine Freiheit ist sich selbst ihre eigene Grenze. Frei sein heißt zum Freisein verurteilt sein.[17]

Diese Fähigkeit zur Nichtung und damit zur Auflehnung gegenüber dem übelsten Tyrannen in der Form des Partisanen konnte man zwar in den diversen politischen Lagern eine Zeitlang gebrauchen – weil der Partisan auf ein Kommando hört –, spätestens nach der Niederlage Deutschlands hatte der Mohr seine Schuldigkeit getan, sollten die Frauen wieder an den Herd und in die Kirche. Denn Mündigkeit, Selbstdenken, Freiheit und Verantwortung reklamierten im Sinne von Max Webers Verantwortungsethik die Eliten allein für sich. Und der Bürgerin, der Sartre diese Fähigkeiten attestiert, verfügt über diese nicht als Glied einer sie lenkenden Gemeinschaft – das wäre wieder die Hausfrau und Kirchgängerin –, sie besitzt sie aus der Struktur ihres Bewusstseins, die eben anders als bei Kant oder der Habermasschen Gattungsethik der Bürgerin keine übergeordnete Vernunft aufnötigt, vielmehr als individuelle Kompetenz beliebig einsetzbar ist – auch als Amokläufer –, man denke an *Herostrat*. Was bei Sartre als eine Art apriorischer Charakter erscheint, ließe sich vielmehr als evolutionäre Entwicklung betrachten und erhielte damit den Status von Foucaults historischem Apriori.

5. Die überraschende Wende der Ethik im 20. Jahrhundert

Jedenfalls wirft man Sartre bis heute Solipsismus vor, ohne seine Blicktheorie zu beachten. Doch gerade die Mündige, ihrer selbst wenigstens teilmächtige Bürgerin, braucht die Korrektur durch die andere. Sartre bemerkt: „Aber gleichzeitig benötige ich Andere, um alle Strukturen meines Seins voll erfassen zu können; das Für-sich verweist auf das Für-Andere."[18] Foucaults Regierung des Selbst kann auch nur funktionieren, wenn man sich belehren lässt, braucht jede, ganz besonders diejenige, die andere regieren will, den Ratschlag der Regierten.

So entwickelt Sartre zu einem frühen Zeitpunkt eine Konflikttheorie der Gesellschaft, die anders als bei Max Weber oder Carl Schmitt ihr Fundament nicht im Krieg hat, sondern in der kommunikativen Auseinandersetzung der Bürgerinnen miteinander – die ja die Totalitaristen, wie es Arendt bemerkt, gerade unterbinden wollen. Etwas moderater lehnen aber durchaus auch linke und rechte Demokraten die Partizipation der Bürgerinnen ab. So konstatiert Sartre: „Der Konflikt ist der ursprüngliche Sinn des Für-Andere-seins."[19]

---

17 A.a.O., S. 253.
18 A.a.O., S. 407.
19 A.a.O., S. 638.

Damit antizipiert er die Konflikttheorien von Ralf Dahrendorf, Jean-Francois Lyotard bis hin zu Jacques Rancière. Vor allem aber legt er damit den theoretischen Grundstein für eine partizipatorische Demokratie, die strukturell nicht in den Institutionen liegt, und somit den Eliten im weitesten Sinn zur Verfügung steht, die vielmehr auf der Unverfügbarkeit des Individuums aufruht, die seine Würde übersteigt, die man ihm von außen zuschreibt. Partizipation verdankt sich eigenmächtiger Einmischung der Bürgerin.

Damit entwickelt Sartre jene ethische Konzeption weiter, die von Stirner, Kierkegaard und Nietzsche herkommt, zu Foucault reicht und ihren Höhepunkt schätzungsweise bei Emmanuel Levinas besitzt, insbesondere in *Autrement qu'être ou au-delà de l'essence* von 1978:

> Die Konstellation, in der ein Mensch verantwortlich ist für andere Menschen – die ethische Beziehung, die man für gewöhnlich als Teil einer abgeleiteten oder begründeten Ordnung ansieht – ist […] strukturiert als der-Eine-für-den-Anderen, bedeutsam außerhalb jeder Finalität und jedes Systems, […].[20]

Das ist die Wende der Ethik im 20. Jahrhundert, weg von der universellen Ethik der Codes, hin zur Ethik als zu verantwortendem Entwurf, somit als Ästhetisierung der Existenz. Sartre formuliert das folgendermaßen:

> So ist die existentielle Psychoanalyse eine *moralische Beschreibung*, denn sie liefert uns den ethischen Sinn der verschiedenen menschlichen Entwürfe; […] Diese Bedeutungen liegen jenseits von Egoismus und Altruismus, jenseits auch von den sogenannten *uneigennützigen* Verhaltensweisen.[21]

Das verwirklicht Nietzsches Bewegung weg von den traditionellen Werten, die in die Schöpfung neuer Werte mündet, eine Intention, die ihren politischen Ort durchaus in der Beziehung Sartres zu de Beauvoir hat. Sartre kündigt am Ende von *L'Être et le néant* an, nun eine Ethik zu schreiben. In den *Cahiers pour une Morale* wird er sich vergebens mit dem Problem der Gewalt herumschlagen: „Das unmögliche Ideal der Gewalt ist, die Freiheit des anderen zu zwingen, freiwillig das zu wollen, was ich will. In diesem Sinn ist die Lüge dem Ideal der Gewalt näher als die Stärke."[22] Kein Wunder, wenn es nicht gelang, eine Ethik zu schreiben; denn er hatte sie mit *L'Être et le néant* schon geschrieben.

Nicht nur dass die existentielle Psychoanalyse Foucaults Kritik an Freud antizipiert. Ethik, die das 19. Jahrhundert erfolgreich verdrängt zu haben schien, avanciert zum Angelpunkt der Lebensgestaltung in einer demokratischen Welt,

---

20 Levinas: *Jenseits des Seins oder anders als Sein geschieht*, S. 297.
21 Sartre: *Das Sein und das Nichts*, S. 1069.
22 Ders.: *Entwürfe für eine Moralphilosophie*, S. 359.

in der die Bürgerinnen partizipieren wollen – eine durchaus auch problematische Angelegenheit, die Sartre wie Foucault beschreiben. Es gibt eben nichts Gutes auf der Welt, das absolut gut wäre. Oder wie es schon Montesquieu 1748 überrascht hat: „Wer hätte das gedacht: Sogar die Tugend hat Grenzen nötig."[23] Wenn Bürgerinnen von sich aus Politik machen, dann muss man mit vielem Unsinn rechnen. Nur, bei den Eliten auch. Dass sie es besser können, ist bestenfalls eine platonische Illusion, oder sagen wir es genauer: die Platonsche Lüge. Aber eine gewisse Arbeitsteilung ist vermutlich angemessen.

6. Camus' mittelmeerischer Relativismus der Solidarität

Ein ähnlicher Relativismus beherrscht auch Camus' mittelmeerisches Denken, womit er nicht nur die Horizonte zu den emanzipativen und partizipatorischen Bewegungen in der zweiten Hälfte des 20. Jahrhunderts verschiebt, sondern der ähnlich wie Sartre Freiheit und politische Partizipation von der aus sich selbst heraus widerständigen Bürgerin entwirft. So heißt es in der Philosophie des Widerstandes, im *Mythos von Sisyphos* 1942: „Das einzige Denken, das den Geist befreit, ist jenes, das ihn allein lässt in der Gewissheit seiner Grenzen und seines bevorstehenden Endes."[24]

Camus relativiert gnadenlos die großen abendländischen Begriffe wie Freiheit, Gerechtigkeit und Weisheit. Seine konservativen Rezipienten verdrängen das mit der Mutter-Sohn-Beziehung. Aber was macht der Rebell anderes? Derjenige, der vom Diskurs ausgeschlossen ist, oder der Anteillose, der mit Rancière darauf insistiert teilzuhaben, zu partizipieren? Er stellt die absoluten Begriffe der herrschenden Ideologien in Frage. Camus schreibt im Kapitel über das mittelmeerische Denken in *L'Homme révolté*:

> Wenn die Revolte hingegen eine Philosophie begründen könnte, wäre es eine Philosophie der Grenzen, der berechneten Unwissenheit und des Wagnisses. Wer nicht alles wissen kann, kann nicht alles töten. Weit entfernt, aus der Geschichte etwas Absolutes zu machen, lehnt der Rebell sie ab […].[25]

Und wenn die sich auflehnende, Partizipation erstreitende Bürgerin nicht in ein anderes Weltbild einkehrt, sondern wenn ihr ein Schuss Existentialismus eignet, dann wird sie sich nicht nur in den Relativismus einkehren, den alle ehrenwerten Ideologien und Religionen bekämpfen – oder mit Foucault Totalität oder Ganzheit

---

23 Montesquieu: *Vom Geist der Gesetze*, S. 211.
24 Camus: *Der Mythos von Sisyphos*, S. 96.
25 Ders.: *Der Mensch in der Revolte*, S. 234.

im Ereignis destruieren. Dann wird die Bürgerin auch auf die Revolution verzichten, die notorisch diskriminierende Effekte nach sich zieht. Und genau das wird sie mit ihren Zeitgenossinnen verbinden. Camus' mittelmeerisches Denken kulminiert in den Worten: „Selbst wenn die Gerechtigkeit nicht verwirklicht ist, bewahrt die Freiheit die Protestgewalt und rettet die gemeinsame Verbindung der Menschen."[26]

Aus der individuellen Freiheit heraus, Widerstand gegen Ungerechtigkeit zu leisten, verbindet sich die Bürgerin mit den anderen, aber nicht weil sie ähnlich, sondern eben anders sind. Wie sagt doch Rambert in *Die Pest*: „„Ich habe immer gedacht, ich sei fremd in dieser Stadt und habe nichts zu tun mit euch. Aber jetzt, nachdem ich das alles gesehen habe, weiß ich, dass ich hierher gehöre, ob ich es will oder nicht.'"[27] Mit einer solchen Begründung der Solidarität, die auf universelle Apriritäten verzichtet, erahnt Camus die heutige Zivilgesellschaft, von der man in den vierziger Jahren noch nicht reden konnte, die aber ihren Ursprung im Widerstand gegen Faschismus und Nationalismus hat – man denke daran, dass die Republik Italien aus dem Geist der *Resistenza* geboren wurde, den Antonio Gramsci inspirierte. Oder man denke an Sartre Engagement für Henri Martin, der sich weigerte, im Kolonialkrieg gegen vietnamesische Aufständische zu kämpfen, hatte er kurz zuvor noch gemeinsam mit Vietnamesen in der Résistance gekämpft.

So entwirft Camus eine 1951 kaum verständliche Vision von Solidarität, die der Vordenker der Zivilgesellschaft Richard Rorty 1989 präzisiert: „Solidarität muss aus kleinen Stücken aufgebaut werden, sie wartet nicht schon darauf, gefunden zu werden, in Form einer Ursprache, die wir alle wiedererkennen, sobald wir sie hören."[28] Weder Camus noch Foucault gehören zu den primären Referenzen von Rorty. Aber aus dem Geist der Résistance sowie aus dem Geist der sechziger Jahre, der antiautoritär die Disziplinargesellschaft abschütteln wollte, entwickeln sich partizipatorische Bemühungen um Demokratie.

7. Verbrechen und Verschwendung: de Beauvoir und Bataille

Diese vom Individuum ausgehende Solidarität wird dabei durchaus vom Geist des Hedonismus geprägt, wie ihn Foucault gegen Freud formuliert, den Camus, Sartre und de Beauvoir gleichfalls propagieren und ohne den die zeitgenössische Zivilgesellschaft nicht denkbar wäre. Wie bemerkt Camus Mitte der fünfziger

---

26 A.a.O., S. 236.
27 Ders.: *Die Pest*, S. 123.
28 Rorty: *Kontingenz, Ironie und Solidarität*, S. 161.

Jahre in seinen *Tagebüchern*: „Die tugendhaften Menschen sind oft kleinmütige Bürger. Der wahre Mut wurzelt in einer Ausschweifung."[29] Arendt sagt Ähnliches.

Die Ausschweifung kümmert sich nicht um Adornos Verdikt über das angeblich unmögliche richtige Leben, sowenig wie um religiöses oder kulturelles Schuldbewusstsein. Dazu rüttelt Foucault an den Grundfesten des modernen Bewusstseins, nämlich an Freuds Kulturtheorie, die Adornos Verdikt theoretisch unterfüttert. Wenn aber Sexualität keine Naturanlage, sondern nach Foucault ein epistemologisches Produkt ist, wenn es Sexualität erst seit dreihundert Jahren gibt, dann kann man mit ihr so spielerisch wie ausschweifend umgehen. Den Weg dazu hat 1949 natürlich Simone de Beauvoir mit ihren berühmten Worten aus *Le Deuxième Sexe* bereitet: „Man kommt nicht als Frau zur Welt, man wird es."[30] Von diesen Sätzen führt der Weg über Foucault zu Judith Butler und dem parodistischen Umgang mit Sexualität. Hier schließt auf andere Weise auch Rortys Ironikerin an.

Ob zur Ironie oder zur Ausschweifung, Foucault empfiehlt dazu die Askese, um nicht Opfer der Ausschweifung zu werden, um stattdessen die Ausschweifung möglichst häufig wiederholen zu können. Zunächst aber musste dazu gegen die traditionelle Sittlichkeit verstoßen werden, um diese zu untergraben und die Ausschweifung als neuen ethischen Wert zu ermöglichen. So bemerkt de Beauvoir in ihrem Essay *Soll man de Sade verbrennen?* aus dem Jahr 1955: „Um mit Stirner zu sprechen, den man zu Recht neben Sade gestellt hat, entfremdet die Tugend das Individuum zu jener leeren Wesenheit, dem Menschen; nur im Verbrechen vermag er sich zu ergreifen und sich als konkretes Ich zu verwirklichen."[31]

Damit zieht de Beauvoir die Linie der Wegbereiter des Existentialismus von de Sade, der gegen Bevormundung durch Religion und Moral kämpft und eine sexuell freizügige Südseeutopie entwirft, über Stirner, den verrufensten aller Philosophen, weil er die Grundlage allen Rechts in der individuellen Anerkennung sieht und nicht in der Lebenssicherung, bis zu ihren Zeitgenossen, wie ihrem Geliebten, dem Literaten Nelson Algren, Vorbild ihrer Romanfigur Lewis in den *Mandarins von Paris*, zu dem ihre Protagonistin sagt: „Ich musterte Lewis neugierig: ‚Warum sind Ihre besten Freunde alle Taschendiebe, Rauschgiftsüchtige oder Zuhälter?'"[32]

Und Georges Bataille, den ich neben Heidegger und Arendt zu den Randgängern des Existentialismus zähle, entwickelt 1949 eine obszöne Ökonomie, die die

---

29 Camus: *Tagebücher März 1951–Dezember 1959*, S. 136.
30 Beauvoir: *Das andere Geschlecht*, S. 334.
31 Dies.: *Soll man de Sade verbrennen?* S. 64.
32 Dies.: *Die Mandarins von Paris*, S. 423.

Verschwendung als Grundstruktur natürlicher wie kultureller Prozesse versteht. Er schreibt in *Der verfemte Teil – Versuch einer allgemeinen Ökonomie*:

> Ich insistiere auf der Tatsache, dass es, allgemein gesehen, kein Wachstum gibt, sondern nur eine luxuriöse Energieverschwendung in vielfältiger Form! Die Geschichte des Lebens auf der Erde ist vor allem die Wirkung eines wahnwitzigen Überschwangs: das beherrschende Ereignis ist die Entwicklung des Luxus, die Erzeugung immer kostspieligerer Lebensformen.[33]

8. Parrhesia als Freiheit der Differenz oder die aktive Bürgerin

In diesen Dimensionen des Verbrechens, der Verschwendung, somit der Ausschweifung erleben existentialistische Freiheit und Verantwortung ihre situative Einbettung und entwerfen damit die traditionellen sozialen, ethischen und politischen Strukturen als Grenzen der Freiheit, die nur durch die Freiheit selbst als solche erscheinen, diese aber gerade nicht absolut werden lassen, sondern sie relativieren. In seinem frühen Hauptwerk *Phänomenologie der Wahrnehmung*, das neben *Le Mythe de Sisyphe*, *L'Être et le néant* und *Le Deuxième sexe* zu den Grundwerken des emanzipatorischen Existentialismus zählt, die diesen zum Wegbereiter demokratisch partizipatorischer Bewegungen machen, bemerkt auch Merleau-Ponty 1945: „Es ist also die Freiheit selbst, welche die Hindernisse der Freiheit erst zur Erscheinung bringt, so dass sie ihr nicht als ihre Grenzen entgegenzusetzen sind."[34] Das Verbrechen offenbart die Grenzen der Freiheit und durchbricht sie. Daher ist Freiheit relativ, durchzogen von sozialen und politischen Ein- und Ausschlussstrukturen. Nichtsdestotrotz birgt sie die Option der Metonymisierung von Botschaften und damit die individuelle Chance, an der Welt, in die die Bürgerin geworfen ist, mitzudrehen.

Foucault bewegt sich methodisch natürlich nicht in dieser Linie von de Sade, Kierkegaard und vor allem der Phänomenologie Husserls. Er schließt ja an den Strukturalismus an, dem er eine poststrukturelle Geschichtlichkeit eintröpfelt. Zu Beginn seiner letzten Vorlesung am 1. Februar 1984, ein knappes halbes Jahr vor seinem Tod, sagt er:

> Mir scheint, dass man durch die Untersuchung des Begriffs *parrhesia* sehen kann, wie sich die Analyse der Veridiktionsmodi, die Untersuchung der Techniken der Gouvernementalität und die Bestimmung der Formen der Selbstpraxis zusammenfügen. Die

---

33 Bataille: *Der verfemte Teil*, S. 59.
34 Merleau-Ponty: *Phänomenologie der Wahrnehmung*, S. 499.

Gliederung zwischen den Veridiktionsmodi, den Techniken der Gouvernementalität und der Selbstpraktiken ist im Grunde das, was ich immer zu beschreiben versucht habe.[35]

Anders als der metaphysische Existentialismus bei Jaspers, Marcel und Cioran, geht der emanzipatorische ähnlich wie Foucault von Problemen des Wahrsprechens aus, die er Herrschaftstechniken so entgegensetzt, dass das Individuum dabei sein Leben ethisch selbst ausmalt, anstatt sich einem ethischen Code zu unterwerfen. Verabschiedet wurde dabei der revolutionäre Proletarier, der die Befehle seiner Führer befolgt, und herausgekommen ist die ausschweifende Bürgerin, die sich hedonistisch in die Politik einmischt. Das ist die Linie, die den emanzipatorischen Existentialismus mit Foucault verbindet und sie zu den bösen Philosophen des 20. Jahrhunderts macht, damit nicht zu Wahlverwandten – das familiäre Denken wird gerade aufgelassen –, aber zu Freunden von Baron d'Holbach und Diderot, die nicht wie Voltaire und Rousseau im Pantheon verwesen. Über erstere schreibt Philipp Blom Worte, die auch für Camus, Sartre, de Beauvoir und Foucault gelten könnten:

> Diderot und Holbach scheinen die Schlacht um die Nachwelt verloren zu haben, aber der Krieg, in dem sie kämpften, tobt noch immer, ein Krieg um die Träume unserer Zivilisation, die so viel großzügiger, luzider und humaner sein könnte, als sie es heute ist.[36]

Literatur

Adorno, Theodor W.: *Minima Moralia* (1951). GS Bd. 4. Suhrkamp: Frankfurt a. M. 1997.

–: *Versuch das ‚Endspiel' zu verstehen* (1961). Suhrkamp: Frankfurt a. M. 1973.

–: *Ästhetische Theorie* (1970). Suhrkamp: Frankfurt a. M. 1973.

Bataille, Georges: „Der verfemte Teil. Versuch einer allgemeinen Ökonomie" (1949). In: Ders.: *Die Aufhebung der Ökonomie*. Matthes & Seitz: München 1985.

Beauvoir, Simone de: *Das andere Geschlecht. Sitte und Sexus der Frau* (1949). 5. Aufl. Rowohlt: Reinbek 2005.

–: *Die Mandarins von Paris* (1954). Rowohlt: Reinbek 1965.

–: *Soll man de Sade verbrennen?* (1955) – *Drei Essays zur Moral des Existentialismus*. Rowohlt: Reinbek 1997.

Blom, Philipp: *Böse Philosophen. Ein Salon in Paris und das vergessene Erbe der Aufklärung*. Carl Hanser Verlag: München 2011.

---

35 Foucault: *Der Mut zur Wahrheit*, S. 23.
36 Blom: *Böse Philosophen*, S. 25.

Camus, Albert: *Der Mythos von Sisyphos* (1942). Rowohlt: Hamburg 1959.

–: *Die Pest* (1947). Rowohlt: Reinbek 1950.

–: *Der Mensch in der Revolte* (1951). Rowohlt: Reinbek 1969.

–: *Tagebücher März 1951–Dezember 1959* (1989). Rowohlt: Hamburg 1993.

Foucault, Michel: *Überwachen und Strafen. Die Geburt des Gefängnisses* (1975). Suhrkamp: Frankfurt a. M. 1977.

–: *Die Regierung des Selbst und der anderen. Vorlesung am Collège de France 1983* (2008). Bd. 1. Suhrkamp: Frankfurt a. M. 2009.

–: *Der Mut zur Wahrheit. Die Regierung des Selbst und der anderen II. Vorlesung am Collège de France 1983/84* (2009). Suhrkamp: Berlin 2010.

Levinas, Emmanuel: *Jenseits des Seins oder anders als Sein geschieht* (1978). Karl Alber: Freiburg/München 1992.

Marcuse, Herbert: „Existentialismus. Bemerkungen zu Jean-Paul Sartres *L'Etre et le Néant*" (1948/1965). In: Ders.: *Kultur und Gesellschaft 2*. Suhrkamp: 7. Aufl. Frankfurt a. M. 1968.

Merleau-Ponty, Maurice: *Phänomenologie der Wahrnehmung* (1945). De Gruyter: Berlin 1966.

Montesquieu: *Vom Geist der Gesetze* (1748). Reclam: Stuttgart 1965.

Radisch, Iris: *Camus. Das Ideal der Einfachheit. Eine Biographie*. Rowohlt: Reinbek 2013.

Rancière, Jacques: *Das Unvernehmen – Politik und Philosophie* (1995). Suhrkamp: Frankfurt a. M. 2002.

Rorty, Richard: *Kontingenz, Ironie und Solidarität* (1989). Suhrkamp: Frankfurt a. M. 1992.

Sartre, Jean-Paul: *Das Sein und das Nichts. Versuch einer phänomenologischen Ontologie* (1943). Rowohlt: Reinbek 1993.

–: *Entwürfe für eine Moralphilosophie* (1948/49). Rowohlt: Reinbek 2005.

Taylor, Charles: *Ein säkulares Zeitalter* (2007). Suhrkamp: Frankfurt a. M. 2009.

Tatjana Schönwälder-Kuntze

Partizipative Subjektivitäten –
Sartre mit Butler quergelesen

(1) Auch in der ‚poststrukturalistischen Ära' zeigt sich die Theoretisierung des Zusammenspiels zwischen dem Einzelnen und der Gesellschaft immer noch oder immer wieder als ein Thema, das die Protagonistinnen in der Philosophie beschäftigt. Jedenfalls trifft das für diejenigen zu, die nach wie vor mit einem sozialphilosophischen, nicht nur handlungstheoretisch orientierten ethischen Impetus zu verstehen und zu beschreiben suchen, was die Einzelnen in der Gesellschaft zu solchen macht und wie die konstitutiven oder auch evolutiven Wechselwirkungen konsistent denkbar gemacht werden können. Dabei geht es noch gar nicht darum, wie nun die Einzelnen an gesellschaftlichen, sprich politischen Entscheidungsprozessen beteiligt werden können oder sollen, sondern schlichtweg um die viel basalere Frage, wie bei aller gegebenen Pluralität die Einzelnen durch die Gesellschaft geformt oder geprägt werden; aber auch, wie sie zu den formierenden und prägenden gesellschaftlichen Strukturen, Normen, Habitus bzw. zu deren Aufrechterhaltung oder Transformation beitragen. Eine Frage lautet in diesem Zusammenhang, wie sich die Vermittlung zwischen der sozio-kulturell-historischen Situation, in die alle Menschen hineingeboren werden, die sie dann aber auch zum Ausdruck bringen, aufrecht erhalten und transformieren, angemessen theoretisieren lässt?[1]

(2) Ein Blick in die Theoriegeschichte lehrt, dass die Philosophie diese Frage traditionell eher vom Einzelnen ausgehend zu denken versucht. Wir haben es mit

---

1   Luhmann stellt bspw. aus der systemtheoretischen Perspektive diese Frage ausgehend von zwei operational geschlossenen Systemen so: „[W]ie [kann] ein Individuum, wenn man es psychologisch und biologisch durchdenkt oder mit allem, was wir inzwischen davon wissen, ernst nimmt, mit der Gesellschaft verbunden sein"? (Luhmann: *Einführung in die Systemtheorie*, S. 254). Die Antwort lautet: über Kommunikation, und die beruht auf und ist an Bewusstsein gekoppelt – ausschließlich (a.a.O., S. 270). Mit Bewusstsein bezeichnet Luhmann den *Vermittlungsprozess* zwischen Außenwelt und Kommunikation: „Man muss ein Bewusstsein haben, um Außenwelt über Wahrnehmung in Bewusstsein zu transformieren" (a.a.O., S. 271), das via Kommunikation mit anderen soziale Systeme generiert und aufrechterhält. In Bezug auf die singulären ‚psychischen Systeme' postuliert Judith Butler – ähnlich wie Luhmann, die Konstitution der Psyche bringe die Innen-Außen-Unterscheidung allererst hervor, vgl. Butler: *Psyche der Macht*, S. 24.

atomistisch, wenn man so will monadisch gedachten Individuen zu tun, die mit apriorischen oder aposteriorischen Begriffen ausgestattet zunächst die Vielfalt der Welt und sich selbst zu erkennen vermögen. Idealiter bilden sie gemeinsam nach vertragstheoretischen, utilitaristischen Gesichtspunkten die Gesellschaft, was im Zuge der Aufklärung intendierter Maßen, d. h. frei und vernünftig erfolgen sollte. Da die Vernunft an sich nicht individuiert ist, wird Individualität dann problematisch, wenn sie als intendierte Normdissonanz auftritt. Aber tatsächlich nur dann, denn auf der anderen Seite wird die Pluralität des Wollens und Könnens im Sinne der Ausdifferenzierung der arbeitsteilig organisierten Gesellschaften positiv konnotiert. Fragt man im theoretischen Corpus nach der Individuierungsinstanz, findet sich bei Thomas von Aquin die Idee einer individuierenden Seele – *anima forma corporis*. Bei Kant ist es der ‚empirische Charakter‘, aber auch ‚körperliche Anlagen‘ sowie eine jedes materielle Ereignis dirigierende Naturkausalität; nach Hegel ist es bereits die je eigene Kultur und ihr historisch variables Gesicht; in jüngerer Zeit waren es die Gene, die das Individuelle bestimmen etc. Aus einer strukturalistischen Perspektive sind es vor allem die herrschenden, die Gesellschaft strukturierenden Normen, denen sich die Einzelnen anzupassen haben – vor jeder willentlichen Entscheidung. Gemeinsam ist diesen Individuationsvorstellungen – bei aller theoretischen Differenz –, dass die Einzelnen einer je für sie feststehenden Formierung ausgesetzt sind, die sie ungefragt und unweigerlich zu übernehmen haben, der sie unterworfen sind.

(3) Für nachfolgende Sozialphilosophinnen mit ethischem Impetus sind das, salopp gesagt, ‚schlechte Karten‘. Daher wurde immer wieder die Anschlussfrage gestellt, ob es bei aller Angewiesen-, Eingebunden- und Konstituiertheit nicht doch ein Moment der Freiheit gibt, durch das auch sozial formierte Individuen intendiert re-agieren und letztlich sogar gezielt gesellschaftliche Veränderungen erzeugen können.[2] Noch schwieriger wird diese Frage für diejenigen, die den Einzelnen zwar gleichermaßen gesellschaftliche Abhängigkeit und Form- bzw. Normierung zugestehen, die allgemeinen Normen aber als lediglich diskursiv erzeugte Ideale auffassen. D. h. die soziale Formierung findet zwar statt, aber letztlich immer verfehlt, sodass das erkennende Urteilen, aufgrund dessen ‚Eigenschaften‘

---

2 Sartres Lebensthema ist, wenn man so will, dieser Frage gewidmet. Explizit wird das nicht nur in zahlreichen Dramen, sondern in den philosophischen Schriften u.a. im Kapitel ‚II. Freiheit und Faktizität: Die Situation‘ im vierten Teil von *Das Sein und das Nichts*. Aber auch Butler widmet meines Erachtens ihre herausregende Studie *Psyche der Macht. Das Subjekt der Unterwerfung* gerade dieser Frage: Wie ist bei aller gesellschaftlichen Prädetermination individuelle Freiheit möglich?

zugeschrieben werden, selbst auf dem Prüfstand steht.[3] Ob verfehlt oder nicht – in jedem Fall stellt sich auch hier die Frage, wie sich die Weitergabe und Aufrechterhaltung (diskursiv erzeugter) sozialer Normen denken lässt? Vor diesem Hintergrund wird im Folgenden skizziert, welche Antworten SARTRE und BUTLER in Bezug auf diese Frage geben.[4]

(4) Da in beiden Sozialphilosophien die Einzelnen in ihrer individuellen Konstitution nicht nur Teil der Gesellschaft sind, sondern am sozial Gegebenen teilhaben, haben wir es mit *partizipativen Subjektivitäten* zu tun. Partizipation wird demnach in der Bedeutung von Teilhabe verwendet, so wie Aristoteles' Teilhabe in seiner Kritik an Platons Ideenlehre als *formgebend* gebraucht. Das spezifische Interesse lautet im Folgenden, wie das Verhältnis zwischen Selbst- und Fremd*formierung* aufgrund

---

3 Folgt man dieser Differenzierung lässt sich seit Hegel ein zunehmendes Abstand-nehmen von Verallgemeinerungen, die jedem *erkennenden* Urteil zugrunde liegen, feststellen. Am Ende stehen Theoretikerinnen wie Sartre, Levinas, Derrida, Nancy, aber auch Adorno oder Butler, die nicht mehr den Versuch machen, in den Anderen mehr oder weniger allgemeine (Gruppen-)Eigenschaften etc. erkennen zu wollen – und sie folglich darauf festzulegen –, sondern stattdessen von einer unendlichen Pluralität un-erkennbarer Singularitäten auszugehen. Die gewordenen sozialen Beurteilungsnormen und -formen erscheinen dann wie ein verfehlter, verallgemeinernder Ordnungsver-such, der durch Sprache und/oder Theorie bedingt ist.

4 Dieses Miteinander mag eventuell verwundern. Aber SARTRES und BUTLERS theo-retische Auffassungen darüber, wie sich Personen unaufhörlich entlang der sozio-kulturell-historischen Normen formieren – auch wenn sie sie verfehlen –, darüber, welche Rolle andere dabei spielen, sowie darüber, dass es nicht darum gehen kann, einen bestimmten Begriff vom ‚Menschen' festzulegen, um die Welt zu einem für alle gleichermaßen lebensfreundlichen Ort zu machen, liegen nah beieinander. Beiden geht es darum, die Bedingungen, die letzteres *möglich* machen könnten, in den Blick zu nehmen. Dabei schenken sie sich gegenseitig nichts bezüglich einer prin-zipiellen und radikalen Unbestimmtheit, die unaufhörlich offen zu halten ist. Um es negativ zu formulieren, es geht immer auch um die theoretische Nicht-Fixierung jeglicher materialer, d. h. bestimmter und bestimmender Strukturbildung gegenüber. Die Kongruenz oder Konvergenz der beiden Theorieentwürfe hervorzuheben, scheint mir bei aller auffindbaren Diskrepanz im Detail erstens wichtig, weil BUTLERS häufig ‚dunkel', im Sinne von ‚schwer verstehbar', genannte Auffassungen durch den Rekurs auf SARTRE evtl. leichter verstehbar werden. Zweitens könnten so im ‚kontinentalen Feld' Allianzen denkbar werden, die politisches Gewicht gewinnen könnten, indem sie *gemeinsam* gängigere, aber konträre Auffassungen darüber verschieben, in welchem Verhältnis ontologische, erkenntnistheoretische und soziale Aspekte der menschli-chen Pluralität stehen. Vgl. zum Verhältnis von SARTRE und Vertreterinnen des sogen. Post-Strukturalismus Schönwälder-Kuntze, ‚›Verstehen heißt sich ändern‹, ›über sich hinausgehen‹ – Sartres kritisches Ethos'.

kategorialer Erkenntnismuster, die immer sozial vermittelt sind einerseits, und dem Sozialen als formvermittelndes und Formen einforderndes Feld andererseits jeweils konzipiert wird. Anders gefragt: *Wie* haben wir als gesellschaftlich konstituierte ‚Subjekte' an den gesellschaftlichen Strukturen und Normen durch Übernahme teil und vermitteln bzw. erhalten sie zugleich durch Weitergabe in Erkenntnisprozessen (unwillkürlich, weil nicht intendiert und nicht reflektiert) aufrecht? In beiden Theorieangeboten wird der Blick auf die dyadische Intersubjektivitätssituation gerichtet, in der über direkte Kommunikationsprozesse die konstituierende Norm(ierungs-) Vermittlung stattfindet.[5]

Sartre und Butler über unreflektierte Konstruktionen des Anderen

(5) Es gilt sich in Erinnerung zu rufen, was SARTRE abstrakt (formal) prä-reflexives cogito und konkret (material) nicht-wissende Subjektivität nennt, also un**ge**-wusste, aber dennoch die Wahrnehmung im weitesten Sinne figurierende, mithin **be**-wusste Denkmuster. BUTLER verwendet explizit den Terminus ‚Kategorien'.[6] Damit meint sie im Gegensatz zu Kant insbesondere *sozial vermittelte* Kategorien, die die Wahrnehmung formieren und normieren.[7] Diese Ebene des wahrnehmenden Bewusstseins unterscheiden beide von **ge**-wussten Denkmustern *als* reflektierte Normen, die gleichsam auf ersteren aufsitzen und deren schon für

---

5   Dies scheint mir einen entscheidende Unterschied zwischen dem *Soziologen* LUHMANN und den beiden *Philosophen* SARTRE und BUTLER zu sein: Während der eine die Gesellschaft im Auge hat, sind die anderen mehr an der Effektivität durch und den Effekten auf die Einzelnen interessiert, weshalb sie die Vermittlungssituation im Auge haben.

6   So spricht sie von der „Kategorie des Menschlichen" (Butler: *Die Macht der Geschlechternormen*, S. 28) als „Raster der Intelligibilität" (a.a.O.: 111) bzw. vom „Subjekt als kritischer Kategorie […] als sprachliche Kategorie […], als Platzhalter, als in Formierung begriffene Struktur" (Butler: *Psyche der Macht*, S. 15).

7   Das wären in der Kantischen Terminologie eher ‚empirische Begriffe a posteriori' im Gegensatz zu den Kategorien als ‚reine Verstandesbegriffe a priori'. Allerdings reicht die Analogie nur bis dahin, wo die Empirie beginnt. Bei Butler geht es inhaltlich nicht um naturwissenschaftliche Gegenstände oder Gesetze, sondern um so etwas Ähnliches wie ‚positives Recht', also um sozial gewachsene und vermittelte Normativitäten, die allerdings nicht rechtlich kodifiziert sein müssen. Es ist ausreichend, wenn es für diese gemeinhin anerkannten Muster einen Namen gibt, sie also diskursiviert sind: „Das Subjekt ist genötigt, nach Anerkennung seiner eigenen Existenz in Kategorien, Begriffen und Namen zu trachten, die es nicht selbst hervorgebracht hat." (Butler: *Psyche der Macht*, S. 24) – wobei diese Kategorien eben gesellschaftlich konstruiert sind.

die Wahrnehmungs-Objekte konstituierende Normierung reflektieren. Während Sartres Nachdenken tendenziell eher auf der Seite der Subjektivität liegt, interessieren Butler zunehmend die Effekte, die die konstituierende Normierung für die wahrgenommenen ‚Anderen' hat. So haben wir es mit *komplementären* Beschreibungen zu tun: Wenn die menschliche Wahrnehmung des Anderen auf sozial vermittelten, also zunächst nicht reflektierten, un-*ge*-wussten Kategorien beruht, dann (be)*urteilen* wir *schon* in unseren Wahrnehmungen über die anderen, *konstituieren sie* aufgrund *gesellschaftlicher* Normen, die das Urteil anleiten, und sind daher bis in unser Innerstes immer schon gesellschaftlich *partizipierende Subjektivitäten* – ob wir das wollen oder nicht. Es gibt für uns – ganz kantisch – keinen anderen ‚an sich', den wir adäquat erkennen könnten bzw. kein neutrales Erfassen des anderen ‚für uns', wie das etwa in Hegels Konzeption möglich ist. Der andere entkommt uns immer ‚so wie er ist', weil wir ihn nur über das je vorhandene Kategorienset wahrnehmen.

(6) Das gilt gleichermaßen für uns selbst – sei es als ‚Objekte' für andere oder in der Selbstreflexion: Nicht nur erscheinen wir anderen aufgrund sozio-kulturell-historischer Normen, sondern für Sartre und auch für Butler *sind* wir auch nicht das, was die anderen uns in ihrer Wahrnehmung zuschreiben, und wir *können es auch nicht sein*. Ebenso wenig *sind* wir so, wie wir uns selbst reflexiv zu erkennen meinen: für Sartre nicht, weil wir im Modus der Reflexion immer schon über die unmittelbare, wahrnehmende Versunkenheit in der Welt hinaus sind. Das liegt nicht nur daran, dass die Reflexion den unmittelbaren Weltzugang fundamental verändert, uns gleichsam aus ihm hinauskatapultiert, sodass wir gerade *nicht mehr* prä-reflexiv existieren. Sondern insbesondere daran, dass für uns nach Sartre wegen unserer *bewussten* Existenzweise ein wie auch immer geartetes So-Sein ohnehin nicht realisierbar ist. Wenn wir also etwa anderen und folglich uns selbst *als* ‚zuverlässig' erscheinen, sie uns so wahrnehmen und als solche beurteilen, dann bedeutet das mitnichten, dass wir diese Eigenschaft besäßen oder sie gar sind. Vielmehr bedeutet es, dass wir das *in actu* immer und wieder bestätigen (müssen) – oder auch nicht.[8] Auch für Butler gilt, dass wir nicht so *sind*, wie wir uns selbst reflexiv zu erkennen meinen. Das liegt daran, dass wir selbst die sozialen Normen bzw. Ideale gleichermaßen verfehlen, auch wenn sie konstitutiv für uns sind, wir uns an ihnen orientiert formieren – freilich *ohne das zu reflektieren*. Auf dieser Ebene haben wir es nicht in der Hand, zu

---

8   Das gilt für tatsächlich für *jede* Eigenschaft – auch ‚rein körperliche'. Denn nach Sartre existieren wir unseren Körper, er *ist* die Materialität, die wir existierend überschreiten, transzendieren und die, wenn man so will, unsere Erfahrungen speichert – oder auch nicht.

wem wir geworden sind, und wir haben es auch nicht in der Hand, was wir aus den anderen in unserer Wahrnehmung machen – solange wir, und immer dann, wenn wir, als proto-reflexive *partizipative Subjektivitäten* anderen unmittelbar, d. h. unreflektiert begegnen.

(7) Damit scheint mir der grundlegende Konsens in beiden Theorien beschrieben, der, um es noch einmal anders zu formulieren, unser unmittelbares wahrnehmendes Verhältnis zur sozialen Welt und damit zu den anderen *nicht* als neutral, allgemein und repräsentierend betrachtet, sondern als immer schon sozio-kulturell-historisch vermittelt und konstituiert wie auch vermittelnd und konstituierend. Und das auf beiden Seiten der ,intersubjektiven Dyade': Auf der Seite der in diesem Sinne *partizipativen Subjektivität* und auf der Seite der durch sie kategorial geformten ,anderen' und damit folglich auch unserer selbst für die anderen und reflexiv für uns. Wenn man das so auffasst, dann sind alle Menschen bis in ihre innerste Konstitution immer schon ein *zoon politikon*[9] – und nicht erst dann, wenn sie sich gesellschaftlich zum *demos* formieren. Wir partizipieren also schon vor jeder bewussten, gewollten, zugestandenen politischen Teilnahme an den im weitesten Sinne gesellschaftsstrukturierenden Prozessen, indem wir un-*ge*wusst übernehmen und anwenden, was gesellschaftlich gegeben, d. h. über Generationen entstanden ist und transponiert wurde und weiterhin wird. Dies wäre also ein erster deskriptiver Befund auf die Frage, *wie werden die Denkmuster und -formen, die uns ausmachen, mit denen wir auf einer ganz basalen Ebene ,andere' als diese oder jene wahrnehmen, sie beurteilen, zu diesen oder jenen machen und zu denen wir von ihnen gemacht werden, weitergegeben.* Das sagt freilich nichts darüber aus, woher sie kommen und wie sie entstehen.[10]

(8) Im Einzelnen wird dieser Befund *pars pro toto* bei Sartre anhand des erst kürzlich publizierten, 1961 am Gramsci-Institut in Rom gehaltenen Vortrages *Qu'est-ce que la subjectivité?* (2015) sowie anhand von Butlers Einleitung zu *Frames of War* (2009) gezeigt. Das von Sartre zu Illustrationszwecken immer wieder bemühte Beispiel ist ab 1944 der ,Antisemit' – das gilt auch für diesen Vortrag. Butlers berühmtestes Beispiel ist die binäre Geschlechternorm bzw. -normativität und die daraus abgeleitete chiastische Begehrensnorm. Sicherlich lässt sich an dieser Stelle einwenden, dass die beiden Beispiele nicht vergleichbar sind, weil ,antisemitisch' sein viel eher einen sozio-kulturell-historischen Charakter aufweist

---

9   Auch wenn *zoon* ein Neutrum ist, heißt das natürlich bekanntermaßen nicht, dass für Aristoteles diese Beschreibung auf alle möglichen Menschen zugetroffen hätte.

10   Dazu gibt es unterschiedliche sozialpsychologische sowie soziobiologische Studien – vgl. etwa Nunner-Winkler: *,Eine weibliche Moral?'*, Varela: *Ethisches Können* sowie den zweiten Teil meines Aufsatzes ,*Gender – eine Frage der Logik?'*.

als ‚geschlechtlich' sein.[11] Diesem Einwand kann entgegnet werden, dass es sich hier um unterschiedliche Sedimentschichten handelt.[12] So ist die eine ohne Zweifel viel älter als die andere und erweckt dadurch einen natürlicheren, gegebeneren und weniger sozial vermittelten Anschein – was im Übrigen nicht für die mit der Binarität einhergehende Wertung zutrifft, die durchaus auch aktuell sehr verschieden ist. Trotz der Zeitdifferenz bedeutet das aber nicht, dass sie sich, *insofern sie bestimmende Wahrnehmungskategorien sind,* in ihrem gesellschaftlichen Gewordensein und ihrer *in the shorter or longer run* formierenden Funktion unterscheiden.

Sartres *Qu'est-ce que la subjectivité?* oder: Die Wahrnehmung konstituiert das *So-Sein* ihres Gegenübers

(9) SARTRE geht in dem Vortrag von 1961 auf das ein, was er in *L'Être et le Néant* (1943) aus einer strukturellen Perspektive ‚prä-reflexives cogito' bzw. die ‚unmittelbaren Strukturen des Für-sich' nennt – mithin ‚Ur-Entwurf'. In *Qu'est-ce que la subjectivité?* verwendet er den Terminus ‚Subjektivität'. Der Unterschied der Termini lässt sich so erklären, dass er dort wie auch in den philosophischen Essays der späten 1930er und 40er Jahre die unauthentischen Strukturen des Für-sich-Seins beschreibt. In den *Cahiers pour une Morale* (verfasst 1947/48) nennt er diese unauthentischen Entwurf auch die „Natur des Menschen"[13], die sich durch die Unterdrückung durch die anderen etabliert habe. Wenn er etwa 15 Jahre später ‚Subjektivität' verwendet, dann insofern, als diese grundlegende, wenngleich variable ‚Natur' in wiederum anderen, wenn man so will, materiellen Färbungen auftreten kann, also immer mit *bestimmten* Inhalten versehen ist,

---

11 So findet sich auch bei Butler der Hinweis, dass „the problem is that the Jew is a category that belongs to a historically and culturally constituted ontology" (Butler: *Parting Ways*, S. 46).

12 Vgl. etwa Derrida: *Gesetzeskraft*, S. 27. Dort spricht Derrida von ‚Sedimenten', die die genealogisch-dekonstruktive Befragung freizulegen habe. Bei Butler heißt es im Kontext der Geschlechterherstellung: „Der Vermutung, das symbolische Gesetz des Geschlechts profitiere von einer gesonderten Ontologie, die seiner Annahme vorhergeht und autonom ist, wird mit der Vorstellung widersprochen, daß das Zitieren des Gesetzes der eigentliche Mechanismus seiner Herstellung und Artikulation ist. […] Der Prozeß jener Sedimentierung, oder das, was wir auch *Materialisierung* nennen können, wird eine Art Zitatförmigkeit sein, ein Erlangen das Daseins durch das Zitieren von Macht, ein Zitieren, das in der Formierung des »Ichs« ein ursprüngliches Komplizentum mit der Macht herstellt." (Butler: *Körper von Gewicht*, S. 39).

13 Sartre: *Entwürfe für eine Moralphilosophie*, z. B. S. 112.

die der jeweiligen Epoche oder historische Situiertheit geschuldet sind und sie ausdrücken. In diesem Sinne heißt es bei Sartre: Wir

> kennen keinen anderen Zustand des Menschen, er ist eben ein soziales Wesen, das gleich-
> zeitig die gesamte Gesellschaft von seinem Standpunkt aus lebt. [...] [J]edes Individuum
> [ist] auf gewisse Weise die Gesamtrepräsentation seiner Epoche.[14]

Eine Einsicht, die er eben 15 Jahre vorher in den *Cahiers* kurz und bündig mit „En définitive, mon époque c'est moi"[15] auf den Punkt gebracht hat.

(10) Dabei lassen sich nicht nur, wie oben, unterschiedliche Sedimentschichten unterscheiden, sondern auch inhaltlich verschiedene Ausprägungen bei gleichem Muster. Sartre zeichnet demnach a) verschiedene Entwurfsstrukturen – authentische und unauthentische –, b) verschiedene unauthentische Entwurfsstrukturen sowie c) verschiedene materiale Färbungen, Themen, Ausprägungen, in denen sie konkret vorkommen.[16] Die Differenzen der Letzteren können nun Ausdruck der jeweiligen Klasse sein, der jemand angehört, wie etwa auch Bourdieus Habitus, oder auch Ausdruck einer ganzen Epoche sein, oder beides. Sie bilden Kategorien im o.g. Sinne, d. h. so, wie ‚Kategorie' bei Butler verwendet wird, d. h. als konstitutive Formen, mit und in denen wir andere wahrnehmen. Wiederum lässt sich hier das Bild der Sedimentschichten bemühen: Plakativ gesprochen hätten die tieferliegenden Schichten größere Allgemeinheit als die oberen, die sehr viel größere, individuelle Unterschiede aufweisen. Bei Sartre lässt sich diese Auffassung sehr deutlich in dem genannten Vortrag zeigen. Dort rekonstruiert er u.a. anhand einiger früher Texte von Marx dessen Begriff von ‚Existenz', wobei er betont, dass ‚Existenz' nichts anderes als den ‚Gesamtmenschen' meint.[17]

(11) Der ‚Gesamtmensch' sei dort durch die drei Begriffe Bedürfnis, Arbeit und Genuss definiert. Sie bezeichneten ein „Verhältnis des Seins zum Außen, also ein Verhältnis, das wir *Transzendenz* nennen"[18]. Alle drei Begriffe verweisen, so Sartre, auf „so etwas wie ein ›Ich‹, das sich verleugnet und sich überwindet, indem es sich erhält"[19], dabei bedrohe, wie es weiter heißt, die reproduktive Selbsterhaltung den ‚praktischen biologischen Organismus' bzw. die ‚psychosomatische Einheit'. Diese Einheit entgleite der ‚direkten Erkenntnis durch Interiorität'. Zur Erläuterung dessen, was hier mit ‚Interiorität' gemeint ist, beruft sich Sartre

---

14 Sartre: *Was ist Subjektivität*, S. 130f.
15 Sartre: *Cahiers pour une morale*, S. 507.
16 Vgl. etwa die Kurzgeschichte Sartre: *Die Kindheit eines Chefs*.
17 Vgl. Sartre: *Was ist Subjektivität*, S. 38.
18 A.a.O., S. 39.
19 Ebd.

auf etwas, was man mit ANNE KOCH ‚Körperwissen‘[20] nennen könnte, oder mit BOURDIEU ‚Habitus‘ bzw. ‚erworbene Disposition‘[21]: Ein erworbenes Wissen, das dennoch kein Wissen in dem Sinne ist, als man jede Muskelbewegung *kognitiv wissen muss*, um die entsprechenden Praxen auszuführen oder die entsprechenden Haltungen einzunehmen. Deshalb nennt SARTRE es ‚praktisches Wissen‘[22]: *„Es gibt eine Objektivität, die von etwas gestützt wird, das dem Wissen entgleitet,* und die nicht nur nicht bekannt ist, sondern deren Kenntnis in gewissen Fällen selbst dem Handeln abträglich wäre."[23] Diese ‚Interiorität‘ ‚weiß sich nicht‘, sie ist für sich selbst ‚unmittelbar‘, ‚reine Subjektivität‘.

(12) Als solche vermittelt die ‚reine Subjektivität‘ zwischen zwei transzendenten Bezügen zur Materialität; sie ist „Verinnerung des Äußeren durch den Organismus, um seine Fähigkeit zu verstehen, im transzendenten Sein wieder zu entäußern, was die Gelegenheit zu einer […] Bestimmung des Bedürfnisses ist."[24] Dabei geht es darum, den Status der Subjektivität als doppelte Vermittlerin zweier materialer Zustände des Menschen zu verstehen. Insbesondere interessiert SARTRE hier, dass diese Subjektivität von sich nichts *weiß*, und somit das Merkmal des Nicht-Wissens in sich trägt.

> Warum ist es notwendig, dass der Mensch in seiner praktischen Erfahrung, in seiner *Praxis*, die gleichzeitig Wissen und Handeln ist, ein Handeln, das seine eigene Aufklärung erzeugt, warum ist es notwendig, dass er gleichzeitig auf der Ebene, die wir Subjektivität nennen, Nicht-Erkenntnis seiner selbst sei? Und wir werden uns gleichzeitig fragen, wie wir unter diesen Bedingungen […] die Subjektivität erreichen können?[25]

Als Beispiel führt Sartre den Antisemiten an, der gewöhnlich erkläre, er hasse die Juden nicht – das kennen wir unter ‚Man wird ja wohl man sagen dürfen‘ bzw. ‚Ich habe ja nichts gegen …‘ –, sondern er finde ‚lediglich‘, *sie* hätten diesen oder jenen Fehler und dass es folglich besser sei, ihnen in der Politik keinen Platz einzuräumen etc. Dieses Urteil – und darauf kommt es an – wird als *objektiv ausgegeben*, was bedeutet, es den je beschriebenen Personen *als deren Eigenschaft* etc. zuzuschreiben, und es gleichzeitiger als *subjektives Urteil zu leugnen*.

---

20 Vgl. Koch: *Körperwissen*, S. 116–147.
21 Vgl. Bourdieu: *Sozialer Sinn*, S. 97–121. „Als einverleibte, zur Natur gewordene und als vergessene Geschichte ist der Habitus wirkende Präsenz der gesamten Vergangenheit, die ihn erzeugt hat." (a.a.O., S. 105).
22 Vgl. Sartre: *Was ist Subjektivität*, S. 40. Bei Platon heißt dieses Wissen *techné* im Gegensatz zur *episteme*.
23 Sartre: Ebd.
24 A.a.O., S. 42f.
25 A.a.O., S. 44.

(13) Anhand der Geschichte eines Freundes, der in einer Gefängnis-Zelle mit einem Arbeiter konfrontiert war, der ständig gegen ihn gesprochen habe, der ihn offensichtlich ‚nicht riechen' konnte und das, obwohl er mit den anderen Intellektuellen in der Zelle offensichtlich gut zurechtkam. Die mangelnde Sympathie dem Freund gegenüber, so Sartre, lag also nicht am Klassenunterschied. Vielmehr habe der Arbeiter irgendwann zu seinem Freund gesagt:

> Hör zu, ich habe es jetzt verstanden. Im Grunde habe ich Dich die ganze Zeit nicht gemocht, weil Du Jude bist, und ich bin mir dessen bewusst, dass das daran liegt, dass ich mich nicht ausreichend von den Resten der bürgerlichen Ideologie befreit habe, ich habe das nicht verstanden, und du dagegen, dein Beispiel hilft mir; ich bin mir dessen bewusst, dass es der Jude ist, den ich in Dir verabscheue, weil ich Antisemit bin.[26]

Im Anschluss zieht Sartre einige Schlussfolgerungen, von denen es mir auf eine besonders ankommt: Nämlich weniger auf das ‚Faktum', dass die reflexive Einsicht den Arbeiter an die Schwelle bringt, wo er seinen Antisemitismus loswerden könnte, sondern viel mehr darauf, dass Sartres Rekonstruktion dieser Begebenheit – sei sie fiktional oder nicht – den Antisemitismus zur *Kategorie* im Butlerschen Sinne macht. Denn die Befreiung wird möglich, so Sartre,

> weil der Antisemitismus nicht mehr die <u>subjektive Konstruktion eines Objekts</u> ist, eine Beziehung des Inneren zum Außen mit einem Inneren, das sich selbst nicht kennt, der Antisemitismus wird plötzlich zu einem Objekt, das vor Augen steht, vor der Reflexion dessen, <u>der ihn praktiziert</u>, und natürlich ist dieser dann frei, sich diesbezüglich zu entscheiden. (Hvhb. TSK).[27]

---

26 A.a.O., S. 45 f.
27 A.a.O., S. 46. Sartre geht es dann im Folgenden vor allem darum zu zeigen, dass die Selbst-Reflexion auf diese Facette seiner unmittelbaren Subjektivität den Arbeiter gleichsam aus dieser „unschuldigen" (a.a.O., S. 48), weil un**ge**wussten, unmittelbaren Objektvierung des Anderen herausschleudert und ihn dadurch auch von ihr befreit. Ausgelöst wird diese Reflexion nach Sartre durch den Widerspruch zwischen dem Selbstverständnis des Arbeiters als Arbeiter und den von ihm an sich selber entdeckten Resten bürgerlicher Ideologie, die negativ differenzierend wirkt. Solche Verabschiedungen von der eigenen Normprägung sind für Butler freilich Ausdruck eines „gleeful existentialism" (Butler: *Senses of the Subject*, S. 6): „Our formation does not suddenly fall away after certain breaks or ruptures; they become important to the story we tell about ourselves or to other modes of self-understanding. There remains that history from which I broke, and that breakage installs me here and now. And so I am not really thinkable without that formation." (ebd.) An dieser Stelle ließe sich auch einiges Kritisches zur von Sartre konstatierten Unschuld des unreflektierten Antisemiten anmerken – das will ich aber dennoch aus Platzgründen und, weil es mir nicht darum geht, nicht tun. Nach Butler re-produzieren unsere Wahrnehmungen anderer *prinzipiell* wie auch immer deduzierte

(14) Die Subjektivität erfasst demnach ihr Gegenüber, den anderen, auf anti-
semitische Weise, ohne das selbst zu reflektieren – und konstituiert ihn daher
aufgrund eines allgemeinen (Vor-)Urteils *als* unsympathisch. Wie MAX FRISCH
in *Andorra* eindringlich gezeigt hat, ist es dabei unerheblich, ob sich der Andere
selbst als zu einer Gruppe zugehörig konstituiert (hat) oder nicht. Um dem Un-
willen und Hass seiner Mitmenschen ausgesetzt zu sein, reicht es, als Anderer
mit diesen oder jenen scheinbaren Gruppeneigenschaften wahrgenommen zu
werden. Davon abgesehen würde SARTRE ebenso wie BUTLER bestreiten, dass es
möglich ist, einer wie auch immer gearteten Kategorie tatsächlich zu entsprechen,
sie *zu sein,* weil wir sie aufgrund unserer existentiellen Seinsweise grundsätzlich
verfehlen müssen. Aber das ist nicht der Punkt. Vielmehr ist der Punkt, dass wir
es mit einer proto-reflexiven kategorialen Ebene zu tun haben, die partizipierend
das spiegelt, was gesellschaftlich gerade an Zuschreibungen, Färbungen im Sinne
von Denkmustern vermittelt wird, die gerade *en vogue* sind. Denkmuster, die wir
nur unter größten Mühen als solche entlarven können, weil sie unsere je eigenen Denkstrukturen oder -mustern unmittelbar qualitativ bestimmen. Deshalb
erscheinen sie uns als natürlich, als gegeben, als unabänderlich und nicht als
artifiziell, konstruiert, formiert und formierend. Eben weil es sich um *Kategorien*
handelt, die nach KANT all unsere Erfahrungen möglich machen, aber dadurch
zugleich das Wahrgenommene so erscheinen lassen, dass wir den Eindruck haben, es sei an sich selbst so, auch ohne uns. Das gilt analog auch für die empiri-
schen Begriffe bei Kant, denn „was die Dinge an sich sein mögen, weiß ich nicht,
und brauche es auch nicht zu wissen, weil mir doch niemals ein Ding anders, als
in der Erscheinung vorkommen kann."[28] Bei BUTLER stehen dann – im Gegensatz
zu SARTRE – die Effekte im Vordergrund, die das Anheften von Kategorien und
Normen im Urteilen durch unzählige unmittelbar wahrnehmende, prä-reflexive
Subjektivitäten auf Seiten der *Wahrgenommenen* zeitigt.[29]

---

scheinbare Gruppeneigenschaften, sodass wir dauernd Eigenschaften zuschreiben und
erwarten, ohne es zu merken. Das heißt, dass wir *permanent* bestimmten ideologischen
Wahrnehmungsmustern folgen, *ohne es zu wissen.*

28 Kant: *Kritik der reinen Vernunft,* S. A 277 / B 333.

29 „Wo gesellschaftliche Kategorien eine anerkennungsfähige und dauerhafte soziale Existenz gewährleisten, werden diese Kategorien, selbst wenn im Dienste der Unterwerfung
stehend, oft vorgezogen, wenn die Alternative darin besteht, überhaupt keine soziale
Existenz zu haben. […] Soziale Kategorien bezeichnen zugleich Unterordnung und
Existenz. Genau in dem Moment, das die Wahl unmöglich ist, hält sich das Subjekt an
die Unterordnung als Existenzversprechen. Dieses Streben ist nicht Wahl, aber auch
nicht Notwendigkeit." (Butler: *Psyche der Macht,* S. 24f.).

Butlers *Frames of War* oder: Der Wahrgenommene wird durch sein Gegenüber nicht nur konstituiert, sondern auch ermöglicht

(15) BUTLER legt – ebenso wie SARTRE – Wert darauf, der kognitiv-reflexiven Ebene noch eine unmittelbare, Kategorien gebrauchende Wahrnehmungsebene voranzustellen, die aber dennoch durch und durch sozio-kulturell-historisch vermittelt ist. BUTLER nennt explizit auch soziale Wahrnehmungskategorien, die darüber entscheiden, ob ein Leben überhaupt, von vorneherein als lebbar gilt. In diesem Sinne haben Kategorien auch die Qualität, über Leben und Tod zu entscheiden, d. h. über die prinzipielle Zuschreibung oder Möglichkeit partizipativer Teilhabe. Um den Unterschied zwischen einer reflexiven An-Erkenntnis (*recognition*) *als* x oder y und einer proto-reflexiven kategorialen Wahrnehmung (*apprehension*) *als* z begrifflich zu fassen, spricht BUTLER von Anerkennung (*recognition*) durch andere im Unterschied zur An-Erkennbarkeit durch andere (*recognizability*) bzw. auch von Intelligibilität (*intelligibility*). Intelligibilität bezeichnet dabei eine notwendige *Voraussetzung* für An-Erkenntnis: eine Person, ein Leben muss sozial intelligibel sein, um als solches wahrgenommen zu werden. Es handelt sich also um eine unmittelbar kategoriale Ebene, die es ermöglicht, andere überhaupt als Wesen wahrzunehmen, die dazugehören. Es geht um die An-Erkennbarkeit als Mensch schlechthin.

(16) Butlers Punkt ist, dass bereits auf dieser basalen Ebene der An-Erkennbarkeit *als* ein bestimmtes z, d.i. bspw. als Mensch, Frau etc., die sozio-kulturell vermittelten Kategorien darüber entscheiden, ob ein Lebewesen überhaupt existieren darf. Mit SARTRE formuliert, entscheidet das kategoriale Set der ihre Epoche ausdrückenden Subjektivität darüber, ob sie dieses Lebewesen als z wahrnehmen wird – oder nicht. Weil aber offensichtlich nicht *für* alle menschlichen Lebewesen Kategorien entstanden sind, bedeutet das, dass einige erst gar nicht als menschlich im Vollsinne (an)erkannt werden. BUTLER fordert daher in der Einleitung zu *Frames of War* „eine neue Ontologie des Körpers [, da d]as ›Sein des Körpers‹ [...] ein immer schon anderen überantwortetes Sein [ist], es ist immer schon auf Normen und soziale und politische Organisationen verwiesen, die sich ihrerseits geschichtlich entwickelt haben".[30] Dieser Ontologie sei notwendig eine Erkenntnistheorie *voranzustellen*, da

> Subjekte durch Normen konstituiert [werden], die in ihrer wiederholten Anwendung die Bedingungen erzeugen und verschieben, unter welchen Subjekte anerkannt werden. Diese

---

30 Butler: *Raster der Krieges*, S. 10f.

normativen Bedingungen der Hervorbringung des Subjekts erzeugen eine geschichtlich kontingente Ontologie, so dass bereits unsere Fähigkeit zur Erkenntnis und Benennung des ›Seins‹ des Subjekts von Normen abhängt, die diese Anerkennung erst ermöglichen. (Hvhb. TSK)[31]

Und dabei geht es nicht um die An-Erkennung als x oder y, sondern um die Wahrnehmbarkeit als schützenswertes Lebewesen überhaupt, d. h. um Intelligibilitäts- oder vorhandene An-Erkennbarkeitskategorien schlechthin, die letztlich auch über das Überleben entscheiden.[32]

(17) Diese An-Erkennbarkeitskategorien sind aber, um das nochmals zu betonen, ebenfalls variabel und historisch geworden „no matter how *a priori* their function as conditions of appearance"[33] – also vollkommen unabhängig davon, dass sie das Erscheinen *als etwas kategorial bereits Bestimmtes* ermöglichen! An-Erkennbarkeit bzw. ‚recognizability' ist also die Vorbedingung, die ein Lebewesen allererst in den Status versetzt, anerkannt werden zu können – im Hegelschen Sinne: „These categories, conventions, and norms that prepare or establish a subject for recognition, that induce a subject of this kind, precede and make possible the act of recognition itself. In this sense, recognizability precedes recognition."[34] Wer wahrgenommen bzw. intelligibel werden kann, muss einem allgemeinen, aber historischen Schema entsprechen, muss hineinpassen in die sozio-kulturellen Vorstellungen, die ihn konstituieren. Das bedeutet nicht, dass es keine unbestimmte Wahrnehmung gäbe – hier spricht BUTLER von „ruhelosen Doubles ohne gesicherte Ontologie"[35] – oder in anderen Texten in Anlehnung an LACAN bzw. mit DERRIDA von ‚Gespenstern‘, die als nicht-symbolisiertes Rest-Reales in die Raster des Symbolischen gleichsam einbrechen.

---

31 A.a.O., S. 12.
32 Auch wenn sich eine einmal erfolgte von einer dann wieder abgesprochenen Teilhabe unterscheidet, scheint mir in beiden Fällen mangelnde Intelligibilität eine notwendige Bedingung des Ausschlusses zu sein: Der grundsätzliche, d. h. zu Beginn des Lebens erfolgte Zuspruch, ein lebbares Leben zu sein, und die spätere Aberkennung – wie das bspw. in Genoziden der Fall ist – lässt sich, so betrachtet, dem gleichen Mangel an kategorial erzeugter Wahrnehmung zuschreiben. In beiden Fällen scheint die Zuordnung der Gegenüber als schützenswertes Leben nicht (mehr) zu funktionieren. Dieser Mangel *kann* freilich auch über kategoriale Verschiebungen – etwa durch die Betitelung ‚Ungeziefer‘ – oder Verteufelungen auch erst erzeugt werden. Aus dieser Perspektive entscheidet der Mangel an Intelligibilität, an kategorialer Wahrnehmung über die Zugehörigkeit zur Sozialität.
33 Butler: *Frames of War*, S. 5.
34 Ebd.
35 Butler: *Raster des Krieges*, S. 15.

(18) Zusammengefasst lässt sich also festhalten, dass sowohl SARTRE als auch BUTLER das Subjekt bzw. die Subjektivität bis in ihr ‚Innerstes‘ hinein historisieren und sozialisieren, indem sie es als ein Partizipatives darstellen, das sozial konstituiert und ermöglicht wird und dessen So-Sein kategorial von der Wahrnehmung durch andere abhängt, *gleichgültig wie spezifisch die zugeschriebenen, überlebensnotwendigen ‚Eigenschaften‘ auch sein mögen.* Für beide Denker_innen ist folglich Individualität, die sich aus der Zuschreibungen bestimmter Eigenschaften ergibt, d. h. aus *Urteilen*, und die darüber entscheiden, ob jemand leben darf oder nicht, nichts, was die je einzigartigen, immer singulären Lebewesen ‚mitbrächten‘. Vielmehr verorten sie solche ‚Eigenschaften‘ im sozio-kulturell-historischen Raum, in den wir je hineingeboren werden (wenn überhaupt!), in dem wir auf an-erkennende Urteile der Gesellschaft angewiesen sind, die uns durch bestimmte andere vermittelt werden. Die je spezifischen, partizipativen Fremdzuschreibungen entscheiden folglich über die soziale Teilhabe derer, die den Urteilen ausgesetzt sind – also über alle –, und über die wiederum je spezifische gesellschaftliche Ausrichtung. Das sozio-kulturell-historische Kategorienset erscheint dann je nach Sedimentschicht als mehr oder weniger tief verankert und formt und normiert nach seinem Muster – vermittelt durch intersubjektive Dyaden, in denen die Wahrnehmungskategorien formierend wirken.

(19) Sofern die einzelnen sich diese zu eigen machen müssen, *um sozial anerkannt zu werden bzw. zu bleiben,* und sofern sie sie ihrerseits wiederum kategorial einsetzen, erzeugen sie langsam und nachhaltig bestimmte (Wahrnehmungs-)Formen bzw. Normen, die als scheinbar ‚natürliche‘ oder ‚normale‘ Maßstäbe Geltung gewinnen. In diesem Sinne individuiert die urteilende Fremdzuschreibung mehr oder weniger effektiv durch Normierungen. Vielleicht gibt es daneben auch genetische Dispositionen, allerdings werden sie nicht nur bereits von Freud als gesellschaftlich vermittelte betrachtet, sondern auch zunehmend in der soziobiologischen Forschung.[36] So macht uns die Gesellschaft vor jeder *expliziten* Normativität schon durch die vermittelten Kategorien zu *diesen* bestimmten Individuen – oder eben auch nicht – und jeder von uns trägt zu ihrer Aufrechterhaltung als urteilender Vermittler bei. Bildhaft lässt sich das als Raum mit unendlich vielen Vektoren vorstellen, die ebenso viele Knoten durch Kreuzen erzeugen. Wenn die Vektoren für die an uns durch die anderen herangetragenen Normen stehen, individuieren sie zusammen die sich formierenden Knoten, die sich ‚entlang dieser Vektoren, d. h.

---

36 Vgl. Freud: *Vorlesungen zur Einführung in die Psychoanalyse* oder auch Kahnemann: *Schnelles Denken, langsames Denken.*

Normen konstituieren', sofern sie den kategorialen Zugangscheck, überhaupt als lebenswertes Lebewesen zu gelten, erfolgreich hinter sich gebracht haben.

(20) In diesem Sinne kann von ‚partizipativer Subjektivität' gesprochen werden, weil das Teil-*Haben* an der je eigenen Epoche – um bei SARTRES umfassenden Begriff für das je sozio-kulturell-historische Ensemble zu bleiben – konstitutiv ist für das spezifische Überleben jeder konkreten Einzelnen, die dann als partizipierende Subjektivität ihrerseits andere formierend wahrnimmt. Wenn nun oben gesagt worden ist, dass Menschen als *zoon politikon* gar nicht umhin können, die normierenden sozio-kulturell-historischen Kategorien zu verwenden, wenn sie andere wahrnehmen und in diesem Sinne Urteile über die fällen, ist es dann möglich, davon Abstand zu gewinnen bzw. darauf zu verzichten? Mit SARTRE: ja![37] Denn die *Reflexion* auf den Umstand, dass es sich bei wahrnehmenden Urteilen um „eine subjektive Konstruktion eines Objekts"[38] handelt, die als objektive Eigenschaft dem Wahrgenommenen zugeschrieben wird, verändert die Wahrnehmung radikal: „Der Antisemitismus wird plötzlich zu einem Objekt, das vor Augen steht, vor der Reflexion dessen, der ihn praktiziert, und natürlich ist dieser dann frei, sich diesbezüglich zu entscheiden."[39] Die Aufklärung darüber oder die reflexive Einsicht, dass, wie auch immer geartete Gruppenzuschreibungen deren Adressaten *als solche* konstruieren bzw. auf sie konstitutiv wirken, wird folglich als Gelegenheit aufgefasst, von der ursprünglichen, unmittelbaren und un-**ge**-wussten Wahrnehmung reflexiv Abstand zu gewinnen.

(21) Solange wir also denkend Muster erstellen und damit bestimmte, die Gesellschaft organisierende Strukturen aufrechterhalten, sollte es wenigstens reflexiv möglich sein, sich der konstruierenden und konstituierenden wahrnehmenden (Vor-)Urteilsbildung wieder zu entziehen. In der Folge ist es dann auch nicht mehr möglich, Einzelnen aufgrund einer vermeintlichen spezifischen Gruppenzugehörigkeit deren vermeintliche Eigenschaften zuzuschreiben – jedenfalls nicht reflektierter Maßen. Diese Perspektive hat weitreichende Folgen bspw. für Demokratietheorien, die auf Repräsentation beruhen, oder auch auf das sogenannte ‚Diversity-Management', das gruppenspezifisch definiert ist. Was ist dann noch divers, wenn nicht alle für sich? Wenn jede Gruppenbildung mit ADORNO nach HEGEL das Ergebnis einer das Besondere abschneidenden und folglich reduzierenden Vereinheitlichung, d. h. vor den skizzierten Theorien immer auch Kategorisierung ist, die allererst hergestellt und immer wieder wiederholend bestätigt

---

37 Das gilt eigentlich auch für BUTLER, da die Aufklärung über falsche Denkmuster ja einen Effekt erzeugen muss – sonst wäre sie überflüssig.

38 Sartre: *Was ist Subjektivität*, S. 46.

39 Ebd.

werden muss, dann ist mit BUTLER schon der Repräsentationsgedanke an sich einer, der eher die überkommenen Strukturen stützt als zur Emanzipation der je einzigartigen Personen beiträgt.[40] BUTLER und SARTRE bieten hier im Anschluss an HEGEL Erklärungen, wie solche Gruppenauffassungen bzw. -zuschreibungen proto-reflexiv auf der un-*ge*-wussten Ebene durch die normierende Formierung konstitutiv bewirkt werden und wie daher *jede und jeder von uns* durch Partizipation selbst Effekt ist und die anderen als Effekte erzeugt.

> The task is to think of being acted on and acting as simultaneous, and not only as a sequence. Perhaps it is a repeated predicament: to be given over to a world in which one is formed even as one acts or seeks to bring something new into being.[41]

(22) Ich kann mir vorstellen, dass das Bedürfnis nach mehr gedanklicher Separierung zwischen Sartre und Butler groß ist – berechtigter Weise; aber ich halte es dennoch für sinnvoll, auch die gemeinsame Stoßrichtung hervorzuheben, die eben bei beiden darin besteht, eine effiziente und daher für die je anderen folgenreiche Facette unserer Wahrnehmungen als nicht-intendiertes Urteil, weil un-gewusst, herauszustellen. Das gilt es meines Erachten wenigstens auch zu reflektieren, wenn wir über Partizipation nachdenken: denn selbst auf der kategorialen Ebene der Wahrnehmungen partizipieren wir immer schon am sozio-kulturell-historischen Framing, in das wir hineingeboren werden. Die Frage bleibt, ob eine politische Formation den zumeist hierarchisierenden, un-**ge**-wussten Vor-Urteilen aufgrund kategorial gesteuerter Wahrnehmungen etwas entgegenstellen könnte.

Literatur

Bourdieu, Pierre: *Sozialer Sinn. Kritik der theoretischen Vernunft.* Suhrkamp: Frankfurt a. M. 1993 (1980).

Butler, Judith: *Das Unbehagen der Geschlechter.* Suhrkamp: Frankfurt a. M. 1991.

–: *Körper von Gewicht.* Suhrkamp: Frankfurt a.M. 1997 (1993).

–: *Psyche der Macht. Das Subjekt der Unterwerfung.* Suhrkamp: Frankfurt a. M. 2001 (1997).

–: *Die Macht der Geschlechternormen.* Suhrkamp: Frankfurt a. M. 2009 (2005).

–: *Frames of War. When is Life Grievable?* Verso: London / New York 2009.

–: *Raster des Krieges. Warum wir nicht jedes Leid beklagen.* Campus: Frankfurt a. M. 2010.

---

40 Vgl. Butler: *Das Unbehagen der Geschlechter*, S. 15–62.
41 Dies.: *Senses of the Subject*, S. 6.

–: *Parting Ways. Jewishness and the Critique of Zionism*. Columbia UP: New York 2012.

–: *Senses of the Subject*. Fordham UP: New York 2015.

Derrida, Jacques: *Gesetzeskraft. Der »mystische« Grund der Autorität*. Suhrkamp: Frankfurt a. M. 1991 (1990).

Freud, Sigmund: *Vorlesungen zur Einführung in die Psychoanalyse. Gesammelte Werke Band XI*. Fischer: Frankfurt a. M. 1999 (1946).

Kahnemann, Daniel: *Schnelles Denken, langsames Denken*. Siedler: München 2012 (2011).

Kant, Immanuel: *Kritik der reinen Vernunft*. Meiner: Hamburg 1971 (zitiert unter Angabe der ersten A und zweiten Auflage B von 1781/1787).

Koch, Anne: *Körperwissen. Grundlegung einer Religionsaisthetik*. Ludwig Maximilians Universität: München 2007 (open access: https://epub.ub.uni-muenchen.de/12438/1/Habilitation-Koch-02.03.07.pdf).

Luhmann, Niklas: *Einführung in die Systemtheorie*. Carl Auer Systeme: Heidelberg 2002 (1991/92).

Nunner-Winkler, Gertrud: ‚Eine weibliche Moral? Differenz als Ressource im Verteilungskampf‘. In: *Zeitschrift für Soziologie* 1994, 23, S. 417–433.

Sartre, Jean-Paul: ‚Die Kindheit eines Chefs‘. In: Ders.: *Die Kindheit eines Chefs. Erzählungen*. Rowohlt: Reinbek 1985, S. 108–178 (1939).

–: *Das Sein und das Nichts. Versuch einer phänomenologischen Ontologie*. Rowohlt: Reinbek 1994 (1943).

–: *Entwürfe für eine Moralphilosophie*. Reinbek: Rowohlt 2005 (1980).

–: *Qu'est-ce que la subjectivité?* Les prairies ordinaires: Paris 2013 (1961).

–: *Was ist Subjektivität?* Turia + Kant: Wien 2015.

Schönwälder-Kuntze, Tatjana: „Gender – Eine Frage der Logik?“. In: Fischer, Daniel / Bonß, Wolfgang et al. (Hg.): *Uneindeutigkeit als Herausforderung. Risikokalkulation, Amtliche Statistik und die Modellierung des Sozialen*. Universität der Bundeswehr München: Neubiberg 2011, S. 217–239. (open access: http://www.unibw.de/unibib/medienserver/node?id=89543).

–: „›Verstehen heißt sich ändern, über sich hinausgehen‹ – Sartres kritisches Ethos“. In: Betschart, Alfred / Hackel, Manuela / Minot, Marie / v. Wroblewsky, Vincent (Hg.): *Jean-Paul Sartre: eine permanente Provokation – une provocation permanente – a Permanent Provocation*. Peter Lang: Bonn 2014, S. 91–113.

Varela, Francisco: *Ethisches Können*. Campus: Frankfurt a. M. 1994.

Linda Sauer

Denken. Macht. Mut. Emanzipatives politisches Denken bei Arendt und Camus

1. *Denken*: Eichmann und die Gedankenlosigkeit

‚Glauben, Gehorchen, Kämpfen schlechthin!', in dieser Maxime der SS erkannte er sich, sah er sich aber auch in seinen Grundbedürfnissen erkannt und verstanden. Die Fähigkeit zum Umgang mit Gründen und Gegengründen, das Vermögen, subjektiv verantwortlich abzuwägen, Entscheidungen zu treffen, war in ihm auf nahezu einmalige Weise verkümmert, und der einzige Zweifel, der je sein williges Gesicht überschattete, galt der Frage, ob eine befohlene Maßnahme durch die jeweilige, im übrigen beliebig auswechselbare Autorität gedeckt war.[1]

Das Portrait, das Joachim Fest in *Das Gesicht des Dritten Reiches* von Rudolf Höß, dem Kommandant des Konzentrations- und Vernichtungslagers Auschwitz zeichnet, erinnert an das Bild, das Hannah Arendt in ihrem Bericht *Eichmann in Jerusalem* von Adolf Eichmann entwirft; jenem Obersturmbannführer, der das Judenreferat – das sog. *Eichmannreferat* – im Reichssicherheitshauptamt leitete und für die Enteignung, Deportation und Ermordung von rund sechs Millionen Juden verantwortlich war.

Wie Höß, der „mit der gleichen zuverlässigen Gewissenhaftigkeit Aktenvorgänge erledigt oder auch den Bauernhof, von dem er träumte, bewirtschaftet [hätte], mit der er schließlich Menschen zu Hunderttausenden gemordet hat"[2], so war auch Eichmann der pflichtbewusste Bürger, „der niemals eigene Entscheidungen traf, der stets außerordentlich darauf bedacht war, von Befehlen ‚gedeckt' zu sein" und „von sich aus nicht einmal mit Vorschlägen hervortrat, sondern stets auf ‚Direktiven' wartete"[3]. Rudolf Höß und Adolf Eichmann gehören zu den *Gesichtern des Dritten Reiches*, die blass und gedankenlos ihren Dienst verübten, während um sie herum eine Ordnung aufgebaut wurde, die allen herkömmlichen Ordnungsvorstellungen entgegenlief; die, wie Arendt sagt, „das bloße Grauen in seiner nackten Monströsität"[4] abbildete und daher weder unter gewohnten politischen Gesichtspunkten begriffen werden konnte, noch in traditionelle moralische

---

1 Fest: *Das Gesicht des Dritten Reiches*, S. 375.
2 Ebd.
3 Arendt: *Eichmann in Jerusalem*, S. 182.
4 Dies: „Persönliche Verantwortung in der Diktatur", S. 14.

Beurteilungsmuster passte. Aber so monströs sich diese pervertierte ‚Neuordnung‘ auch ausmaß – diejenigen, die sich mit ihr arrangierten und in ihr kollaborierten, die hatten an der Monströsität weder Anstoß genommen, noch waren sie selbst die Monster, für die man sie später halten wollte. Eichmann und Höß waren viel eher die Biedermänner und braven Familienväter, die unauffälligen Handlanger und fleißigen Befehlsempfänger.

Gefügig und folgsam, aber ohne Eigeninitiative; hemmungslos autoritätshörig, aber ohne weiterführende Ambitionen; skrupellos in ihren Ausführungen, dabei aber ohne individuelle Neigung und ohne persönliche Absichten. Beiden mangelte es an Hintersinn und Überlegung, beide waren so urteils- wie realitätsvergessen, so gesichts- wie gedankenlos. Und doch bildeten diese treuen Nazi-Kollaborateure einen neuen *Verbrechertypus*; einen Typus, der keine verbrecherischen Motive und auch keine verkommenen Absichten hatte, der weder von ausnehmender Brutalität noch von sadistischen Neigungen beseelt sein musste, um auszuführen, was immer ihm gerade aufgetragen wird. Für Arendt war Eichmann

> nicht Jago und nicht Macbeth, und nichts hätte ihm ferner gelegen, als mit Richard III. zu beschließen, ‚ein Bösewicht zu werden‘. Außer einer ganz ungewöhnlichen Beflissenheit, alles zu tun, was seinem Fortkommen dienlich sein konnte, hatte er überhaupt keine Motive; und auch diese Beflissenheit war an sich keineswegs kriminell, er hätte bestimmt niemals seinen Vorgesetzten umgebracht, um an dessen Stelle zu rücken. Er hat sich nur, um in der Alltagssprache zu bleiben, *niemals vorgestellt, was er eigentlich anstellte*.[5]

Dieser subalterne Bürokrat nahm in der Tradition des *Bösen* eine gänzlich unpassende Rolle ein: Denn er hatte weder mit den bekannten Übeltätern noch mit ihren üblichen Attributen etwas gemein. „Im Dritten Reich“, sagt Arendt, „hatte das Böse die Eigenschaft verloren, an der die meisten Menschen es erkennen – es trat nicht mehr als Versuchung an den Menschen heran.“[6]

Wäre Eichmann nämlich in Versuchung geraten, so hätte er sich der Ordnung ja gerade widersetzen müssen, hätte dem Verbrechen abtrünnig werden und sich gegen das Unrecht entscheiden müssen. Aber Eichmann entschied sich gar nicht; er machte lieber mit und machte sich über sein eigenes Vorgehen keine weiteren Gedanken. So konnte ihm auch „keine teuflisch-dämonische Tiefe“[7] abgewonnen werden, weil zur Tiefe ja stets die Überlegung gehört, die dann gegenüber dem Alltäglichen, Angepassten und Einfallslosen überlegen macht. Bei Eichmann aber verhielt es sich gerade umgekehrt: Er wollte um jeden Preis dazugehören, wollte

---

5 Dies.: *Eichmann in Jerusalem*, S. 56.
6 A.a.O., S. 249.
7 A.a.O., S. 57.

sich anpassen, einfügen und eingliedern und sich ganz dem Führer opfern, der
für ihn die Ordnung repräsentierte und ihm die Orientierung vorgab.

Eichmann hatte weder Vorstellungs- noch Reflexionsvermögen, und es
mangelte ihm gänzlich an Urteilskraft, zu der stets Mut, Souveränität und Kri-
tikbewusstsein gehören. Alles an ihm war einstudiert und eindressiert, war kli-
scheebeladen und einförmig, war durchschnittlich, einfältig und fad. Und trotz
seiner personifizierten Durchschnittlichkeit war er für Untaten in unvergleichli-
chem Ausmaß verantwortlich, machte sich mitschuldig an Verbrechen, für die es
keine überlieferten Beispiele und keine historischen Vorbilder gab.

So war es für Arendt gerade die Lektion, die man in Jerusalem lernen konnte,
dass die *Banalität*, die diesen neuen Verbrechertypus kennzeichnete und die der
Ausdruck schierer *Realitätsferne und Gedankenlosigkeit* blieb, bisweilen mehr
Unheil anrichten konnte als alle die dem Menschen vielleicht innewohnenden
bösen Triebe zusammengenommen.[8] „Aber es war eine Lektion", sagt sie, „und
weder eine Erklärung des Phänomens noch eine Theorie darüber."[9]

Die Unfähigkeit, sich selbstgewählte Gründe für sein Handeln zu geben und
hierfür auch die Verantwortung zu übernehmen, machte aus Eichmann ein ‚Rädchen im Getriebe', machte ihn zum Handlanger des Systems. Handlanger können
sich keiner Verantwortung bewusst werden, weil sie sich stets nur auf andere
verlassen, auf die, die über ihnen stehen und denen sie treu ergeben sind; Handlanger denken nicht eigenständig darüber nach, was um sie herum geschieht; sie
können weder Zusammenhänge erkennen noch aus der Erfahrung, die ihnen
die Wirklichkeit vorsetzt, je etwas lernen; Handlanger gehorchen blind, anstatt je
selbst die Initiative zu ergreifen und selbstgewählte Grenzen zu ziehen.

So schreibt Camus: „Das Ergebnis ist, dass der Mensch, gehört er der Partei
an, nichts anderes als ein Werkzeug im Dienst des Führers ist, ein Rädchen im
Apparat, oder, wenn er ein Feind des Führers ist, ein Verbrauchsprodukt des
Apparats."[10]

Im Apparat lässt es sich gut leben. Er verspricht Sicherheit und Ordnung, stellt
einem eine steile Karriere und eine prosperierende Zukunft in Aussicht und ver-
schafft obendrein noch ein ruhiges Gewissen. Denn die Vorstellung, in etwas
Historisches und Einmaliges einbezogen zu sein und einer ‚in zweitausend Jahren
nur einmal vorkommenden Aufgabe' zu dienen, kann selbst der seichtesten Existenz noch ein wenig Auftrieb geben.[11] Für Göring stellte die *Treue* zum Führer

---

8   Vgl. Ebd.
9   Ebd.
10 Camus: *Der Mensch in der Revolte*, S. 209.
11 Vgl. Arendt: *Eichmann in Jerusalem*, S. 194.

denn auch eine *Ehrenfrage* in diesem verfluchten Leben dar, wie er im Nürnberger Prozess unermüdlich beteuerte. Und so lag die Ehre nach Camus „im Gehorsam, der manchmal mit dem Verbrechen in eins fiel."[12]

Wenn der Mensch keine anderen Bezugsgrößen hat, außer der Autorität des Führers, der die *höhere Sache* repräsentiert, dann bleibt ihm in der Tat nichts anderes zu tun, als sich der *höheren Sache* zu verschreiben und sich in den Dienst ihrer Notwendigkeit zu stellen. Dann setzen die „Gebote des Führers", wie Camus festhält, „im brennenden Dornbusch der Scheinwerfer, auf einem Sinai aus Brettern und Fahnen, […] Glauben und Tugend fest"[13]. Der Führer gibt die Ordnung vor, die den Glauben festigt und die Tugend sanktioniert. Sie bricht wie ein unentrinnbares Schicksal über die Menschen und verlangt die absolute Unterwerfung unter einen Wert, der im Namen der Ideologie und der Geschichte aufgestellt werden kann, um nach Belieben zu morden und zu vergewaltigen. Dann tritt man „in die Lüge oder die Gewalttat ein, wie man in die Religion eintritt, mit der gleichen pathetischen Bewegung."[14]

Von diesem Pathos gegenüber der *höheren Sache* war auch Eichmann beseelt, der stets und vornehmlich auf Ordnung bedacht war, der seine eigenen Prinzipien noch *idealistisch* erhöhte, wenn er von der Pflicht des Gehorsams und von Gründen der Sauberkeit sprach. Deswegen gehörte er auch zu den *Radikalen*, zu jenen, die *prinzipiell gegen Ausnahmen* waren – nicht aus inhaltlichen, sondern aus verwaltungstechnischen Gründen.[15]

Eichmann wusste sich an nichts anderem zu orientieren als an festgelegten Regeln und klaren Strukturen, an zugeteilten Kriterien und vorgegebenen Mustern. Hier würden Ausnahmen nicht nur lästig sein, sondern auch beunruhigend wirken, weil sie stets eine eigene Einschätzung erfordern – eine Einschätzung, die von der jeweiligen Situation abhängt und daher auch ein selbständiges, der Situation angemessenes Urteil verlangt, das wiederum zuvor einen Denkprozess durchlaufen haben muss. Eichmann aber hatte damit so seine Schwierigkeiten und verließ sich stattdessen lieber auf seinen *Idealismus*. So konnte er sich stets damit beruhigen, dass er alles, was er getan hatte, seinem eigenen Bewusstsein nach als *gesetzestreuer Bürger* getan hatte und nicht nur Befehlen gehorcht, sondern auch das *Gesetz* befolgt habe.[16] Eichmanns Bindung an Gesetz und Befehl – was für ihn identisch war – ging sogar so weit, dass er noch seinen eigenen Vater in

---

12 Camus: *Der Mensch in der Revolte*, S. 208.
13 Ebd.
14 A.a.O., S. 157.
15 Vgl. Arendt: *Eichmann in Jerusalem*, S. 327.
16 Vgl. A.a.O., S. 231.

den Tod geschickt hätte, wenn es von ihm verlangt worden wäre.[17] Seine blinde Ergebenheit an Führer, Volk und Vaterland – für das er den eigenen Vater großmütig geopfert hätte – machte ihn immun gegen alle persönlichen Rückschlüsse, ließ ihn unempfindlich werden gegen das Unrecht, das er vom Recht nicht mehr zu unterscheiden wusste, trocknete alle existentiellen Regungen in ihm aus. Eichmanns *Idealismus* gründete in einem Ordnungsideal, das sich in blinder Akzeptanz ergoss und am uneingeschränkten Mitmachertum dingfest machte – egal unter welchen Umständen und zu welchem Preis. Für einen solchen Menschen bleibt nicht das *Was* entscheidend, sondern das *Dass*; entscheidend bleibt, dass einer oder ein paar wenige oben stehen und dem großen Rest sagen, wo's langgeht; dass feste Strukturen und klare Hierarchien existieren, die für Recht und Ordnung sorgen; und dass es überhaupt eine funktionierende Ordnung gibt, die die Welt zusammenhält, damit sie nicht ins chaotische Vielerlei zerfällt.

Eine solche Ordnung, aus der im Dritten Reich ohne große Umwege eine Neuordnung konfiguriert werden konnte, die kaum noch etwas mit Ordnungsfaktoren im gewohnten Sinne zu tun hatte, funktionierte auf Basis *blinden Gehorsams* und einer Mentalität, die den Bürger zum Untertan macht; die ihm also ein Verhalten abverlangt, das man für gewöhnlich nur bei Sklaven oder kleinen Kindern antrifft oder auf dem Kasernenhof, wo seit jeher pariert und stillschweigend toleriert wird, wo man also weder gemeinsam verhandeln und entscheiden kann, noch selbstverantwortlich mit den Folgen des Erhandelten umzugehen lernt. Wo aber jedermann Soldat wird, dort besteht das Verbrechen nach Camus gerade darin, nicht zu töten, wenn der Befehl es verlangt.[18] Und „der Befehl", so schließt er, „verlangt unglücklicherweise selten, das Gute zu tun"[19].

2. *Macht*: Die Ordnung der Masse und das Phänomen der Ohnmacht

Was es mit einem solchen Ordnungsdenken, das den Funktionär, den Handlanger und den Niemand kennzeichnet, auf sich hat, hat Heidegger bereits in *Sein und Zeit* dargelegt. Hier charakterisiert er den Niemand als den Durchschnittsmenschen, der ein abständiges, unauffälliges, jeden Unterschied vermeidendes Leben führt, dessen Dasein von Anonymität und Sterilität geprägt ist, dessen *Wer* nicht feststellbar ist und auch nicht wiedererkannt werden kann, der vielmehr ein *Neutrum* bleibt, ein *Man*, der in der Seinsart der Anderen – andere, die ebenfalls

---

17 Vgl. A.a.O., S. 117.
18 Vgl. Camus: *Der Mensch in der Revolte*, S. 208.
19 Ebd.

ein anonymes Niemand bilden – aufgeht.[20] Das *man* verschwindet in der Masse; es ist flach, unpersönlich und unverantwortlich. Das *man* spiegelt sich wieder im Eichmann ohne Eigenschaften, im Rädchen, das geräuschlos am Getriebe dreht und niveaulos seinen Dienst verübt. Ein solches Dasein, schreibt Heidegger,

> steht als alltägliches Miteinandersein in der *Botmäßigkeit* der Anderen. Nicht es selbst ist, die Anderen haben ihm das Sein abgenommen. […] Diese Anderen sind dabei nicht *bestimmte* Andere. Im Gegenteil, jeder andere kann sie vertreten. Entscheidend ist nur die unauffällige, vom Dasein als Mitsein unversehens schon übernommene Herrschaft der Anderen. Man selbst gehört zu den Anderen und verfestigt ihre Macht.[21]

Aber eine solche Macht, die sich hier verfestigt, ist keine positive Macht, sondern eine erstarrte, eine kastrierte. Aus ihr entspringt nichts Schöpferisches, nichts Neues und nichts Verbindendes.

Es ist eine Macht, die anonym regiert, die jeden Einzelnen immer weiter vereinzelt und in die Isolation treibt, die das gegenseitige Misstrauen kultiviert und bis in die letzten Winkel des Privaten drängt – dorthin, wo man nicht einmal mehr Freunden und Angehörigen noch trauen kann, weil sie alle zu potentiellen Feinden werden. Hier bleibt nur noch der Führer übrig, dem man sich anheimgibt und dem man alles Denken und Urteilen, alles eigenverantwortliche und selbstbegründete Handeln überlässt. Camus hält fest:

> Ein einziger Führer, ein einziges Volk, heißt ein einziger Herr und Millionen Sklaven. Die politischen Zwischeninstanzen, die in allen Gesellschaften Garanten der Freiheit sind, verschwinden, um einem gestiefelten Jehova Platz zu machen, der über schweigende Massen herrscht oder, was aufs gleiche hinauskommt, Befehle brüllt.[22]

Eine solche öffentliche Ordnung basiert nicht auf der *Macht*, sondern auf der *Gewalt* – auf dem strukturellen und stummen Zwang, der alle zur Beteiligung auffordert und dabei doch niemanden teilhaben lässt; der jeden Einzelnen in die Anonymität des *man* entlässt und die Summe aller Einzelnen in eine hohle Einheit verwandelt. Hier ist all das ausgeschaltet, was nach Arendt im Handeln, auch im Zusammen-Handeln, da ist: gemeinsames Beratschlagen, zu bestimmten Entschlüssen zu kommen und Verantwortung zu übernehmen, nachzudenken über das, was man tut und auch die Folgen zu berücksichtigen.[23] Hier gibt es keine *positive* Macht mehr, die Potentiale für eine gemeinsame Welt schöpft und damit der menschlichen Fähigkeit Rechnung trägt, „nicht nur zu handeln oder etwas

---

20 Vgl. Heidegger: *Sein und Zeit*, S. 126.
21 Ebd.
22 Camus: *Der Mensch in der Revolte*, S. 207.
23 Vgl. Arendt/Fest: *Eichmann war von empörender Dummheit*, S. 39.

zu tun", wie Arendt sagt, „sondern sich mit anderen zusammenzuschließen und im Einvernehmen mit ihnen zu handeln."[24] Hier gibt es nur noch den Befehl und den Gehorsam, die nach Camus „das oberste und einzige Prinzip" repräsentieren, nämlich „das *Führerprinzip*, das in der Welt des Nihilismus einen Götzendienst und ein degradiertes Heiliges wiederherstellt."[25]

Diese auf der Gewalt beruhende Ordnung mag zwar noch ein Lustgefühl befriedigen, das sich im *Wir* einstellt; aber ein solches *Wir* bleibt ohne Bezug zum *Wir*, zu den anderen, zu ihrer Verschiedenheit. Bezogen ist das Wir, das sich im Phänomen der *Masse* niederschlägt und seinen Ausdruck in der Verlassenheit, in der Fremdheit, in der völligen Kontaktlosigkeit zur Mitwelt findet, einzig auf den Führer und auf die Befehle, die vom Führer ausgehen.

So wird in der Masse, in der alle zwischenmenschlichen Bezüge verloren gehen und in der kein aktives Interesse mehr an der Welt entsteht, jeder Einzelne in seine eigene Isolierzelle gedrängt. Er wird auf sich selbst zurückgeworfen – jedoch in der trügerischen Annahme, umschlossen und aufgehoben zu werden von einem System, das ihm die Regeln bereits vorgibt und alles eigenverantwortliche Denken und Handeln abnimmt. Zitat Arendt:

> Was die Verhältnisse in einer Massengesellschaft für alle Beteiligten so schwer erträglich macht, liegt nicht […] primär, in der Massenhaftigkeit selbst; es handelt sich vielmehr darum, dass in ihr die Welt die Kraft verloren hat, zu versammeln, das heißt, zu trennen und zu verbinden.[26]

Denn es sind gerade die beiden grundlegenden Charakteristika jener öffentlich-gemeinsamen Welt – dem Raum für Politik –, die in der Massenhaftigkeit der Masse eingeebnet werden und in ihrem Gleichschaltungsprozess zu verschwinden drohen: einerseits die Tatsache, dass die Welt „ein Gebilde von Menschenhand"[27] ist und im Gegensatz zur „Natur im Ganzen"[28] oder zur reinen Dingwelt von jenen Angelegenheiten zeugt, die *zwischen* den Menschen selbst stattfinden, d. h. unter ihnen ausgetragen und von ihnen gemeinsam entschieden werden müssen; andererseits das Faktum, dass diese Angelegenheiten überhaupt nur in der Öffentlichkeit erscheinen können – in einem Raum, der konkret greifbar und erfahrbar bleiben muss und der nur dort wirklich *ist*, wo er „für jedermann sichtbar und

---

24 Arendt: *Macht und Gewalt*, S. 45.
25 Camus: *Der Mensch in der Revolte*, S. 208.
26 Arendt: *Vita activa oder Vom tätigen Leben*, S. 66.
27 Ebd.
28 A.a.O., S. 65.

hörbar"[29] bleibt. Politik, im Sinne des Öffentlich-Gemeinsamen, gibt es nur dort, wo Menschen an der Welt und ihrem Geschehen Anteil nehmen und wo sie sich in den Lauf der Welt denkend, urteilend und handelnd einschalten. Ein solcher Erscheinungsraum, in dem Menschen miteinander verkehren, sich zusammentun und gemeinsam aktiv werden, generiert *Macht*. Nach Arendt ist *Macht* immer ein „Machtpotential"[30], ist das Vermögen, zu ändern, abzuwandeln und zu erneuern. *Macht* ist gebunden an „das menschliche Zusammen selbst"[31] und kann sich nur dort entfalten, wo Menschen aufeinander bezogen bleiben. Im Unterschied zur *Stärke* ist die Macht nicht im Besitz eines Einzelnen. Weder kann sie von nur einem Menschen ausgehen, noch im Individuum selbst verortet werden.[32] Sie liegt immer bei den Vielen, die alleine durch ihre zahlenmäßige Überlegenheit *mächtig* sind. Macht entsteht durch den aktiven Zuspruch und die Unterstützung der Mehrheit, d. h. durch ein demokratisches und partizipatives Miteinander. Im Unterschied zur *Gewalt* ist die *Macht* daher auch nicht instrumentalisierbar, weil sie nicht ein Mittel darstellt, um einen entfernten Zweck zu erreichen, sondern den Zweck selbst bildet, durch den ein politisches Gebilde fundiert und gefestigt wird. So kann nach Arendt zwar die Gewalt die Macht vernichten; aber sie ist gänzlich außerstande, Macht zu erzeugen.[33] Wo immer nämlich die *Gewalt* um sich greift, dort ist die Macht eigentlich schon verloren, weil sich innerhalb gewaltsamer Strukturen keine positive Macht mehr bildet, die gemeinsame Handlungsspielräume freisetzt. Macht wird daher auch nie aus der Gewalt entspringen, weil in einem repressiven System keiner mehr frei und spontan agieren kann, sondern nur noch funktioniert und zum Handlanger des Systems, zum unsichtbaren Teil der Masse wird.

Wo aber jede Form von Eigeninitiative systematisch ausgeschaltet wird, dort verliert der Mensch auch das Vermögen, sich im Denken und Handeln noch *frei* zu bewegen und etwas zu veranlassen, das nicht durch äußere Geschehnisse schon vorgezeichnet liegt oder durch das System bereits vorgegeben wird. Dort verschwindet also nicht nur die Person aus dem Bereich des Öffentlichen, sondern, wie Camus sagt: die *universellen Möglichkeiten* der Person – des Denkens, der Solidarität.[34] Ein Dasein, das aller Möglichkeiten und jeder eigenen Entscheidung beraubt wird, verliert seine existentielle Grundlage, die mit der Freiheit einhergeht, über sich selbst zu verfügen, d. h. also eine bestimmte Vorstellung von

---

29 A.a.O., S. 62.
30 A.a.O., S. 252.
31 A.a.O., S. 253.
32 Vgl. Arendt: *Macht und Gewalt*, S. 45.
33 Vgl. A.a.O., S. 57.
34 Vgl. Camus: *Der Mensch in der Revolte*, S. 209.

sich selbst zu haben und sich gemäß dieser Vorstellung zu *entwerfen*. Ein solcher Entwurf ist das Bild, das ich mir von mir selbst mache. Es ist der Jemand, mit dem ich (wie Arendt sagen würde) mit mir selbst zusammenleben will. Ich entscheide mich bewusst für den Jemand, der meinen Umgang mit mir selbst und mit den anderen bestimmt, der mein Handeln begleitet und für den ich verantwortlich bin. Wo immer ein solcher Entwurf fehlt, wo der Mensch also kein *Jemand* ist, der für sich selbst einsteht und auch andere Entwürfe (andere Jemande) gelten lässt, dort wird er zum gesichts- und gedankenlosen man, zum schweigenden Mitmacher und stummen Befehlsempfänger.

> Was danach übrigbleibt, [schreibt Arendt] sind jene unheimlichen, weil mit […] menschlichen Gesichtern ausgestatteten Marionetten, die sich alle benehmen wie der Pawlowsche Hund[35], die alle bis in den Tod vollkommen verlässig reagieren und nur reagieren. Das ist der größte Triumph des Systems.[36]

Und so, wie sich das System zur totalen Herrschaft des Menschen über den Menschen anschickt und ihn in ein beliebiges und beliebig ersetzbares Exemplar verwandelt – ohne individuelle Geschichte und ohne persönliche Eigenschaften, ohne spezifische Charakterzüge und unverkennbare Merkmale –, so wird der Mensch in diesem System austauschbar und wertlos gemacht, wird entweder als Werkzeug verwendet oder als Objekt verbraucht.

Ein solches System führt nach Camus dazu „den Menschen zusehends zu verstümmeln und sich selbst in objektives Verbrechen zu verwandeln"[37]. Das objektive Verbrechen ist das Verbrechen, das von *niemand* verübt wird und sich an *niemand* richtet. Es ist das verwaltungsmäßige Verbrechen, das keine Schuld kennt und angesichts der eigenen Handlungen unrührbar bleibt. Es ist das Verbrechen, das nur nach Anordnung handelt. „Im 20. Jahrhundert ist die Macht traurig"[38], schreibt Camus und folgert: „Der Terror und die Konzentrationslager sind die extremsten Mittel, die der Mensch anwendet, um der Einsamkeit zu entgehen."[39]

---

35 Der Hund, der so dressiert war, dass er nur noch aß, wenn zuvor eine Glocke ertönte; bei dem also alle *natürlichen* Instinkte bereits pervertiert waren.
36 Arendt: *Elemente und Ursprünge totaler Herrschaft*, S. 935.
37 Camus: *Der Mensch in der Revolte*, S. 277.
38 A.a.O., S. 281.
39 A.a.O., S. 278.

3. *Mut*: Die Solidarität und die Revolte

[…] die Revolte ist die Weigerung
des Menschen,
als Ding behandelt zu werden.[40]

A. Camus

Was heißt es, als *Ding behandelt* zu werden? Es heißt: dienstbar gemacht und funktionalisiert zu werden; es heißt: in ein System eingeflochten zu werden, das nicht nur spezifische Verhaltensweisen einfordert und konditioniert, sondern alles Verhalten so reduziert, dass in ihm keine Haltung mehr zum Vorschein kommt, keine Person mehr erkannt und wiedererkannt werden kann. Es heißt: dem Einzelnen nicht nur alles eigenständige Denken und Urteilen abzunehmen, sondern ihm auch seine existentielle Grundlage, seine persönliche Würde, seine individuellen Möglichkeiten zu entziehen. Es heißt: ihn *verstummen* zu lassen.

Ein verstummter Mensch wird auf sich selbst zurückgeworfen; er bleibt verlassen von allen zwischenmenschlichen Bezügen, bleibt bindungslos in einer Welt, die ihn wie eine fremde Hülle umgibt, die ihn vereinsamen lässt, weil sie ihm durch nichts mehr vermittelt werden kann. Der Verstummte bleibt nicht nur sich selbst gegenüber fremd. Er bleibt auch den anderen gegenüber fremd. Er bewegt sich in einer Welt, die ihm zunehmend zur Ödnis wird und der er gerade dadurch zu entfliehen sucht, als er immer tiefer in seine eigene Ödnis, in sein unartikulierbares Selbst, hineinkriecht. Der verstummte Mensch wird zum *Niemand*, der auf alle persönlichen Eigenschaften verzichtet, weil er um jeden Preis dazugehören will; der keine eigenen Gedanken hat und keine eigenen Motive durchscheinen lässt, sondern lieber mitschwimmt im Niemandsland gleichgeschalteter Interessen und gleichgeformter Ansichten; der sich durch nichts hervorhebt und durch nichts unterscheidet, weil er Angst hat, aufzufallen und herauszufallen aus dem Schutz eines anonymen Kollektivs. Der *Niemand* verschwindet in der Masse. Sie gibt ihm das Gefühl, Teil einer *größeren Sache* zu sein. Aber der *Niemand* kann nirgends Fuß fassen, weil der *Niemand* ja niemand ist.

Auch Eichmann war ein solcher Niemand – einer, der gerne mitmachen wollte und doch nirgends beteiligt war; der niemals darüber nachdachte, was er tat, und der kein eigenständiges Urteil über das System und über die Rolle, die er darin spielte, treffen wollte. Eichmann war der *Mann ohne Eigenschaften*, der gedankenlose *No-Name*, dem alles Persönliche und Individualisierte fehlte, der weder für sich selbst noch für andere einstehen konnte.

---

40 A.a.O., S. 281.

Vielleicht ist ein abstrakter Glaube noch das einzige, das dem Niemand bleibt, um sich selbst und die Welt gerechtfertigt zu sehen – durch ein Volk, eine Ideologie, eine Metaphysik, in die er sich hineinlegen kann und in der er Unterschlupf findet – ohne aktiv teilzunehmen, d. h. ohne sich je als Person zu behaupten und ohne je ein solches Person-Sein auch dem anderen zuzugestehen. Wo der Mensch aber *niemand* bleibt, dort kann er auch den anderen nicht sehen und nicht anerkennen. Und wo er über das, was er tut, nicht nachdenkt, dort kann er den eigenen Radius auch nicht durchbrechen, dort kann er also auch nicht in andere Richtungen vorstoßen, andere Standpunkte sehen und andere Perspektiven einnehmen.

Ein solches Verhalten ist bequem – besonders für das System, das auf solchen Niemanden aufbaut und sich durch solche Niemande festigt. Das System sucht die Einheit und Beständigkeit durch die Vereinheitlichung. Alle Niemande halten sich an den Händen und brüllen im Chor: „Alles *für* den Staat, *im* Staat; nichts *außerhalb* des Staates, *über* dem Staat, *gegen* den Staat."[41] Aber was ist der Staat? Ein Menschenapparat? Eine Weltkaserne? Eine Massenmaschinerie? Oder anders gefragt: erzeugt ein solcher Staat wirklich die Einheit, die Verbindung, die Solidarität? Oder erzeugt er nur eine künstliche Totalität?

Um diese Frage dreht sich auch Camus großer philosophischer Essay *Der Mensch in der Revolte*, in dem er die Forderung nach Einheit, die er im Phänomen der *Revolte* identifiziert, gegen das Streben nach *Ganzheit* abgrenzt, wie es sich in den modernen Revolutionsbewegungen darstellt. Anders als die *Revolte*, die dem individuellen Protest entspringt, sich an einem konkreten Umstand entzündet und sich gegen ein unmittelbares Unrecht wendet, insistiert die *Revolution* auf das *große Ganze*. Sie greift nach dem *historischen Absolutum*. Erfolgreich ist die Revolution erst dort, wo sie ihr Ziel vollständig erreicht hat; wo sie zur Vollendung kommt, weil sie alles verändert hat. Was zählt, ist nicht das Individuum, sondern das Kollektiv, dessen Macht sich aus der Masse speist – eine Masse, aus der sich gewiss nicht jeder Einzelne emanzipieren kann, sofern sich mit individualistischem Eigensinn weder marschierende Kolonnen in Bewegung setzen noch Weltreiche errichten lassen. Solch weitgespannten Ziele erstrebt die Revolte gerade nicht. Vielmehr geht sie vom Protest einzelner Bürgerinnen und Bürger aus, bleibt situativ, bruchstückhaft und vorläufig.

> Die Bewegung der Revolte [schreibt Camus] […] legt nur Zeugnis ab, ohne Folge. Die Revolution [dagegen] geht […] von der Idee aus. Sie ist gerade die Einführung der Idee

---

41 Mussolini, zit. nach: Camus: *Der Mensch in der Revolte*, S. 208.

in die geschichtliche Erfahrung, während die Revolte nur die Bewegung ist, die von der Erfahrung des Einzelnen zur Idee führt.[42]

Die Revolte entspringt immer einem realen Umstand. Der Revoltierende sagt: bis hierher und nicht weiter. Anders als die Revolution, die die große Umwälzung und universale Neuordnung ersehnt, entspringt die Revolte nicht dem Traum nach einer fernen Welt; vielmehr erlebt sie den Alptraum eines konkreten Diesseits, aus dem sie zu erwachen wünscht. Sie hängt ihre Hoffnungen nicht an den Himmel der Zukunft, sondern beansprucht die Gegenwart, den einzigen Wert, den sie anzuerkennen bereit ist und zu verteidigen sucht.

Was nämlich nützt ein zukünftiger Wert in einer Welt, die morgen schon eine ganz andere sein kann und die kein historisch-politisches Ende hat – zumindest keines, das je einer erlebt hätte. „Gäbe es in der Tat ein einziges Mal eine Revolution", sagt Camus, „so gäbe es keine Geschichte mehr. Es gäbe eine glückliche Einheit und einen gesättigten Tod."[43]

Den gesättigten Tod will die Revolte gerade nicht. Ihre Auflehnung ist auch ein Protest gegen den Stillstand, gegen das Sich-Abfinden und Sich-Einrichten. Der Revoltierende beugt nicht die Knie – weder vor dem, was ist, noch vor dem, was kommen wird. Er fordert gewiss nicht alles; er fordert nur, dass der Skandal, der von ihm Besitz ergreift, unmittelbar aufhört.

„Was ist ein Mensch in der Revolte?", fragt Camus. „Ein Mensch der nein sagt. Aber wenn er ablehnt, verzichtet er doch nicht, er ist auch ein Mensch, der ja sagt aus erster Regung heraus."[44]

Etwas zu tun und sich mit anderen zusammenzuschließen, ohne zu wissen, was am Ende dabei herauskommt; vielmehr im Bewusstsein zu leben, dass sich ein endgültiges Ende nicht einstellen wird und dennoch für etwas einzutreten, weil es die Stunde verlangt und weil es in dieser Stunde etwas gibt, das den Einsatz erfordert; sich also einer Situation entgegenzustellen, weil sie untragbar geworden ist und weil sie allem widerspricht, was man zu tragen bereit ist – das ist die *Revolte*. Sie entspringt der Weigerung des Menschen, zum Rädchen im Getriebe zu werden, zur Ameise, die im Lauf des Geschehens nur kriecht und der Geschichte hinterherkriecht. Eine solche Weigerung geht politisch mit dem Handeln einher, mit dem aktiven In-Erscheinung-Treten und mit dem Verlangen, wie Arendt sagt, „neue Bezüge zu etablieren […] und damit neue Realitäten zu schaffen"[45]. Eine

---

42 A.a.O., S. 126.
43 A.a.O., S. 127.
44 A.a.O., S. 21.
45 Arendt: *Vita activa*, S. 252.

solche Weigerung, die nicht einfach nur ablehnt, sondern sich für Neues öffnet und Neues schaffen will, erzeugt *Macht*. Und sie erzeugt *Mut*. „Der Mensch", sagt Camus, „ist nicht vollkommen schuldig, denn er hat die Geschichte nicht begonnen, doch auch nicht unschuldig, da er sie ja fortführt."[46] Und so führen schließlich diejenigen die Geschichte voran, die sich im gegebenen Moment auch gegen sie aufzulehnen wissen.[47]

Wenn es also – in den Worten von Karl Jaspers – am Menschen und nicht an einem dunklen Verhängnis liegt, was aus ihm wird[48], dann hat der Mensch, solange er sich auf seine Fähigkeiten zurückbesinnt, auch die Möglichkeit, die Dinge zu verändern und sie in eine neue Richtung zu lenken. „Diese Freiheit", schreibt Arendt, „besteht in dem, was wir Spontaneität nennen, die nach Kant darauf beruht, dass ein jeder Mensch fähig ist, eine Reihe von sich her neu anzufangen."[49]

In dem Moment, in dem der Mensch beginnt, aus seiner Apathie herauszutreten, die Initiative zu ergreifen, mit dem Denken und Urteilen zu beginnen, anstatt sich nur auf höhere Notwendigkeiten oder übergeordnete Autoritäten zu berufen, leitet er das *Ende der großen Gedankenlosigkeit* ein. Er macht sich Gedanken über das, was er tut, und übernimmt die Verantwortung für das, was daraus folgt. Zugleich findet er in seinem Protest gegen Cäsar und gegen eine Geschichte, in der nur die Sieger Recht behalten, neue Verbündete. Wo der Himmel der Prinzipien leer wird und wo die Herren immer weniger Sklaven finden, die ihnen folgen, dort schließt sich der Mensch mit seinesgleichen zusammen. Dort findet er eine neue Form von *Freiheit* – eine, die nicht absolut regiert und die auch nicht in der Abwesenheit der anderen gründet, sondern die *relativ* bleibt, die auf die anderen bezogen ist und ihrer bedarf, weil sie sich nur im Beisein und Mitsein der anderen entfalten kann.

> [Damit] definiert das ‚Wir sind' [wie Camus schreibt] paradoxerweise einen neuen Individualismus. ‚Wir sind' vor der Geschichte, und die Geschichte muss mit diesem ‚Wir sind' rechnen, das sich seinerseits in der Geschichte erhalten muss. Ich brauche die andern, und sie brauchen mich und einen jeden.[50]

So bleibt das Handeln innerhalb einer Geschichte, die von Menschen gemacht wird, immer „ein Wir und nicht ein Ich"[51]. Handeln sieht sich immer der Tatsache gegenüber, dass es sich zwischen Vielen abspielt und nur durch die Mehrzahl in

---

46 Camus: *Der Mensch in der Revolte*, S. 334.
47 Vgl. A.a.O., S. 341.
48 Arendt: *Elemente und Ursprünge totaler Herrschaft*, S. 12.
49 Dies.: *Was ist Politik? Fragmente aus dem Nachlass*, S. 49.
50 Camus: *Der Mensch in der Revolte*, S. 334 ff.
51 Arendt: *Ich will verstehen*. S. 122.

Erscheinung treten kann. Handeln kann niemand mit sich selbst, sondern nur gemeinsam mit anderen. Erst im gemeinsamen Vollzug kann der Raum, aus dem Neues hervorgeht – der Raum der *Vielen*, der Raum *für* Politik – zu einem Ort der Freiheit werden. „Politisch organisieren sich Menschen", so Arendt, „nach bestimmten wesentlichen Gemeinsamkeiten in einem absoluten Chaos oder aus einem absoluten Chaos der Differenzen."[52]

Und organisieren können sie sich nur dort, wo sie sich *zueinander* verhalten, anstatt lediglich Befehlen Folge zu leisten und blind zu gehorchen, und wo sie selbst zu denken und zu urteilen beginnen, anstatt sich nur darauf zu berufen, was die sogenannte *höhere Sache* vorgibt.

Die emanzipative und partizipative Kraft, die einen politischen Raum begründet und erhält, trägt dann der Tatsache Rechnung, dass Menschen denk- und redebegabte Lebewesen sind und im „redende[n] Argumentieren und argumentierende[n] Denken"[53] eine *gemeinsame Welt* erzeugen.

‚Ich revoltiere, also sind wir!', sagt der Rebell. ‚Denken macht Mut', sagt die Philosophin. Vielleicht sollten wir uns beide als glückliche Menschen vorstellen.

Literatur

Arendt, Hannah: *Eichmann in Jerusalem. Ein Bericht von der Banalität des Bösen* (1964). 5. A., Piper: München 2010.

–: *Elemente und Ursprünge totaler Herrschaft. Antisemitismus, Imperialismus, totale Herrschaft* (1951). 12. A., Piper: München 2008.

–: *Ich will verstehen. Selbstauskünfte zu Leben und Werk.* Hg. v. Ursula Ludz (1996). 3. A., Piper: München 2007.

–: *Israel, Palästina und der Antisemitismus.* Wagenbach: Berlin 1991.

–: *Macht und Gewalt* (1970). 20. A., Piper: München 2011.

–: „Politische Verantwortung in der Diktatur" (1964/65). In: Dies.: *Israel, Palästina und der Antisemitismus.* Wagenbach: Berlin 1991.

–: *Vita activa oder Vom tätigen Leben* (1958). 9. A., Piper: München 2010.

–: *Was ist Politik? Fragmente aus dem Nachlass.* Hg. v. Ursula Ludz (1993). 3. A., Piper: München 2007.

---

52 Dies.: *Was ist Politik?*, S. 9 ff.
53 Dies.: *Vita activa*, S. 37.

–/ Fest, Joachim: *Eichmann war von empörender Dummheit. Gespräche und Briefe.* Piper: München/Zürich 2011.

Camus, Albert: *Der Mensch in der Revolte* (1951). 25. A., Rowohlt: Reinbek 2003.

Fest, Joachim: *Das Gesicht des Dritten Reiches.* Piper: München 1963.

Heidegger, Martin: *Sein und Zeit* (1926). Max Niemeyer: Tübingen 1979.

Kristoffer Klement

Die eigene Tat und die Blicke der Anderen. Phänomenologische Motive zur Kritik politischer Partizipation nach Arendt und Sartre

Einleitung: Politische Partizipation als modernes Existenzial

Der Anspruch auf politische Teilhabe hat sich tief in den demokratischen Wertekanon westlicher Prägung eingegraben. Mag sie in vielerlei Hinsicht auch umstritten sein, spielt die Beeinflussung des politischen Geschehens eine wichtige Rolle im Selbstverständnis und Leben vieler Menschen, denen Selbstbestimmung nicht nur als Privatangelegenheit gilt. Politische Teilhabe hat damit, so will ich eingehend behaupten, eine beinahe existentielle Qualität erreicht, die mit zunehmenden Erwartungen an die „Responsivität" politischer Institutionen einhergeht. Dass diese Erwartungen allzu oft enttäuscht werden, bezeugen neben wiederholten Rufen nach mehr Beteiligungsmöglichkeiten ebenso geläufige Haltungen wie Gleichgültigkeit, Resignation und Ablehnung gegenüber dem politischen Geschehen und seinen Eliten. Angenommen, dass sich in diesen Haltungen mitunter der Unmut über eine ideell zwar zugesprochene, praktisch aber versagte Berücksichtigung eigener Interessen und Bedürfnisse seitens der Politik manifestiert, drängt es nach einer Kritik, die sowohl repräsentative wie auch partizipative Mängel der politischen Praxisverhältnisse aufzeigt. Im Folgenden will ich mit Blick auf die existentielle Qualität politischer Teilhabe einen existentialistischen Zugang zu einer solchen Kritik politischer Partizipation eröffnen. Meine Ausgangsthese lautet, dass Existentialismus und Existenzphilosophie anschaulich und tiefgreifend Aufschluss über beständige Bedingungen und Probleme politischer Partizipationspraktiken geben können, die das Versprechen auf effektive Mitsprache systematisch konterkarieren. Da sich diese Praxisdefizite zunächst aus subjektiver Sicht erschließen, fokussiere ich mich auf phänomenologische Aspekte, also wesentliche Gehalte des individuellen Erlebens politischer Teilhabeprozesse, die durch strukturelle Analysen ergänzt und vertieft werden können.

Im Vordergrund meiner Überlegungen steht somit die praktische Konstitution von Individuen als politische Subjekte. Ausgehend von Hannah Arendts Handlungstheorie aus *Vita Activa* werde ich deshalb eine Phänomenologie des politischen Handlungsraums skizzieren, an die sich wiederum mit Sartres Theorie der Intersubjektivität anschließen lässt. Insbesondere anhand seiner Analyse des Blicks, so meine Behauptung, lassen sich Probleme wie Entfremdung und Objektivierung als Motive zur Kritik politischer Partizipationsverhältnisse erschließen. Dabei wird ersichtlich, dass nicht nur ein quantitatives Mehr an Teilhabechancen, sondern dringlicher noch eine mehr qualitative, bis in die Normativität des Politischen selbst reichende, Wandlung der politischen Auseinandersetzung nötig ist, um die Ansprüche politischer Freiheit einzuholen.

1. Sich-selbst-zum-Erscheinen-bringen: politisches Handeln und politische Subjektivität

Politische Teilhabe meint (zumindest) im demokratischen Sinne das praktische Engagement von Akteuren in politischen Willensbildungsprozessen, an denen zugleich andere Akteure beteiligt sind. Ein subjektbezogenes Verständnis politischer Partizipation ist damit auf eine intersubjektiv angelegte Theorie politischen Handelns verwiesen, die ich im Folgenden mit Hannah Arendt umreiße. Arendts Begriff des Politischen fußt auf einer kommunikationstheoretischen Sozialontologie, die stark vom Motiv der „Natalität", also der Möglichkeit einen neuen Anfang zu machen, geprägt ist. Politik und politisches Handeln verwirklichen sich demnach nicht schon in Parlamenten, Ämtern oder Gesetzgebungen, sondern vor allem in der öffentlichen Kommunikation, durch die Menschen eine gemeinsame Welt erschaffen und gestalten.[1] Erst in der Sorge um eine solch gemeinsame Welt, die aus dem Miteinander-sprechen über gemeinsame Angelegenheiten hervorgeht, werden ihres Erachtens aus Menschen politische Bürger.[2] Politische Subjektivität ist gleich dem politischen Handlungsraum nach Arendt also maßgeblich im öffentlichen Gespräch über öffentliche Belange begründet.

Wegweisend für diesen wechselseitigen Konstitutionszusammenhang zwischen politischem Handeln und politischer Subjektivität steht Arendts in *Vita Activa* angeführte These, dass sich Subjekte durch ihre praktische Artikulation "zum Erscheinen" bringen und sich so eine faktische, von Anderen rezipierbare Wirklichkeit geben.[3] *Politisches Handeln erweist sich in diesem Sinne als ein Sich-zum-Erscheinen-bringen im politischen Raum durch die Äußerung politischer Positionen und Themen durch Taten, Worte, Symbole oder Objekte.* Insofern dabei zugleich die je eigenen existentiellen Umstände, Zustände, Überzeugungen, Geschichten und

---

1   Schönherr-Mann: *Hannah Arendt*, S. 125f. und 135 sowie Jaeggi: „Wie weiter mit Hannah Arendt?", S. 11.
2   Schönherr-Mann: *Hannah Arendt*, S. 134.
3   Arendt: *Vita Activa*, S. 250f.

Hoffnungen in der Öffentlichkeit aufscheinen können, begründet sich in solcher Entäußerung immerzu auch die politische Subjektivität des Einzelnen. Zum Erscheinen kommt nicht nur eine politische Forderung, sprich eine Forderung an die Erschaffung und Gestaltung einer gemeinsamen Welt, sondern ebenso die eigene existentielle Konstellation und Disposition, d. h. Motive, Gründe, Argumente, Interessen, Probleme, Bedürfnisse, Werte, Gefühle, Wünsche, Deutungen und Bewertungen von Subjekten. Politische Artikulation ist deshalb zugleich praktische *Expression von Subjektivität und Identität* im öffentlichen Kommunikationsraum.

Mit diesem Zuschnitt auf die aktive Teilnahme an politischen Kommunikationsprozessen handelt es sich bei der mit Arendt gewonnen Vorstellung politischen Handelns um einen Partizipationsbegriff, der überdies die Subjektivität des Individuums betont. Solche Subjektivität steht jedoch nie für sich, sondern stets im Bezug zum Anderen, sei dieser Mitstreiter oder Antagonist. In ihren Reflexionen zum Politischen führt Arendt aus, dass Politik in dem Bereich *Zwischen-den-Menschen*, also durchaus *außerhalb des* (einzelnen) Menschen entsteht, indem Letztere voreinander sprechend und anderweitig handelnd erscheinen.[4] Die stiftende Rolle der Subjekte hinsichtlich des politischen Geschehens begründet sich dabei nicht nur darin, dass ihr Handeln überhaupt Phänomene produziert, die Inhalte politischer Auseinandersetzung sein können. Mehr noch sind sie es, weil sie durch die Artikulation ihrer Positionen als reale wie auch potentielle *Autoren* dieser Erscheinungen zu Tage treten. Mit ihrem eigenen Sich-zum-Erscheinen-bringen im Zuge öffentlicher Kommunikation erzeugen Subjekte nicht nur die Inhalte, sondern zugleich das Aktionsfeld der Politik als intersubjektiver *Erscheinungsraum für Erscheinungen* – ein Erscheinungsraum, in dem ihnen die soziale Wirklichkeit im Sinne eines gestaltbaren Seins- und Sinnzusammenhangs bewusst vor Augen tritt und sie selbst als um das Gemeinsame besorgte Subjekte auftreten können. Sie sind es, die eine gemeinsame Welt im Politischen erschaffen, indem sie über das sprechen, was sie in ihrem Zusammenleben betrifft, und sie sind es entsprechend, die diese gemeinsame Welt verändern können.

Die politische Identität der Subjekte ist vor diesem Hintergrund wesentlich auf die Beziehung zum Anderen angewiesen. Deutlich wird diese Beziehungsabhängigkeit politischer Subjektivität, wenn Arendt Politik als das Zusammen- und Miteinander-Sein *der Verschiedenen* charakterisiert.[5] Die leicht zu machende Erfahrung politischer Diskussionen und Konflikte dürfte Arendts These mehr als deutlich untermauern, dass Politik eine agonale Sphäre darstellt, in der sich

---

4 A.a.O., S. 251 und dies.: *Was ist Politik?*, S. 11.
5 A.a.O., S. 9.

individuelle Verschiedenheiten im Hinblick auf Forderungen, Meinungen, Beurteilungen, Werte und Hintergründen ausdrücken. Jene Verschiedenheiten
ergeben sich jedoch – und darin liegt die eigentliche Pointe Arendts – erst im
politischen Raum; es handelt sich also nicht einfach um Unterschiede präpoliti-
scher Identitäten und Interessen[6], sondern um Differenzen, die überhaupt erst im
gegenseitigen Erscheinen zu Tage treten können. Erst wenn die Verschiedenheit
zum Anderen im Gespräch über soziale Angelegenheiten aufscheint, wird auch
die Eigenheit jeder politischen Subjektivität sichtbar. Politik manifestiert und
ermöglicht also im Zuge einer kommunikationsbasierten Gemeinsamkeit die
Vielfalt subjektiver Individualität in ihrer praktischen Verbundenheit. Für politische Partizipation und Subjektivität gilt entsprechend, was für deren Erscheinungsraum gilt: Sie ist auf das Zwischen-den-Menschen angewiesen. Positionen
und Taten benötigen Gehör, müssen gesehen und verstanden werden, um Geltung
und Wirkung zu erzielen. Erst die Rezeption durch den Anderen verleiht dem
Versuch, sich als Subjekt im politischen Raum in Erscheinung zu bringen, eine
objektive bzw. intersubjektive Wirklichkeit. Wenn aber politisches Handeln ohne
Zuschauer und Adressaten keinen Sinn hat und die gemeinsame Welt des Politischen unvollkommen bleibt[7], sind wir im Rahmen partizipatorischer Politik mit
den Worten Sartres notwendig immer *Für-Andere*.

Ausgehend von Hannah Arendts Theorie politischen Handelns ergibt sich also
ein recht unmittelbarer Brückenschlag zu Jean-Paul Sartres Ontologie des Für-
Andere-Seins. Sartres Theorie des Für-Andere-Seins meint jedoch weit mehr
als nur den Bezug zu anderen Subjekten. Am Exempel des Blicks verdeutlicht er
Konsequenzen und Probleme des Erscheinens vor Anderen, die insbesondere für
eine Kritik politischer Partizipation relevant sind. Denn grundsätzlich zeigt sich
im Bereich zwischen den Menschen, was in der subjektbezogenen Betrachtung
bislang unterbelichtet blieb: Die Abhängigkeit in Wirklichkeit und Wirkung vom
Anderen bedingt nämlich, dass politische Teilhabe neben quantitativen auch qualitative Unterschiede kennt. Sie kann, je nach Rezeption der politischen Äußerung,
gelingen, aber auch misslingen und manchmal sogar unwirksam sein trotz einer
scheinbaren Wirkung, so als wären wir Teilnehmer, die nicht wirklich teilhaben.
Für das Versprechen, sich selbst durch politische Entäußerung zum Erscheinen
zu bringen, sind diese Unterschiede offenkundig bedeutsam, denn das politische
Subjekt verwirklicht sich letztlich nur als solches, indem es entsprechend seiner
Absichten am politischen Geschehen teilnimmt. Unsere Taten und Worte müssen

---

6   Jaeggi: „Wie weiter mit Hannah Arendt?", S. 10f.
7   Schönherr-Mann: *Hannah Arendt*, S. 127.

eine Wirkung bei anderen erzielen, die zumindest annähernd unseren Anliegen und Hintergründen entspricht, damit wir politische Entscheidungsprozesse *in eigener Sache* beeinflussen können und damit uns selbst im Politischen wiederfinden. Andernfalls bleibt die freie Gestaltung des Sozialen den Anderen überlassen und die gemeinsame Welt eine Schöpfung, zu der wir keinen anderen Beitrag als Gefolgschaft oder Widerstand leisten können. Die Theorie des politischen Für-Andere-Seins wird die Aspekte des Gelingens und Scheiterns politischer Teilhabe folglich aufnehmen und in greifbare Paradigmen umsetzen müssen, um Erfüllung und Versagen politischer Subjektivität und Freiheit verständlich zu machen.

2. Gesehen-werden: Wegmarken in Sartres Analyse des Blicks

Sartres Analyse des Blicks zählt zu den wohl bekanntesten Passagen in seinem Hauptwerk *Das Sein und das Nichts*. Mit dialektisch geschultem Auge erschließt er am Ereignis des Erblickens und Erblickt-werdens die Ambivalenzen und Widersprüche des intersubjektiven Für-Andere-Seins.[8] Dabei erweisen sich zwischenmenschliche Begegnungen als durch eine *wechselseitige Subjektivierung und Objektivierung* geprägt, deren Schlüsselelement die *Negation des jeweils Anderen als Nicht-Ich* darstellt.[9] Wenn ich den Anderen erblicke, so erscheint er mir als Objekt, das ich jedoch zugleich in seiner Subjektivität erlebe, indem ich meine Objektivierung durch den Anderen erfahre.[10] Die objektivierende Verneinung der anderen Subjektivität bildet dabei das Unterpfand meines Selbst-seins, indem durch die gegenseitige „Zurückweisung" eine Grenze zwischen uns gezogen wird, an der wir entsprechend der Unterscheidung Nicht-Ich und Nicht-der-Andere den eigenen wie auch „fremden" identitären Umriss erfahren können.[11] Indem wir uns einander erblickend in unseren Seinsmöglichkeiten begrenzen, geben wir unserem Sein *feste Konturen*. Entsprechend bedeutet die gegenseitige Objektivierung qua gegenseitiger Verneinung nicht einfach Aufhebung sondern zugleich Konstitution von Subjektivität und Identität. „Es genügt, daß der Andere mich anblickt", wie Sartre konzise sagt, „damit ich das bin, was ich bin"[12]. Die von Arendt bekannte Vielheit individueller Identitäten ist somit bei Sartre in einer augenscheinlich konfliktbeladenen Ablehnung des Selbst-seins des jeweils Anderen

---

8   Sartre: *Das Sein und das Nichts*, S. 465 und 506.

9   A.a.O., S. 507.

10   A.a.O., S. 462ff. und Hartmann: *Sartres Sozialphilosophie*, S. 27.

11   Sartre: *Das Sein und das Nichts*, S. 509; Hartmann: *Sartres Sozialphilosophie*, S. 28f. sowie Theunissen: *Der Andere*, S. 224.

12   Sartre: *Das Sein und das Nichts*, S. 473.

begründet. Intersubjektivität erscheint im Denken Sartres als wenn nicht immer faktisches, so zumindest logisches Limitationsverhältnis, innerhalb dessen die Verneinung der anderen Subjektivität und die Verneinung der eigenen Subjektivität durch den Anderen wie zwei Seiten der Medaille für unserer Selbsterfahrung als Subjekte konstitutiv sind.[13] Das Für-Andere-Sein, das sich für Sartre schon im kleinsten Gedanken über uns selbst als ein notwendiges und ständiges Faktum unserer Realität aufdrängt, ist zugleich faktisch-notwendige Bedingung unseres Selbst-Seins.[14] Ich bin für mich, wie die mich umgebenden Gebrauchsgegenstände, nur als reine Verweisung auf Andere.[15]

So sehr die eigene Subjektivität für Sartre jedoch an die Beziehung zum Anderen gebunden ist, so sehr ist sie im Gleichen auch gefährdet. Der Andere mag zwar die notwendige Bedingung eines jeden Gedankens über mich selbst sein; er mag mein Verhalten, Denken und Fühlen strukturieren, indem ich auf ihn reagiere, und mir mein Sein vermitteln, indem er mich mit meinen Möglichkeiten ebenso vertraut macht wie er sie begrenzt[16] – in alledem ist er jedoch zugleich auch als das anwesend, wodurch ich Objekt werde.[17] Im Ereignis des Blicks fallen Bestätigung und Verlust der Subjektivität also quasi in eins.

Die konstitutive Abhängigkeit vom Anderen ist Sartres Analyse nach also um eine folgenreiche Ambivalenz vertieft, erweist sich Intersubjektivität doch zweifelsohne nicht als harmonisches Miteinander, denn mehr als Kampfplatz, der von gegenseitiger Abweisung und Selbstbehauptung geprägt ist.[18] Dabei bilden die Freiheiten der Subjekte den zentralen, wenn auch meist subtilen Gegenstand des Widerstreits.[19] Durch das gegenseitige Sich-erblicken wird die Welt zur Zwischenwelt, in der die Welt eines jeden durch die Freiheit des Anderen eingenommen scheint.[20] Gemeint sind damit im Denken Sartres nicht nur kontingente Handlungs- oder Meinungsfreiheiten, sondern die zugrundeliegende existentielle Freiheit, sich und die Welt auf ein bestimmtes Sein hin zu entwerfen. Da sich letztere Freiheit aber nicht aufheben lässt, stehen sich in der zwischenmenschlichen Begegnung die notwendig-faktische Einschränkung situativer Handlungsfreiheiten und

---

13 Hartmann: *Sartres Sozialphilosophie*, S. 28.
14 Sartre: *Das Sein und das Nichts*, S. 488 und S. 502.
15 A.a.O., S. 470.
16 Knecht: *Theorie der Entfremdung*, S. 62ff.
17 Sartre: *Das Sein und das Nichts*, S. 502.
18 Honneth: *Sartres Theorie der Intersubjektivität*, S. 144f.
19 Hartmann: *Sartres Sozialphilosophie*, S. 30.
20 Knecht: *Theorie der Entfremdung*, S. 66.

die prinzipielle Freiheit eines sich selbst entwerfenden Für-sich-seins gegenüber.[21] Es ist dieser Konflikt aus situativer Begrenzung und prinzipieller Freiheit, in dem sich Sartre zufolge das Motiv der Entfremdung begründet, insofern eben jener Andere hinsichtlich konkreter Handlungssituationen der „versteckte Tod meiner Möglichkeiten" innerhalb meines unhintergehbaren Möglich-seins ist. Vom Anderen erblickt zu werden provoziert demnach, wie ich im Folgenden noch genauer ausführen werde, nicht nur die identitäre Selbstbezüglichkeit des Bewusstseins, sondern ebenso die Entfremdung der Welt und meiner Selbst.

Politische Partizipation ist nach Arendt und Sartre, so lässt sich vorerst zusammenfassen, auf das Erblickt-werden durch den Anderen angewiesen, insofern der Andere mich als politisches Subjekt in der politischen Wirklichkeit erscheinen lässt, indem sein Blick mir eine „objektivierte" Wirklichkeit verleiht. In diesem Erblickt-werden aber, darauf hat uns Sartres Analyse aufmerksam gemacht, sind wir zugleich der Objektivierung und Entfremdung unserer Selbst ausgeliefert. Sofern diese Faktoren zwischenmenschlicher Beziehungen sowohl Subjektivität, Freiheit als auch politische Wirkungsmöglichkeiten untergraben, eignen sie sich als Motive zur Kritik politischer Teilhabe. Im Folgenden werde ich ihre kritischen Potentiale ausführlicher darlegen. Meine Interpretation orientiert sich dabei primär am Paradigma der Entfremdung, auf das die Objektivierung meines Erachtens zuläuft.

3. Entfremdung des Politischen

Entfremdung meint dem Wortlaut nach das Fremd-werden von etwas, das bis dato vertraut bzw. zu-eigen war. Sie bezeichnet auf den ersten Blick also sowohl eine Entwicklung wie auch den Zustand einer Relation zwischen Entitäten, die pointiert als eine (zumeist defizitär gewertete) „Beziehung der Beziehungslosigkeit" umschrieben werden kann.[22] Politische Entfremdung lässt sich demnach wie folgt erschließen: Sofern Politik als entscheidungsbezogener Kommunikationsprozess begriffen werden muss, sind die Beziehungen, die wir zu Anderen durch die Äußerung unserer politischen Positionen aufbauen, insofern gestört, als dass wir zugleich in einer Beziehungslosigkeit zum politischen Geschehen (d. h. zu eben jenen Anderen, aber auch zu Entscheidungen und letztlich gar zu uns Selbst) verbleiben, die uns Letztere fremd werden oder bleiben lässt. Politische Entfremdung verweist damit auf eine *defizitäre Qualität politischer Kommunikationsbeziehungen*, die Subjekten einen aneignenden Zugang zur gemeinsamen

---

21 Hartmann: *Sartres Sozialphilosophie*, S. 32.
22 Siehe zur dieser Interpretation des Entfremdungsbegriffs Jaeggi: *Entfremdung*, insb. Kapitel 1.

Weltgestaltung verwehrt. Wie sich dieses Defizit nun genauer fassen lässt, will ich im Folgenden am Entfremdungsverständnis Jean-Paul Sartres darlegen.

3.1 Sartres Entfremdungsbegriff in *Das Sein und das Nichts*

Sartres Begriff der Entfremdung ist in das *Das Sein und das Nichts* genuin in das Für-Andere-Sein und die Objektivierung durch Andere verstrickt. Sie erschließt sich demnach im Sinne einer affektiven Struktur, die vom Subjekt erlebt wird, indem es durch den Blick des Anderen sein Objekt-sein erfährt. Verständlich wird dieser Zusammenhang, wenn wir bedenken, dass der Blick des Anderen uns eine strukturelle Veränderung unseres In-der-Welt-seins erleben lässt.[23] Genau genommen verneint das Erblickt-werden die freiheitliche Transzendenz des Für-Sich und wirft es so in die bloße Faktizität eines dinghaften An-Sich; eine Seinsdimension, in der uns von Anderen Merkmale zugesprochen werden, die wir nicht selbst gewählt haben.[24] Während wir als Subjekte Situationen und uns selbst stets durch unsere Entwürfe übersteigen können, indem wir uns einen anderen Handlungsentwurf und damit eine andere Weise zu sein wählen, werden wir im Sein-für-Andere auf eine durch die Wahrnehmung des Anderen bestimmte Seinsweise festgelegt, die wir nicht einfach nach unserem Gutdünken verändern können, weil sie uns von außen zukommt.[25] Die prinzipielle Freiheit unserer Subjektivität steht, wie bereits erwähnt, in Konflikt zur faktischen Beschränkung dessen, was uns der Andere durch seine Taten und Wahrnehmung zu sein erlaubt. Das Sein für Andere ist daher, wie Sartre es formuliert, eine „Entfremdung in Objektivität"[26], insofern Letztere unser Bewusstsein für unsere Möglichkeiten und unser Selbst-sein vermindert, und uns so in einem von Außen bestimmten Sein fixiert.[27] So bedeutet der objektivierende Blick kurzum eine Entfremdung als Tod unserer Möglichkeiten. *Prima facie* betrifft die einsetzende Fremdheit einer Entfremdung folglich unsere Möglichkeiten und das, was wir sind. Die präzisere Bedeutung dieses Fremd-werdens erschließt sich allerdings erst mit Blick auf die Verwandlung unseres durch den Anderen sowohl vermittelten als auch durchkreuzten Selbst- und Weltbezugs.

Eine erste Andeutung in diese Richtung enthält der Umstand, dass der Andere das eigene Verhalten und die eigene Gefühls- und Gedankenwelt strukturiert.

---

23 Knecht: *Theorie der Entfremdung*, S. 63.
24 A.a.O., S. 67; Honneth: *Sartres Theorie der Intersubjektivität*, S. 147f. und Theunissen. *Der Andere*, S. 210ff.
25 Knecht: *Theorie der Entfremdung*, S. 63.
26 Sartre: *Das Sein und das Nichts,* S. 493.
27 A.a.O., S. 474 und 491.

Drastisch ausgedrückt hängt alles, was das Subjekt tut und fühlt, von den Möglichkeiten des Anderen ab und ist insofern (zumindest teilweise) fremdbestimmt.[28] Der Andere könnte mich als Lügner diffamieren oder mir mit einer Ignoranz begegnen, die mich zu extremeren Taten nötigt, um meine Anliegen zur Geltung zu bringen. Entfremdung ist somit unweigerlich in einer Seinsabhängigkeit mitbegründet, in der ich mir selbst durch den Anderen entzogen bin, insofern ich nicht über die mir zugeschriebenen Seinsdimensionen bestimmen kann.[29] Ich bin, mit anderen Worten, nicht mehr Autor meiner selbst, sondern liege in der Verfügungsgewalt des Anderen. Im objektivierenden Blick des Anderen erfahren wir einen Selbstbezug, der uns auf ein entfremdetes, sprich ein „nicht schlechthin Fremdes und doch nicht ganz eigenes Ich"[30] verweist.

Eine so beschriebene Selbstentfremdung korreliert Sartre folgend mit einer Weltentfremdung, denn die vom Anderen bestimmten Seinsdimensionen betreffen insbesondere situative Handlungsmöglichkeiten und die Dinge, die in einer dem Subjekt unzugänglichen Weise reorganisiert und damit in ihrem Möglichkeitscharakter depotenziert werden.[31] Die dunkle Ecke versagt angesichts der Taschenlampe des Anderen als mögliches Versteck; auf die Rednerbühne zu gehen, hat für mich nur einen Sinn, wenn mir Andere Aufmerksamkeit schenken. Mit dem Blick des Anderen entgeht mir also die jeweilige weltliche Situation, weil die „Utensilien-Dinge" dem Anderen nun eine mir unzugängliche Seite zuwenden.[32] So vollzieht sich das Fremd-werden der Welt im Sinne einer *Entweltlichung*, d. h. die Dinge verschließen sich in ihrer gebrauchsbedingten Gegenständlichkeit, weil meine Fähigkeit zu einem praktischen Weltentwurf durch das Erblickt-werden „gelähmt" ist.[33] Der weltliche Sinn- und Möglichkeitsraum de- und rezentriert sich um den Anderen, fließt auf diesen hin ab, so als scheine alles auf ihn und seine Möglichkeiten zugeschnitten, verkommt schließlich zu einer Fremde, in der ich mich nurmehr vorfinde.[34] Die entfremdete Welt ist somit in einer mir unverfügbaren Objektivität verstärkt, deren praktische Sinnbereiche vom Anderen abgegrenzt werden und nicht mehr ohne weiteres auf einen eigenen Entwurf zurückführt werden können[35]. In der gegenseitigen Begrenzung von Entwürfen,

---

28 Knecht: *Theorie der Entfremdung*, S. 62ff.
29 A.a.O., S. 69 und Theunissen: *Der Andere*, S. 222.
30 A.a.O. 225.
31 Sartre: *Das Sein und das Nichts*, S. 474f.
32 A.a.O. S. 471 und 478.
33 Theunissen: *Der Andere*, S. 215f.
34 Sartre. *Das Sein und das Nichts*, S. 462f. und Theunissen: *Der Andere*, S. 215ff.
35 Sartre: *Das Sein und das Nichts*, S. 489 und Knecht: *Theorie der Entfremdung*, S. 59.

Möglichkeiten und Sinngebungen erscheint die Welt nun durch eine andere Freiheit gestaltet „und liegt so in mit den Entwürfen des Anderen veränderndem
Maße außerhalb meiner Reichweite. Sie besitzt eine Dimension der Fremdheit"[36].
Aufgrund dieser weltlichen Umstrukturierung und der mangelnden Fähigkeit,
sie mir durch meine Entwürfe zu eigen zu machen, bin ich durch den Blick des
Anderen „mit meiner Umgebung zusammengeschweißt"[37] und, insofern diese
aktuelle Umgebung mein Handeln und meine Möglichkeiten definiert, innerhalb
der Situation auf diese Situation und mein darin aktualisiertes Sein festgelegt.

Die Korrelation von Selbst- und Weltentfremdung speist sich im Sinne der pra-
xisorientierten Ontologie Sartres also vordringlich aus meinem praktischen Weltbezug, da ich jene (nun unverfügbaren oder verhärteten) Handlungsmöglichkeiten
bin, die ich in der Welt habe und durch meine Taten verwirkliche. Wenn Sartre
von einer umfassenden Entfremdung als dem Tod meiner Möglichkeiten durch
den Blick des Anderen spricht, dann meint er folglich grundlegend, dass durch die
Art und Weise, wie mir der Andere entgegentritt, mir die existentialen Möglichkeiten, mich zu mir selbst und der Welt in eine Beziehung zu setzen, die mir jene
als von mir entworfen und gewählt erscheinen lässt, faktisch sowohl strukturiert
als auch schlechterdings durchkreuzt werden.[38] Ich erfahre stattdessen eine Beziehung der Beziehungslosigkeit zu meinem Sein und der Welt, die darin begründet
liegt, dass der Andere mir diese zwar vermittelt, seine Freiheit sie jedoch zugleich
einer Fremdbestimmung ausliefert, die meine Existenz beständig in Frage stellt.
„In dieser Seinsabhängigkeit von der ‚unberechenbaren Freiheit eines Anderen'",
so resümiert Ingeborg Knecht Sartre, „besteht die Entfremdung [m]eines Seins"[39].

3.2 Politische Entfremdung mit Sartre denken

Wie übersetzen sich Sartres Überlegungen zum Phänomen der Entfremdung
nun in den Bereich des Politischen? Die bisherige Phänomenologie hatte ja bereits angedeutet, dass die Rezeption des Anderen zwar einerseits notwendige Bedingung für ein wirkungsvolles Erscheinen als politisches Subjekt ist, sich aber
andererseits zugleich als Antithese politischer Teilhabe erweisen kann, indem sie
den Tod unserer Möglichkeiten bedeutet. Im Folgenden möchte ich drei Facetten
dieses zentralen Motivs ausloten, um den Begriff der politischen Entfremdung
mit Sartre zu präzisieren.

---

36 A.a.O., S. 66.
37 Theunissen: *Der Andere*, S. 222.
38 Knecht: *Theorie der Entfremdung*, S. 64ff.
39 A.a.O., S. 66.

Erstens bedeutet Entfremdung, dass wir im Erblickt-werden darauf festgelegt werden, wie wir dem Anderen in einer Situation erscheinen. Sie ist insofern Fremdbestimmung unseres faktischen Seins durch die Wahrnehmung, Beurteilung und schiere Anwesenheit des Anderen. Sofern dieses faktische Sein mit dem Handeln des Subjekts korrespondiert, ist es im politischen Kontext durch die Äußerung seiner politischen Position definiert. Politische Entfremdung betrifft dahergehend die Art und Weise, wie dem Anderen die politischen Inhalte des Subjekts erscheinen und wie sie aufgrund dieser Erscheinungsweise für den Anderen dem Subjekt fremd werden, weil sie der Bestimmung durch den Anderen unterliegen. Fremd-werden bedeutet hierbei im Sinne eines Beziehungsverlustes zunächst einmal, dass politische Inhalte den Bezug zu dem verlieren, was das Subjekt durch seine Taten, Worte oder Symbole zum Ausdruck bringen will. Die Bedeutung unseres Handelns für die Gestaltung einer gemeinsamen Welt wird stattdessen von außen definiert. Wir sind zwar dieses oder jenes politische Individuum für Andere, aber eben doch nicht für uns. Ich kann beispielsweise für geschlechtliche Gleichberechtigung eintreten und dabei Forderungen erheben, die unter Männern nicht gerade Wohlgefallen provozieren. Unter Befürworter*innen mag ich als Kämpferin für Gleichheit und Gerechtigkeit gelten, anderen hingegen erscheine ich als Männerhasserin, die eine notwendige und gute Ordnung erschüttert. Ob ich für die Werte oder das Ende einer Zivilisation stehe, liegt, sehr vereinfacht gesprochen, im Auge des Betrachters, und es ist dieses Auge, das mir mein eigenes Handeln fremd macht, indem es mir Motive, Überzeugungen, Attitüden und Gefühle zuschreibt, die ich nicht habe und vertrete. Die objektive Wirklichkeit, die ich durch den Blick des Anderen erlange, verfehlt oder widerspricht dann der Wirklichkeit, auf die hin ich mich selbst entworfen habe.

Politische Entfremdung ist demnach dadurch charakterisiert, dass Taten und Worte durch eine fremde Interpretation verfremdet oder gar nivelliert werden. Das Subjekt wird seiner politischen Positionen quasi *enteignet*, d. h. diese verlieren einen kohärenten Bezug zu den Lebensumständen des Subjekts, dessen Lebensgeschichte und den damit einhergehenden Prägungen und Anliegen. Das eigene politische Handeln ist dann nicht mehr Ausdruck einer in persönlicher Weise um das gemeinsame Handeln besorgten Subjektivität, sondern zu einem fremdbestimmten Fakt verkommen. In der Konsequenz droht Politik als ein ebenso fremdbestimmtes Spektakel zu erscheinen, sodass sich eine Selbstentfremdung innerhalb der Politik zu einer Entfremdung vom Politischen ausweitet. Der entfremdende Blick des Anderen gefährdet somit nicht nur unsere politische Subjektivität, sondern auch unsere Möglichkeit zur gemeinsamen Weltgestaltung, also zur Partizipation überhaupt.

Damit wäre wiederum ein Endpunkt des zweiten Aspekts erreicht, den Sartres Entfremdungsbegriff für den Bereich des Politischen aufzeigt. Denn der Tod der Möglichkeiten betrifft nicht nur das faktische, sondern wortgetreuer noch das potentielle Sein eines Subjektes. Konkreter erfährt es in seinen politischen Ausdrucksmöglichkeiten eine Beschränkung durch die Freiheit des Anderen, sich zu artikulieren und dem Handeln anderer *seinen* Sinn zu geben. Diesbezügliche Phänomene sind teils recht trivial: Redezeiten in Diskussionen sind etwa begrenzt, weil viele zur Sprache kommen sollen oder einige ein allzu dominantes Redeverhalten an den Tag legen. Demonstrationen werden so gelegt, dass sie nicht mit anderen Demonstrationen in Konflikt geraten, usw. Partizipationsmöglichkeiten sind stets durch die Teilnahme anderer eingeschränkt. Weniger trivial hingegen ist der Umstand, dass der Blick des Anderen mich in einem situativen Sein fixiert und so der Möglichkeit beraubt, etwas anderes zu sein. Analog zum gegenständlichen Sinn der Dinge betrifft dies nicht nur meine Handlungs-, sondern gleichsam meine Deutungsmöglichkeiten. Indem der Andere meinen Deutungsanspruch nicht aufnimmt oder durch den eigenen Entwurf durchkreuzt, verschließt er mir die Möglichkeit, Taten und Worte meinem Verständnis gemäß darzustellen und eigenen Intentionen anzunähern. Erscheinungen im politischen Raum lässt sich so kein Sinn verleihen, der eine Beziehung zu eigenen Positionen und Lebensumständen knüpfen bzw. erhalten könnte. Stattdessen sieht das Auge des Anderen, was es sehen will. Ich werde zwar als Redner erblickt, doch was dieser Blick aus mir macht, entzieht sich meinem Einfluss. Der fremde Blick gleicht einer Barriere, die mir keine Möglichkeit lässt, ihm anders zu erscheinen.

Solch eine Depotenzierung von Einfluss- und Deutungsmöglichkeiten kann freilich nicht nur für die je eigene Artikulation, sondern für den politischen Handlungsraum im Allgemeinen gelten, wenn etwa politische Inhalte und Situationen in ihrer Aussage und Relevanz von Anderen definiert werden. Es vollzieht sich so, was den dritten Aspekt der Entfremdung nach Sartre ausmacht: die Entweltlichung des Subjekts durch eine fremdbestimmte Welt. Die Potenziale und „Dinge" der politischen Welt fließen auf den Anderen hin ab, zentrieren sich um ihn, werden durch ihn strukturiert und wenden ihm eine Seite zu, die das Subjekt nicht auf einen eigenen Entwurf hin übersteigen kann. So bleibt es der Situation, der Wahrnehmung, der Beurteilung und der Artikulation des Anderen verhaftet und damit in eine Faktizität des Politischen samt seiner selbst geworfen, die es sich nicht mehr anzueignen vermag. Die Beziehung zum politischen Handlungsraum als Raum eigener Ausdrucks-, sprich Teilhabemöglichkeiten geht verloren. Politik wird zur Fremde.

Politische Entfremdung, so lässt sich mit Sartre festhalten, zeichnet sich also grundlegend dadurch aus, dass wir keine Beziehung mehr zwischen unserem Erscheinen und unseren Möglichkeiten sowie einem eigenen Entwurf unserer politischen Taten und Positionen herstellen können, da sich der politische Raum nach den Entwürfen eines Anderen ausrichtet. In unserem politischen Handeln erblickt zu werden, begrenzt oder nivelliert den Möglichkeitsraum, eigene Interessen, Bedürfnisse, Werte und Meinungen zu artikulieren, den Politik doch darzustellen schien. Die objektive Wirklichkeit, die wir durch den Anderen erhalten, verkommt stattdessen zu einem Gefängnis, aus dem wir nicht nach eigenem Gutdünken herauskommen. Im entfremdenden Aspekt dieser Zweischneidigkeit des Gesehen-werdens, das können wir mit Sartre und Arendt deutlich erfassen, werden politische Teilhabe und Subjektivität also untergraben, wenn nicht gar verhindert. Der Blick des Anderen verschließt uns die Tür zum Politischen, die er uns eigentlich geöffnet hatte.

Schlussbetrachtung

Von Anderen gesehen zu werden ist ein zweischneidiges Schwert, darauf haben uns Arendt und Sartre deutlich hingewiesen. So wie die Blicke der Anderen einerseits Bedingung dafür sind, dass wir durch wirkungsvolle Taten und Worte als aktive Subjekte im politischen Geschehen in Erscheinung treten können, so untergraben sie unsere politischen Teilhabeversuche andererseits, indem sie uns objektivieren und dem Politischen entfremden. Hinsichtlich dieser ambivalenten Bedeutung externer Blicke im Politischen liefert Hannah Arendts Handlungstheorie auf überaus instruktive und hier nur angedeutete Weise Einsichten in die formierende Rolle politischen Handelns für unser Selbst- und Weltverhältnis.[40] Jean-Paul Sartres Erörterung von Entfremdungs- und Objektivierungsphänomenen legt wiederum Motive zur Kritik politischer Partizipation vor, anhand derer wie verstehen können, wie unsere Begegnung mit dem Anderen unsere Beziehung zu politischen Kommunikationsprozessen in einer Weise deformiert, die uns eine wirksame Teilhabe und eine eigene Subjektivität im Politischen verstellt. Meiner Deutung folgend berauben uns Objektivierung und Entfremdung der Möglichkeit, durch unsere Taten, Interpretationen oder Gegenstände einen Entwurf unseres politischen Selbst und einer gemeinsamen Welt zu verwirklichen, der unseren Forderungen, Problemen, Überzeugungen, Gefühlen und Lebenshintergründen

---

40 Eine umfassende Studie zu Arendts politischer Handlungstheorie, die sich im Besonderen dem Gegenstand der Entfremdung widmet, hat kürzlich Paul Sörensen vorgelegt; siehe Paul Sörensen: *Entfremdung als Schlüsselbegriff einer kritischen Theorie der Politik.*

gerecht wird. Der Tod unserer subjektiven Ausdrucks- und Deutungsmöglichkeiten ist kurzum zugespitzt der Tod unseres politischen Engagements. Das Gemeinsame zerrinnt in der Folge, bleibt uns ebenso äußerlich und unzugänglich wie die Entscheidungen in denen es sich punktuell konstituiert; die Welt und das Leben, das wir in ihr führen, werden maßgeblich von fremden Interessen, Mechanismen und Logiken und nicht durch eigene Entwürfe und Entscheidungen bestimmt.

Politiktheoretisch betrachtet geben Objektivierung und Entfremdung insbesondere Aufschluss über qualitative Unterschiede politischer Teilhabe. Der Umstand, dass Subjekt und Politik in einer entfremdungstypischen Beziehungslosigkeit zueinander stehen, bedeutet, dass das Subjekt teilnimmt ohne seinen Teil beisteuern zu können. Politische Partizipation misslingt, obwohl wir uns – scheinbar erfolgreich – engagieren, weil uns Andere in einer Weise wahrnehmen, die uns nicht entspricht. Ich mag zwar als politischer Akteur erscheinen; indem mir allerdings Positionen wie Entäußerungsmöglichkeiten fremdbestimmt enteignet werden, bewirkt mein Engagement lediglich das, was Andere darin sehen, sodass sich Politik entlang eines nur vermeintlichen Verständnisses meiner Anliegen gestaltet. Der entfremdende Blick des Anderen befördert somit, dass wir Politik und Gesellschaft mehr durch fremde Mächte bestimmt erleben, selbst wenn wir an ihrer Gestaltung teilnehmen.

Sofern politische Partizipation im Zuge von Objektivierung und Entfremdung nun nicht schon der bloßen Möglichkeit nach, sondern in ihrer subjektiven Qualität korrumpiert wird, kann sich ihre Kritik nicht darauf beschränken, fehlende Teilhabechancen zu monieren. Sie muss ebenso die qualitativ entscheidende Konfrontation und Organisation politischer Kommunikation samt deren strukturelle und materielle Bedingungen in Betracht ziehen.[41] Selbiges gilt für die Ethik politischer Diskurse. Sofern der entfremdende Blick des Anderen unsere politische Subjektivität und Freiheit gefährdet, bedarf es einer Revision jenes antagonistischen Freiheitsverständnisses, auf das insbesondere Sartres Theorie des Für-Andere-Seins aufmerksam macht. Zur Debatte steht dabei nicht nur die gegenseitige Freiheitsbegrenzung in der Begegnung mit dem Anderen, sondern mehr noch, dass sich die politische Entfremdung des Einen in der Freiheit – präziser dem Entwurf, der meine Möglichkeiten durchkreuzt – des Anderen begründet. Um

---

41 Sartre liefert mit seinem Spätwerk „Kritik der dialektischen Vernunft" wiederum brauchbare Thesen für die Strukturierungsfrage politischer Teilhabe. Vor dem Hintergrund eines strukturell ausgelegten Entfremdungsbegriffs, demnach Ziele durch die Eigendynamik einer Masse systematisch verfehlt werden, sieht er nun in der richtigen sozialen Organisation einer Gruppe die Möglichkeit zur Aufhebung eines Entfremdungszustands gegeben.

zu verhindern, dass das Fremd-werden des Politischen zwischen den Subjekten aufgrund der Dominanz einer Seite lediglich oszilliert, liegt es nahe, politische Teilhabe im Sinne Arendts zum *Miteinander im Verständnis des Gemeinsamen* zu entwickeln, statt es auf das individuelle Gegeneinander von Interessen zu reduzieren. Für das politische Geschehen hieße dies, eine soziale Variante von Freiheit zu finden, die die Begegnung nicht in einen Kampf um individuelle Selbstbehauptung am Abgrund gegenseitiger Entfremdung, sondern in eine wechselseitige Beeinflussung auf der Grundlage einer beiderseitigen Anerkennung als freie Subjekte verwandelt. Dabei müsste die Möglichkeit zur selbstbestimmten Differenz gegenüber dem okkupierenden Blick des Anderen gewahrt sein, sodass Subjekte ihrer Positionen und Identitäten nicht enteignet werden.

Solch schönmalerische Postulate haben sich allerdings dem Konflikt unversöhnlicher Positionen zu stellen, um der Lebenswirklichkeit des Politischen gerecht zu werden. Generell sind Sartres und Arendts Thesen natürlich nicht gegen Kritik gefeit. Wenn etwa Entfremdung schon mit einer unausweichlichen Seinsabhängigkeit vom Anderen verknüpft ist, scheint sie unentrinnbar und damit als kritisches Paradigma unbrauchbar.[42] Entfremdung sollte daher, wie ich zu zeigen versucht habe, eher als Beziehungs- und Aneignungsproblem begriffen werden, um das kritische Potenzial Sartres auszuschöpfen. Sartre selbst weist darauf hin, dass es dem Subjekt durchaus möglich sei, seine Freiheit gegenüber einer Entfremdung zu behaupten, indem es den Zuschreibungen, die es durch Andere erfährt, einen eigenen Sinn verleiht.[43] Es bleibt dennoch fraglich, ob es dann nicht, wie Axel Honneth anmerkt, in einer ständigen experimentellen Offenheit verharren müsste, die es ihm verwehrt, sich auf eine selbst gewählte Identität festzulegen und der entfremdenden Objektivierung durch den Anderen zu entkommen.[44] Es wäre lediglich frei, sich auf den Tod seiner Möglichkeiten einen eigenen Reim zu machen, nicht aber die Fremdbestimmung wiederum als eigene Seinsmöglichkeit zu begreifen oder sich ihrer gegebenenfalls zu erwehren. Das so aufgeworfene Problem einer (un-)möglichen Aneignung von Fremdzuschreibungen steht wiederum im Kontext einer bleibenden Skepsis gegenüber Sartres Sozialtheorie, die Honneth auf den Punkt bringt, wenn er ihm bescheinigt, eine negativistische Theorie zwischenmenschlicher Beziehungen entworfen zu haben, die vor allem die misslingende Pseudokommunikation narzisstischer und egoistischer Subjekte konstatiert.[45] Inwiefern Honneths generelle Kritik nun berechtigt ist, sei angesichts

---

42 Knecht: *Theorie der Entfremdung*, S. 71.
43 A.a.O., S. 69.
44 Honneth: „Sartres Theorie der Intersubjektivität", S. 151f.
45 A.a.O, S. 144f.

der Ambivalenz in Sartres Denken dahingestellt. Zweifelsohne wichtig ist allerdings sein Hinweis, dass Sartre der Möglichkeit eines Dialogs, in dem gegenseitige Begrenzungen, Wahrnehmungen und Beurteilungen bewusst verhandelbar werden, kaum Beachtung schenkt. Grenzen müssen erfahrungsgemäß jedoch nicht unüberwindbar, Blicke kein letztgültiges Verdikt sein.

Von derlei behebbaren Kritikpunkten abgesehen eröffnen existenzphilosophische Betrachtungen der Prägung Arendt und Sartre jedoch fraglos gewinnbringende Einsichten in die Bedingungen und Pathologien des Politischen. Die Analyse von Entfremdungs- und Objektivierungsphänomenen als bleibende Gefahr jeder zwischenmenschlichen und somit auch politischen Begegnung können der Existenzphilosophie eine bleibende Aktualität erhalten, der Axel Honneth wiederum zuspricht, wenn er behauptet, dass Sartres Theorie *vermehrt* auf lebensweltliche Erfahrungen zurückgreifen kann.[46] Sollte dem so sein, wäre die politische Philosophie des Existentialismus aus gutem Grund umso dringlicher wieder in Erscheinung zu bringen.

Literatur

Arendt, Hannah: *Was ist Politik?* Piper Verlag: München 2003.

Arendt, Hannah: *Vita Activa Oder vom tätigen Leben.* Piper Verlag: München 2006.

Hartmann, Klaus: *Sartres Sozialphilosophie.* De Gruyter: Berlin 1966.

Honneth, Axel: „Kampf um Anerkennung. Zu Sartres Theorie der Intersubjektivität". In: Ders.: *Die zerrissene Welt des Sozialen. Sozialphilosophische Aufsätze.* Suhrkamp: Frankfurt a. M. 1990, S. 144–155.

Honneth, Axel: *Verdinglichung. Eine anerkennungstheoretische Studie.* Suhrkamp: Frankfurt a. M. 2003.

Jaeggi, Rahel: „Wie weiter mit Hannah Arendt?". In: Hamburger Institut für Sozialforschung (Hg.): *Wie weiter mit…?.* Hamburger Edition: Hamburg 2008, Band 2.

Jaeggi, Rahel: *Entfremdung. Zur Aktualität eines sozialphilosophischen Problems.* Campus: Frankfurt a. M. 2005.

Knecht, Ingbert: *Theorie der Entfremdung bei Sartre und Marx.* Anton Hain: Meisenheim am Glan 1975.

Sartre, Jean-Paul: *Das Sein und das Nichts. Versuch einer phänomenologischen Ontologie.* Rowohlt: Reinbek 2007.

---

46 Ebd.

Sartre, Jean-Paul: *Kritik der dialektischen Vernunft*. Rowohlt: Reinbek 1967.

Schönherr-Mann, Hans-Martin: *Hannah Arendt. Wahrheit, Macht, Moral*. C. H. Beck: München 2006.

Sörensen, Paul: *Entfremdung als Schlüsselbegriff einer kritischen Theorie der Politik. Eine Systematisierung im Ausgang von Karl Marx, Hannah Arendt und Cornelius Castoriadis*. Nomos Verlagsgesellschaft: Baden-Baden 2016.

Theunissen, Michael: *Der Andere. Studien zur Sozialontologie der Gegenwart*. De Gruyter: Berlin/New York 1977.

II. Jenseits der parlamentarischen Demokratie

Paul Stephan

Wie rechts ist der Übermensch? Nietzsches zweideutiger politischer Schatten[1]

1. Einleitung

a) Nietzsche als Vordenker des Existenzialismus

Meinen eigentlichen Überlegungen vorausschicken möchte ich einige kurze Bemerkungen darüber, inwieweit es überhaupt sinnvoll ist, im Rahmen einer Tagung, die sich doch der politischen Philosophie des Existenzialismus widmen will, über Nietzsche zu sprechen. Wenn sich Jean-Paul Sartre etwa auf die Philosophie des 19. Jahrhunderts bezieht, dann spricht er über Søren Kierkegaard und Karl Marx, über Nietzsche so gut wie nie.[2] Mir scheint es seitens Sartres – aber etwa auch

---

1 Die These von der politischen „Zweideutigkeit" Nietzsche vertritt prominent auch Bernhard H. F. Taureck in seiner Studie *Nietzsche und der Faschismus*, in der ein ganzer Teil mit „Eindeutige politische Zweideutigkeit, zweideutige politische Eindeutigkeit" (S. 21–94) überschrieben ist. Die „Zweideutigkeit" kommt bei ihm allerdings ein wenig zu kurz – eher geht es darum, Nietzsche als „Protofaschisten" zu denunzieren. Dieser – weit verbreiteten – Ansicht soll in diesem Aufsatz widersprochen werden und, wenigstens ansatzweise, die wirkliche Zweideutigkeit von Nietzsches politischer Philosophie herausgearbeitet werden.

In meiner Verwendung der Metapher des ‚Schattens‘ bin ich einerseits von Nietzsche selbst geprägt, in dessen Werk sie geradezu ubiquitär ist, andererseits von Keisuke Yoshidas Rede vom „Schatten der Kierkegaard-Renaissance" in dem ebenso betitelten Aufsatz. Für den intensiven Austausch über Kierkegaard und die faschistische Philosophie möchte ich ihm an dieser Stelle herzlich danken.

2 Sartres randständige Bemerkungen zu Nietzsche implizieren zumindest einerseits, dass er mit dessen Schriften wenigstens in groben Zügen vertraut war, andererseits, dass er kein allzu positives Bild von Nietzsche hatte. So heißt es etwa in den *Entwürfen für eine Moralphilosophie* in abfällig-spöttischer Weise: „Die *Wahrheit* Nietzsches ist der Philosophieprofessor in einem bürgerlichen Staat." (S. 186) In *Das Sein und das Nichts* stellt er sich freilich ganz zu Beginn dezidiert in die Tradition von Nietzsches Metaphysikkritik (S. 10).

In seiner Studie *Sartre and Adorno. The Dialectics of Subjectivity* zieht David Sherman fortwährend Parallelen zwischen Sartre, Adorno und Nietzsche auf. Der Sartre-Biographie von Annie Cohen-Solal (*Sartre 1905–1980*) ist zu entnehmen das wenigstens der junge Sartre von Nietzsche sehr beeindruckt war und für die Entwicklung der

Maurice Merleau-Pontys und Simone de Beauvoirs – fast ein auffälliges Nicht-Sprechen über Nietzsche zu geben trotz der auffallenden philosophischen Parallelen und obwohl Nietzsche gerade zu dieser Zeit in Frankreich massiv rezipiert wurde, man denke etwa an den Kreis um Georges Bataille. Einzig Albert Camus bezieht sich auf Nietzsche, wenn auch oft ablehnend, explizit als zentralen Vordenker.[3]

Handelt es sich hier womöglich um eine letztendlich motivierte politische Stellungnahme? Widerspricht Nietzsches Vernunft- und Subjektkritik zu sehr Sartres Rationalismus, der ihn dazu führt, sich gleichermaßen von den Surrealisten wie von den Faschisten zu distanzieren? Das Verhältnis Sartres im Speziellen und der französischen Existentialisten im Allgemeinen zu Nietzsche auf inhaltlicher und biographischer Ebene genauer zu ergründen erschiene mir jedenfalls ein lohnendes Thema künftiger Forschungen.[4]

Trotz der genannten Schwierigkeiten erscheint es mir sinnvoll zu sein, Nietzsche in die Ahnenreihe des Existenzialismus zu stellen. Von allen Denkern des 19. Jahrhunderts war es sicher er, der die Frage nach dem Leben in einer Welt, in der Gott tot ist, am deutlichsten stellte, und es war diese Frage, die auch der Ausgangspunkt für die Überlegungen der französischen Existenzialisten gewesen ist. Zugleich ist er sich mit ihnen einig darin, dass eine Wiedergeburt Gottes keinen Sinn ergibt und dass diese Unmöglichkeit den modernen Menschen in eine einzigartige, allerdings auch widerspruchsvolle, Position bringt, die es zu bejahen gilt.

Grundannahmen seines Denkens einen durchaus prägenden Einfluss hatte (insb. S. 109, 124, 133, 160).

3　Zum Verhältnis von Nietzsche zum französischen Existenzialismus vgl. Lohwasser: „Nietzsche und der Französische Existenzialismus". Lohwasser stellt insbesondere die Rezeption Nietzsches durch Camus sowie Emil M. Cioran heraus.

Camus bezieht in *Der Mythos des Sisyphos* noch eine dezidiert nietzscheanische Position und feiert Nietzsche als „einzige[n] Künstler, der aus einer Ästhetik des Absurden die letzten Schlüsse gezogen hat" (S. 179). Insofern *Der Mensch in der Revolte* nicht zuletzt eine Selbstkritik an der radikal individualistischen Haltung seines früheren Werkes darstellt, markiert es auch eine Abkehr von Nietzsche. Er erscheint als „das schärfste Bewußtsein des Nihilismus" (S. 93). In einem Artikel aus derselben Zeit, „Das Europa der Treue", spricht Camus vom von den „Philosophien des Nordens" verdorbenen Europa „von [Friedrich] Nietzsche, [Georg Wilhelm Friedrich] Hegel und [Karl] Marx" (S. 286; Anm. im Orig.), stellt dem allerdings ein Europa der Vielfalt, der Freigeistigkeit der Kultur und der Aristokratie „des Geistes und [...] der Arbeit" (ebd.) entgegen, das dem Nietzsches – wie am Ende des vorliegenden Aufsatzes noch deutlich werden wird – gar nicht so unähnlich ist. (Ich danke Lou Marin dafür, mich auf diesen Aufsatz verwiesen zu haben.)

4　Es scheint keine einzige Monographie zu dieser Thematik zu geben.

b) Politik im Zeitalter nach dem Tod Gottes

Die Frage nach einem Leben nach dem Tod Gottes ist auch die entscheidende Frage für das Thema dieses Textes. Bis heute geht der Mainstream des politischen Denkens davon aus, dass die Politik in letzter Instanz auf moralischen Werten zu beruhen habe, die als gegeben und nicht vom politischen Subjekt gesetzt betrachtet werden.[5] Egal, ob sie nun explizit oder implizit religiös erfolgt, würde Nietzsche in jeder solchen Setzung ein implizit religiöses Moment erkennen, eine falsche Objektivierung. Die herausfordernde Frage, die Nietzsche aufwirft, wäre somit, wie eine Politik ohne ein solches absolutes moralisches Fundament beschaffen sein könnte.

Wie der Titel meines Aufsatzes verrät, möchte ich mich mit dem Verdacht auseinandersetzen, dass diese amoralische Perspektive auf die Politik eine rechte, faschistische oder sogar nationalsozialistische Politik rechtfertigen oder sogar befördern könnte. Meine Antwort auf diese Frage steckt schon im Untertitel: Ich gehe davon aus, dass Nietzsche in dieser Hinsicht einen zweideutigen, ambivalenten Schatten wirft. Doch ehe ich auf Nietzsche selbst eingehen werde, will ich sehr kurz seine politische Wirkungsgeschichte skizzieren, um zu verdeutlichen, worin die Zweideutigkeit seines Schattens besteht.

2. Nietzsches politische Wirkungsgeschichte

Die Sekundärliteratur berichtet einstimmig, dass Nietzsche zunächst vor allem in progressiven, avantgardistischen Kreisen rezipiert wurde – wenn auch außerhalb der im engeren Sinne linken Bewegung.[6] So war sogar das von seiner Schwester

---

5 Während die Antike (und mit ihr der Neo-Aristotelismus) von objektiven Bestimmungen des „guten Lebens" ausgeht, versucht die liberale Tradition, aus dem Gedankenexperiments eines „Gesellschaftsvertrags" heraus Normen von objektiver Gültigkeit zu deduzieren. Die kommunitaristische Strömung schließlich sucht eine normative Fundierung des Politischen in vor-politischen Traditionen. Nietzsche sieht alle diese Versuche skeptisch. (Vgl. zum Stand der gegenwärtigen politischen Philosophie die gute Überblicksdarstellung in Prechtl: „Politische Philosophie".)

6 Zur Nietzsche-Rezeption von individualistisch bzw. feministisch eingestellten Frauen vgl. die umfassende Studie *Vergiss die Peitsche* von Diethe. Der Ideengeschichtler Steven E. Aschheim resümiert diese erste Welle der Nietzsche-Rezeption: „Vor 1914 gehörte Nietzsche in Deutschland somit vor allem den oppositionellen, avantgardistischen und radikalen Kräften. [Wozu Aschheim allerdings auch die in der Entwicklung befindliche völkische Bewegung zählt. Anm. PS] Erst durch den Weltkrieg wurde er germanisiert und nationalisiert und rückte ins Zentrum des allgemeinen Bewußtseins." („Nietzsche", S. 511) (Vgl. auch Aschheim: *Nietzsche und die Deutschen*, S. 17–50).

aufgebaute Weimarer Nietzsche-Archiv zunächst ein Hort freien Austausches und auch ein Platz für alternative, individualistische Lebensentwürfe.[7] Die politische Wende des Archivs nach rechts erfolgte erst zum Ausbruch des ersten Weltkriegs. Seitdem war der Kreis um Elisabeth Förster-Nietzsche eifrig darum bemüht, Nietzsche als dezidiert rechten Denker zu vermarkten. Diese Strategie ging auf. Insbesondere ab 1933 avancierte Nietzsche geradezu zur Kultfigur im nationalsozialistischen Deutschland. Bekannt sind die Photos Hitlers bei seinem Besuch im Nietzsche-Archiv. Das Duo Wagner/Nietzsche galt als Inbegriff ‚authentischer‘ deutscher Kultur[8], Nietzsche wurde immer wieder als Stichwortgeber auch für tagespolitische Parolen herangezogen.[9] In Italien war es zur selben Zeit Mussolini, der – im Gegensatz zu Hitler[10] – auch persönlich von seiner Jugend an ein gründlicher Leser Nietzsches war[11] und sich als eifriger Mäzen des Nietzsche-Archivs betätigte.[12]

In der Nachkriegszeit wurde in Deutschland Nietzsches Name daher zunächst mit dem Nationalsozialismus geradezu identifiziert.[13] Übersehen wurde dabei,

---

7   Während das Nietzsche-Archiv bis 1914 auch kosmopolitischen und avantgardistischen Bestrebungen – für die stellvertretend die Namen Henry van de Velde und Harry Graf Kessler stehen – gegenüber aufgeschlossen war, folgte danach die beschämende Vereinnahmung Nietzsches für reaktionäre Zwecke durch seine Schwester (Vgl. Aschheim: *Nietzsche und die Deutschen*, S. 17–50, insb. S. 45–50).

8   So ist etwa in einer Ausgabe des Völkischen Beobachters von dem „Dreigestirn Schopenhauer, Wagner, Nietzsche" die Rede, das als Vorahnung des „Dritte[] Reich[es]" verstanden wird (Pfeiffer: „Ein unbekannter Brief Peter Gasts"; vgl. auch ders.: „Richard Wagner und Friedrich Nietzsche"). Angesichts des Zerwürfnisses zwischen Nietzsche und Wagner ist diese Konstruktion offensichtlich ideologischer Natur. Wenig überraschend ist, dass Nietzsches Schwester an ihrer Errichtung beteiligt war: Passenderweise im Jahr 1914 publizierte sie nämlich eine Monographie entsprechenden Inhalts mit dem Titel *Wagner und Nietzsche zur Zeit ihrer Freundschaft*, auf die sich auch Pfeiffer (vgl. ebd.) zustimmend bezieht.

9   Zur generellen propagandistischen Verwendung Nietzsches im Nationalsozialismus vgl. Aschheim: *Nietzsche und die Deutschen*, S. 251–291.

10 Hitler erwähnt in *Mein Kampf* Nietzsche an keiner einzigen Stelle, von einer herausragenden Beeinflussung Hitlers durch Nietzsche kann keine Rede sein. (Vgl. Krummel: *Nietzsche und der deutsche Geist* Bd. 2, S. 313, Anm. 336).

11 Vgl. Taureck: *Nietzsche und der Faschismus*, S. 100 f.

12 Vgl. Aschheim: *Nietzsche und die Deutschen*, S. 259, und Taureck: *Nietzsche und der Faschismus*, S. 102.

13 Am deutlichsten bringt dies wohl der plakative Spiegel-Titel *Täter Hitler – Denker Nietzsche* der Ausgabe 24/1981 zum Ausdruck inklusive des dazugehörigen Essays *Ein Nietzsche für Grüne und Alternative?* von Rudolf Augstein mit entsprechendem Inhalt.

dass die progressive Linie der Nietzsche-Rezeption unterdessen nie abgebrochen war. Den Pariser Kreis um den heterodoxen Kommunisten Georges Bataille, dem im Übrigen auch Walter Benjamin angehörte, habe ich bereits erwähnt. Neben Benjamin waren auch die anderen Vertreter der ersten Generation der „Frankfurter Schule" mehr oder weniger stark von Nietzsche beeinflusst; Adorno verstand sich Zeit seines Lebens als Nietzscheaner.[14]

Anders als in Deutschland war Nietzsches Image in Frankreich weitgehend unvorbelastet und so setzte nach dem zweiten Weltkrieg mit Namen wie Jacques Derrida, Michel Foucault und Gilles Deleuze eine neue Welle der progressiven Aneignung Nietzsches ein (zu ergänzen wäre in diesem Zusammenhang auch Nietzsches Einfluss auf die französische 68er-Bewegung, man denke nur an die „Situationistische Internationale"). Zur selben Zeit gab es eine ähnliche Entwicklung in den USA.[15] Diese Welle schwappte schließlich in den 70er und 80er Jahren auch nach Deutschland zurück.

Hier war es vor allem Georg Lukács, der schon in den frühen 30ern Nietzsche als Vorläufer der faschistischen Ästhetik gesehen hatte[16] und in seinem Buch *Die Zerstörung der Vernunft* als maßgeblichen Denker der Reaktion denunzierte, der auf beiden Seiten der innerdeutschen Grenze – trotz Adornos Einspruch in „Erpreßte Versöhnung" – den Diskurs prägte. 1968 behandelte Habermas in einem „Nachwort" zu einer Sammlung von Nietzsches erkenntnistheoretischen Schriften von daher Nietzsche als einen Denker der Vergangenheit, der „nichts Ansteckendes mehr" (S. 237) habe.

Fünfzehn Jahre später musste Habermas dieses Urteil allerdings revidieren und sah in *Der Diskurs der Moderne* Nietzsche wieder als äußerst ernst zu nehmenden Antipoden, gegen den es das Projekt der Moderne zu verteidigen gälte. Als nietzscheanische Gegner betrachtet Habermas dabei allerdings nicht nur mehr oder weniger offensichtlich der Rechten zugehörige Denker wie Martin Heidegger oder

---

14 Vgl. Rath: „Zur Nietzsche-Rezeption Adornos und Horkheimers". Am deutlichsten bekennt Adorno diesen Einfluss in einer Bemerkung in der *Vorlesung über Negative Dialektik*: „[D]ieses Programm [das Programm negativer Dialektik; PS] nähert sich historisch vielleicht am meisten dem, was Nietzsche in dieser Hinsicht vorgeschwebt hat." (S. 65) Adornos Projekt ließe sich von Bemerkungen dieser Art her als Versuch einer Art Synthese von Hegel und Nietzsche verstehen.

15 Den Boden für eine progressive Nietzsche-Rezeption bereitete hier Walter Kaufmann mit seiner Studie *Nietzsche. Philosopher, Psychologist, Antichrist* von 1950. Dem folgten die ‚klassischen' Monographien *Nietzsche as Philosopher* von Arthur C. Danto von 1965 und *Nietzsche. Life as Literature* von Alexander Nehamas aus dem Jahr 1985.

16 Vgl. Lukács: „Nietzsche als Vorläufer der faschistischen Ästhetik".

Carl Schmitt, sondern neben den erwähnten französischen Poststrukturalisten auch heterodoxe Kommunisten wie Bataille oder Cornelius Castoriadis und auch seine eigenen Lehrmeister der ersten Generation der „Frankfurter Schule".

Seitdem scheint mir diese Diskussion bis zu einem gewissen Grad an Brisanz verloren zu haben, und es scheint weitgehender Konsens darüber zu bestehen, dass Nietzsche weder ein eindeutig linker noch ein eindeutig reaktionärer Denker ist. Nicht unerwähnt bleiben darf in diesem Kontext ohnehin, dass es jenseits der politisch aufgeladenen Nietzsche-Rezeption auch immer eine mehr oder weniger unpolitische Nietzsche-Rezeption gegeben hat.

Allerdings hat die politische Brisanz Nietzsches auch heute noch kein Ende. So ist es der Sloterdjik-Schüler Marc Jongen, der als „Parteiphilosoph"[17] der ‚Alternative für Deutschland' reüssiert, der sich immer wieder auf Nietzsche[18] und auf einzelne Stichworte aus Nietzsches Philosophie wie das „Ressentiment"[19] oder den „guten Europäer"[20] bezieht. Es ist davon ausgehend eine ernsthafte, bis in die Nietzsche-Forschung ausstrahlende[21] Debatte darüber entstanden, auf welche politischen Bewegungen sich Nietzsches Ressentiment-Konzept beziehen lässt und ob sich Nietzsche als Denker eines sich nicht gewaltsam vom Rest der Welt abschottenden Europas verstehen lässt. Die Antworten fallen auch hier, wie wenig überraschen wird, höchst unterschiedlich, mitunter gegensätzlich aus.[22]

---

17 Bender / Bingener: *Marc Jongen. Der Parteiphilosoph der AfD.*
18 Vgl. ebd.
19 „Von dem, was Nietzsche in der *Genealogie der Moral* über das Ressentiment schreibt, lässt sich eine direkte Linie zum Gutmenschentum ziehen, dem sich die AfD entgegenstellt." (Jongen: *„Man macht sich zum Knecht"*).
20 Jongen: *Das Märchen vom Gespenst der AfD.*
21 So veranstaltete die Nietzsche-Gesellschaft gemeinsam mit der Friedrich-Nietzsche-Stiftung und der Friedrich Nietzsche Society vom 22. bis 25. September 2016 eine Konferenz mit dem Titel „Europäisch – Übereuropäisch. Nietzsches Blick aus der Ferne", in der auch dezidiert Nietzsches politische Stellungnahmen thematisiert und immer wieder (mitunter kontroverse) Bezüge zum politischen Geschehen hergestellt wurden.
22 Jongen wurde etwa von seinem Lehrer Peter Sloterdijk vorgeworfen, „durchwegs Stolz mit Ressentiment" zu verwechseln (*„Merkel ging einen Teufelspakt ein"*). In dem Artikel *Kritik der zynischen Vernunft* sieht Behrens ebenfalls Jongen als philosophisch verbrämtes Sprachrohr des Ressentiments des „Pöbel[s]", sieht Nietzsche jedoch als Wegbereiter eines solchen Typus des Intellektuellen an – und sieht in dieser Hinsicht keine wesentliche Differenz zu Sloterdijk. Auch Christian Modehn schließt sich dieser Einschätzung in *Die AFD – ihre Widersprüche, ihr Zorn. Ein philosophischer Hinweis* an. Pavel Kouba argumentiert dagegen in *Die „guten" Europäer. Friedrich Nietzsches Beitrag zur gegenwärtigen Diskussion über die europäische Integration* – im Einklang mit der in dem vorliegenden Aufsatz vertretenen Position –, dass man Nietzsches

Das Interessante an dieser Konstellation ist aus meiner Sicht nicht so sehr, auf welcher Seite Nietzsche nun eigentlich in Wahrheit steht, sondern vielmehr, wie es möglich sein kann, dass ein- und derselbe Denker gleichzeitig zur Ikone antibürgerlicher Politik beider politischer Extreme werden konnte – und darüber hinaus auch in bürgerlichen Kreisen als respektabler Klassiker gehandelt wird. Dieses Phänomen scheint einzigartig in der Geistesgeschichte und das eigentliche mit Nietzsche verbundene Fragezeichen zu sein, dem ich nun im Hauptteil meines Vortrags nachgehen möchte.

3. Nietzsches eigenes Politik-Verständnis: Große, kleine und GROSSE Politik

Es wird oft genug – von allen Seiten – der Fehler gemacht, bei der Frage nach der politischen Bedeutung von Nietzsches Philosophie zu sehr von einzelnen Stellen auszugehen, die sich scheinbar der einen oder anderen politischen Moral zuordnen lassen. Diese Herangehensweise ist schon allein deshalb unfruchtbar, weil Nietzsche sich in dieser Hinsicht ganz offensichtlich allen klaren Zuordnungen entzieht. Allen politischen Bewegungen seiner – und damit zugleich auch unserer – Zeit spricht Nietzsche ganz dezidiert die Fähigkeit ab, auf die entscheidenden Fragen der Epoche eine Antwort zu finden.[23] Es ist bekannt, dass er die Arbeiter-[24] und die Frauenbewegung[25] als Bewegungen des Ressentiments verachtet. Das heißt jedoch nicht, dass er sich deswegen auf die Seite der herrschenden Klasse schlägt: Ganz im Gegenteil kritisiert er nicht minder scharf deren Dekadenz und ihre Geld- und Machtgier.[26] Antisemitismus (aber im selben Atemzug auch Anarchismus[27]) und

---

Europa-Konzeption gerade im Gegenteil als fortschrittlichen Appell zur, freilich nicht selbstzweckhaften, Entgrenzung lesen sollte, der mit nationalistischen Ansichten unvereinbar ist.

23　„Alle unsre politischen Theorien u n d Staats-Verfassungen […] sind Folgerungen, Folge-Nothwendigkeiten des Niedergangs; die unbewusste Wirkung der décadence ist bis in die Ideale einzelner Wissenschaften hinein Herr geworden." (Nietzsche: „Götzen-Dämmerung", S. 138).

24　Vgl. die Polemik gegen den „Socialismus" in „Jenseits von Gut und Böse", Aph. 202, S. 124–126.

25　Vgl. die Polemik gegen die „Emancipation des Weibes" a.a.O., Aph. 239, S. 175–178.

26　„Seht mir doch diese Überflüssigen! Reichthümer erwerben sie und werden ärmer damit. Macht wollen sie und zuerst das Brecheisen der Macht, viel Geld, — diese Unvermögenden!" (Nietzsche: *Also sprach Zarathustra*, S 63).

27　„[D]iese Pflanze [das Ressentiment; PS] blüht jetzt am schönsten unter *Anarchisten* und Antisemiten[.]" (Nietzsche: „Zur Genealogie der Moral", Abh. 2, Abs. 11, S. 309).

Nationalismus, besonders den deutschen, kritisiert er aufs Schärfste.[28] Er polemisiert gegen die Vertreter der ästhetischen Romantik[29] – zugleich aber auch gegen die des Realismus[30].

Um was es vielmehr gehen müsste, wäre, überhaupt danach zu fragen, von welchem politischen Selbstverständnis Nietzsche ausgeht – und damit meine ich nicht so sehr, wie er sich zu den politischen Bewegungen seiner Zeit verhält, sondern zunächst, was er überhaupt von Politik hält und was er selbst darunter versteht.

Durch Nietzsches Texte hindurch zieht sich zunächst eine radikale Politik-Feindschaft. Politik wird als etwas dem Geist und der Kultur Fremdes angesehen, das ihnen geradezu entgegengesetzt ist und ihre Fruchtbarkeit behindert. Dieser Standpunkt ist es, der Nietzsche zur Konzeption der „großen Politik" führt. Dieses Konzept ist – wie so oft bei Nietzsche – ein sehr schillerndes. Eingeführt wird es zum ersten Mal im 481. Aphorismus des ersten Bandes von *Menschliches, Allzumenschliches* (S. 314–316), hier allerdings noch als kritischer Begriff. „Große Politik" ist hier die Bezeichnung für die allergrößte Zuspitzung der Unterwerfung der Einzelnen unter das Gesamtinteresse, die zu einem Untergang der hohen Kultur führen könnte. Nietzsche betrachtet seine Gegenwart als Zeitalter der „großen Politik" in genau diesem Sinne.

Zugleich bekommt der Begriff in Nietzsches Entwicklung auch mehr und mehr einen zweiten, affirmativen Sinn. Die Tagespolitik seiner Gegenwart wird von Nietzsche immer mit Verachtung betrachtet, doch seine Vision einer „großen Politik" dieser Tagespolitik nun gerade entgegengesetzt. „Große Politik" ist nun eine solche Politik, die nicht mehr von Partikularinteressen wie dem einzelner Klassen oder Völker ausgeht, sondern von einer globalen Vision für die gesamte Menschheit getrieben ist. Sie soll die Lücke zwischen Kultur und Politik schließen, insofern die Kultur – verstanden als die Sphäre der Schöpfung neuer Werte – nun

---

28 Vgl. sein Bekenntnis in der „Fröhlichen Wissenschaft", Aph. 377, in dem die allgemeine Zweideutigkeit von Nietzsches politischer Positionierung sehr klar zum Ausdruck kommt: „Nein, wir lieben die Menschheit nicht; andererseits sind wir aber auch lange nicht ,deutsch' genug, wie heute das Wort ,deutsch' gang und gäbe ist, um dem *Nationalismus* und dem Rassenhass das Wort zu reden, um an der nationalen Herzenskrätze und Blutvergiftung Freude haben zu können, derenthalben sich jetzt in Europa Volk gegen Volk wie mit Quarantänen abgrenzt, absperrt." (S. 630).

29 Vgl. insb. seine der Neuauflage der „Geburt der Tragödie" vorangestellte „Selbstkritik" (S. 11–22).

30 Vgl. etwa das humoristische Spottgedicht „Der realistische Maler" (Nietzsche: „Die fröhliche Wissenschaft", Vorspiel Nr. 55, S. 365).

die Politik lenkt, nicht umgekehrt.[31] Es ist dieser Standpunkt, von dem aus Nietzsche die gesamte Politik seiner Zeit, inklusive aller ihrer politischen Richtungen, als defizitär erscheint.

Man kann sich allerdings des Eindrucks kaum erwehren, dass Nietzsches eigene Überlegungen bei einer rein negativen Haltung stehen bleiben. Um es noch einmal zuzuspitzen: Für Nietzsche sollte es in der Politik eigentlich um grundsätzliche Wertfragen gehen. Die Sphäre des – stets konflikthaft gedachten – Entwurfs neuer

---

31 „Der Begriff Politik ist dann gänzlich in einen Geisterkrieg aufgegangen, alle Machtgebilde der alten Gesellschaft sind in die Luft gesprengt — sie ruhen allesamt auf der Lüge: es wird Kriege geben, wie es noch keine auf Erden gegeben hat. Erst von mir an giebt es auf Erden grosse Politik." (Nietzsche: „Ecce homo", S. 366) Allerdings bedeutet diese „grosse Politik" gerade, den Blick für die von der Metaphysik über Jahrtausende vergessenen „kleinen Dinge – Ernährung, Ort, Clima, Erholung, die ganze Casuistik der Selbstsucht" (ebd., S. 295) wiederzuentdecken.

Diese Unterscheidung zwischen großer und kleiner Politik ist insbesondere zu unterscheiden von der schmittianischen Unterscheidung zwischen ‚eigentlicher' und ‚uneigentlicher' Politik. Geht es Schmitt gerade darum, dass sich die Politik wieder auf ein bestimmtes Partikularinteresse zurückbesinnen soll mittels einer klaren Freund-Feind-Unterscheidung (vgl. Precht: „Politische Philosophie", S. 470), betont Nietzsche zwar auch die Wichtigkeit des Gegensatzes, der Feindschaft und des Krieges für die Politik, es geht jedoch bei der großen Politik stets um eine globale ethische Vision mit universalem Anspruch. Das utopische Endziel ist explizit eine „Erdregierung" (*Menschliches, Allzumenschliches*, Bd. I, Aph. 245, S. 205 & „Ecce homo", S. 360) und eine Menschheit, die über einen einheitlichen Werthorizont verfügt (Vgl. *Also sprach Zarathustra*, S. 74–76). Einig wäre sich Nietzsche mit schmittianischen Theoretikern allenfalls in seiner Ablehnung der Demokratie. Für ihn kommt es in der großen Politik nicht auf Mehrheitsentscheidungen an, sondern auf den Entwurf neuer Wertvorstellungen und den Kampf darum, welche Wertvorstellung die beste ist. Dementsprechend ist es auch Kierkegaard als wichtigster Vordenker des politischen Dezisionismus, der Schmitt (und auch den Heidegger von *Sein und Zeit*) entscheidend beeinflusste, *nicht* Nietzsche, der von den Nationalsozialisten fälschlicherweise als Dezisionist gelesen wurde (vgl. Aschheim: *Nietzsche und die Deutschen*, S. 266). Das dezisionistische Pathos der Entscheidung ist dabei Nietzsche völlig fremd – ihm kommt es auf die Reflexion und Praktiken der Selbstwerdung an. Hier wäre auch eine entscheidende Differenz zu Sartre zu sehen. Sieht man den Dezisionismus als entscheidendes Merkmal faschistischer Philosophie an (wie etwa Yoshida in „Der Schatten der Kierkegaard-Renaissance"), dann wäre Kierkegaard und nicht Nietzsche als der entscheidende intellektuelle Ahnherr des Faschismus zu betrachten. Sartres Dezisionismus wäre gegenüber demjenigen reaktionärer Philosophen als gebrochener zu charakterisieren, glaubt er doch in Gegensatz zu jenen an keinen ‚Sprung in den Glauben' (je nachdem an Gott oder den ‚Führer'), der der modernen Subjektivität neuen Halt zu geben vermöchte.

Wertsysteme ist die der „großen Politik". Die „kleine Politik" wäre als die Sphäre
bloßer Verwaltung zu bestimmen, in der die in der „großen Politik" entworfenen
Werte appliziert werden. An seiner Gegenwart kritisiert Nietzsche, dass bestimmte
Werte einfach vorausgesetzt werden und sich die Politik mit bloßer Verwaltung
begnügt. Diese Werte sieht er als schädlich an, da sie letztendlich auf eine Entwertung des Lebens hinauslaufen – es sind im Grunde wertlose Werte. Sie sind
wertlos genau darum, weil sich die Sphäre der „kleinen Politik" selbst als höchsten Wert setzt – das verwaltende politische Tagesgeschäft wird zum Selbstzweck,
das auf keine wirklichen Werte mehr rückbezogen ist. Es wird somit vollkommen
sinnlos; eine auf dieser Wertung fußende Kultur muss notwendig untergehen.
Doch dies ist nicht konservativ gemeint: In den tradierten christlichen Werten
sieht Nietzsche gerade die eigentliche Wurzel des Problems. Ebenso klar ist ihm,
dass eine simple Rückkehr zu vorchristlichen Werten keine reale Lösung sein
kann. Doch woher sollen die neuen Werte dann kommen? Wer kann sie setzen?
Wie sollen sie aussehen?

Klar ist zumindest das eine, dass Nietzsche auf diese Fragen keine eindeutige
Antwort gibt – selbst wenn er Überlegungen zu ihnen anstellt. Er präsentiert
sich selbst immer wieder als Denker der grundsätzlichen Infragestellung – nicht
als solchen der Antwort.[32] Das hat den simplen Grund, dass er an seiner Gegenwart ja gerade kritisiert, dass in ihr die grundsätzliche Frage nach dem Wert der
herrschenden Werte gar nicht mehr gestellt wird, weil jeder schon meint, darauf
eine Antwort parat zu haben. Für Nietzsche ist in gewisser Weise das Problem
der Kultur seiner Zeit gerade ein Zuviel an falschen Antworten und mit ihnen
verbundenen falschen Fragen – dieser Kultur einfach neue Antworten entgegenzusetzen, würde gerade keine Lösung, sondern nur eine Verschlimmerung des
Problems bedeuten.

Das bisher Entwickelte ermöglicht eine erste vorläufige Antwort auf die ein-
gangs gestellte Problematik: Nietzsche lässt sich, entsprechend dem Untertitel von
Also sprach Zarathustra, „Ein Buch für Alle und Keinen", von jeder und von keiner
modernen Ideologie in Beschlag nehmen. Egal, ob man ihn als Konservativer, als
Sozialist, als Feminist, als Anarchist, als Nationalsozialist oder als Faschist liest:
Man wird immer einige Punkte bei Nietzsche finden, die der eigenen Ideologie
entsprechen und einige, die ihr diametral entgegenstehen. Besonders attraktiv ist

---

32 „Ich kenne mein Loos. Es wird sich einmal an meinen Namen die Erinnerung an etwas
    Ungeheures anknüpfen, — an eine Krisis, wie es keine auf Erden gab, an die tiefste
    Gewissens-Collision, an eine Entscheidung heraufbeschworen g e g e n Alles, was bis
    dahin geglaubt, gefordert, geheiligt worden war. Ich bin kein Mensch, ich bin *Dynamit*."
    (Nietzsche: „Ecce homo", S. 365)

Nietzsche dabei freilich für all diejenigen, die der Ansicht sind, dass die moderne Gesellschaft von grundsätzlichen Problemen bestimmt ist, die nach grundsätzlichen Lösungen verlangen. Doch zugleich finden sich auch genug Stellen, in denen Nietzsche genau jenen Radikalismus auch selbst wieder hinterfragt und eher mit einer liberalen, konservativen oder sozialdemokratischen Orientierung vereinbar scheint.

Was so als Doktrin Nietzsches übrig bleibt, ist das Paradox, dass es von einer verneinenden zu einer bejahenden Haltung überzugehen gilt, dass genau beim Vollzug dieses Schritts zugleich wieder eine neue Ideologie entstehen würde, die potentiell repressiv wirken könnte und somit wieder eine neue Verneinung nach sich zieht etc. pp. Nietzsche reflektiert diese fundamentale Paradoxie seiner Philosophie insbesondere unter dem Namen „ewige Wiederkunft". Die Kunst, die Nietzsche in *Also sprach Zarathustra* lehren möchte, ist gerade, in voller Einsicht dieser Paradoxie noch bejahen zu können. Diese nun wirklich existenzphilosophische Dimension von Nietzsches Philosophie ist nun freilich wirklich zur Bekräftigung jeder politischen Ideologie geeignet. Mit der Einschränkung allerdings, dass sie zugleich auch der Infragestellung all jener politischen Ideologien dient, die von sich behaupten, von einer letztgültigen Wahrheit auszugehen. Nietzsche kritisiert im Kern an der Moderne ja ihre Selbstgewissheit und ihren Glauben daran, eine solche Wahrheit zu besitzen. Zugleich kritisiert er jedoch auch eine relativistische Lähmung. Es käme darauf an, in der Sphäre der Politik einen Geist des Experimentierens zu entwickeln, indem man im Wissen darum, dass man niemals die eine große Antwort auf alle Problem der Menschheit finden wird, dennoch nach der Entwicklung grundsätzlicher Lösungen strebt.[33]

4. Zwei Problemkomplexe: „Übermensch" und „guter Europäer"

Alle konkreten Überlegungen Nietzsches zu politischen Fragen müssen vor dem Hintergrund dieser relativistischen Grundstellung her verstanden werden. Sie sollen nach Nietzsches eigenem Willen nicht als finale, letztgültige Theorien, sondern eher als Vorschläge verstanden werden. Ein Missverständnis wäre es allerdings, dies als Immunisierungsstrategie gegen Kritik und Diskussion anzusehen: In der Sphäre der „großen Politik" soll auch und gerade angesichts der Einsicht in die Unlösbarkeit der fundamentalen Wertfragen gestritten werden. Nietzsches Vorschläge sind somit durchaus ernst zu nehmen – und selbst wenn

---

33 Vgl. hierzu auch die sehr gute Charakterisierung Nietzsches in Heit: „Nietzsches Aktualität als Kämpfer gegen seine Zeit".

sein grundlegendes Politikverständnis eine Identifikation Nietzsches mit konkreten einzelnen politischen Ideologien ausschließt, so mag auf der Ebene seiner konkreten politischen Vorschläge doch eine bestimmte Tendenz in die eine oder andere Richtung vorliegen.

Da Nietzsches konkrete Überlegungen zu politischen Fragen nun sehr vielfältig und sehr heterogen sind, macht auf dieser Ebene eine allgemeine Diskussion keinen Sinn, erst recht nicht im Rahmen eines solchen Vortrags. Ich möchte mich daher an dieser Stelle damit begnügen, anhand von zwei Konzepten diese Seite von Nietzsches Philosophie beispielhaft zu illustrieren: Dem des „Übermenschen" und dem des „guten Europäers".

a) Der Übermensch – Herrenrasse oder kulturelle Utopie?

Wenn es darum geht, seinem Ideal der Zukunft, seiner Utopie, einen Namen zu geben, benutzt Nietzsche oft und gern das Schlagwort vom „Übermenschen". Ganz deutlich ist dabei allerdings stets der utopische, unbestimmte, offene Charakter dieses Begriffs. Nietzsche bestimmt den „Übermensch" niemals positiv – und das genau deshalb, weil eine solche Festlegung der Grundhaltung seines Denkens diametral widersprechen würde. Der Titel meines Vortrags ergibt somit aus Nietzsches eigener Sicht überhaupt keinen Sinn: Der Übermensch kann weder links noch rechts sein noch sonst irgendeiner politischen Strömung nahestehen. Die Frage nach dem politischen Charakter des Übermenschen ist unbeantwortbar, weil sie einen schlichten Kategorienfehler darstellt.

Ich habe den Titel dennoch gewählt, weil es wohl keinen anderen Begriff Nietzsches gibt, mit dem, gerade in politischer Hinsicht, so viel Schindluder getrieben wurde. So wurde der Begriff etwa so verstanden, als würde sich Nietzsche selbst als Übermenschen betrachten – Nietzsche ist freilich so zurückhaltend, dass er sich nicht einmal selbst als Lehrer des Übermenschen betrachtet, sondern diese Rolle seinem *alter ego* Zarathustra überlässt[34] – oder als wäre der Übermensch als biologische Spezies zu verstehen, zu deren Schöpfung die Züchtung einer neuen

---

34 In seinen Schriften spricht Nietzsche von Zarathustras Lehren – die vom „Übermenschen" eingeschlossen – nur in der dritten Person. An einer Stelle in „Zur Genealogie der Moral", an der textlogisch vom „Übermenschen" die Rede sein müsste, geht er soweit zu sagen: „Aber was rede ich da? Genug! Genug! An dieser Stelle geziemt mir nur Eins, zu schweigen: ich vergriffe mich sonst an dem, was einem Jüngeren allein freisteht, einem ‚Zukünftigeren', einem Stärkeren, als ich bin, — was allein Z a r a t h u s t r a freisteht, Z a r a t h u s t r a d e m G o t t l o s e n..." (Abh. 2, Abs. 25, S. 337).

Herrenrasse – am besten noch nach arischem Typus – erforderlich wäre.[35] Nur an einer einzigen Stelle im Werk jedoch benutzt Nietzsche im Zusammenhang mit dem „Übermenschen" eine biologische Metapher, nämlich, wenn er schreibt: „Der Strahl eines Sternes glänze in eurer Liebe! Eure Hoffnung heisse: ‚möge ich den Übermenschen gebären!'"[36] Die Metapher der Geburt hat nun – selbst wenn sie, wie so oft bei Nietzsche, seltsam zwischen Metapher, Metonymie und wörtlicher Rede oszilliert – doch primär den übertragenen Sinn einer geistig-kulturellen Schöpfung. Oft genug bezieht sie Nietzsche[37] – und auch Zarathustra[38] – auf sich selbst.

　　Trotz seiner expliziten Distanzierung ist Nietzsche an diesem Missverständnis nicht ganz unschuldig. Immer wieder benutzt er im Kontext seiner Überlegungen für eine positive Zukunft der Menschheit, biologische Ausdrücke wie „Züchtung".[39] Es wäre verharmlosend, diese Redeweise rein metaphorisch zu nehmen, vielmehr gilt das Schwanken zwischen Metonymie, Metapher und wörtlicher Rede auch für sie. Nietzsche kritisiert zwar selbst den Lebensbegriff des Darwinismus[40], doch ebenso sehr kritisiert er eine idealistische Missachtung der biologischen Dimension der menschlichen Existenz und sieht Leib und Seele als Einheit an.[41] Was liegt somit näher, als die Ursache (und somit auch die Lösung) geistiger Probleme in leiblichen zu suchen?

　　Ich denke, man würde das Kind mit dem Bade ausschütten, wenn man Nietzsches Spekulationen in dieser Richtung – so problematisch und auch anachronistisch sie aus heutiger Sicht (und auch aus der Perspektive heutiger Wissenschaft) erscheinen mögen – gänzlich ausblenden würde. Doch gerade weil Nietzsche Leib und Seele nicht einfach aufeinander reduziert, sondern vielmehr als *dialektische* Einheit denkt,

---

35　Von dieser biologistischen Deutung des „Übermenschen" distanziert sich Nietzsche explizit in „Ecce homo", S. 300.

36　Nietzsche: *Also sprach Zarathustra*, S. 85.

37　Ders.: „Ecce homo", S. 336.

38　Vgl. etwa den Abschnitt „Die sieben Siegel" am Ende des dritten Teils von *Also sprach Zarathustra* (S. 287–291).

39　So schließt er einige (allerdings dezidiert anti-antisemitische!) Überlegungen über den gegenwärtigen Stand der europäischen „Rassen" mit dem Fazit: „Doch hier ziemt es sich, meine heitere Deutschthümelei und Festrede abzubrechen: denn ich rühre bereits an meinen E r n s t, an das ‚europäische Problem', wie ich es verstehe, an die *Züchtung* einer neuen über Europa regierenden Kaste." („Jenseits von Gut und Böse", Aph. 251, S. 195).

40　Vgl. „Götzen-Dämmerung", S. 14 und „Zur Genealogie der Moral", Abh. 2, Abs. 11 & 12, S. 309–316.

41　Vgl. hierzu insbesondere die Rede „Von den Verächtern des Leibes" im ersten Teil von *Also sprach Zarathustra* (S. 39–41).

wäre es völlig widersinnig, Nietzsche als – erst recht rassistischen oder sexistischen – Biologisten zu betrachten, erst recht, was die Rede vom „Übermenschen" angeht. Sie sollte als Chiffre – nicht einmal als Begriff – für die utopischen Bemühungen der Menschheit allgemein betrachtet werden – als Chiffre, die notwendig unbestimmt bleibt. Nietzsche ist an einer Höherentwicklung der Menschheit an sich interessiert – die Maßstäbe dieser Entwicklung lässt er völlig offen.

Was für den „Übermenschen" gilt, gilt erst recht für sein Gegenteil. Dieses ist einerseits schlicht das Tier.[42] Auch daraus folgt schon, dass ein platter Biologismus mit Nietzsche nicht zu machen ist, dass er den Menschen gerade als Wesen bestimmt, dass das Tierische in sich immer wieder überschreitet und auch überschreiten soll. Die gewaltsame Reduktion des Menschen auf die tierische Seite seiner Existenz würde auch er als äußerste Form der Grausamkeit und Barbarei empfinden. Andererseits ist es der „letzte Mensch"[43], der Mensch des Nihilismus, der alles Übermenschliche in sich verleugnet und einen reinen Hedonismus der Selbstbetäubung als letztgültige Wahrheit ansetzt. Er macht sich selbst zum Tier, Nietzsche vergleicht ihn mit einem „Erdfloh"[44].

Sogar noch klarer als beim Übermenschen ist beim „letzten Menschen", dass er für Nietzsche die große Gefahr der modernen Kultur bezeichnet, mit keiner einzelnen Rasse identifiziert werden kann. Zu meinen, man könne den Nihilismus bekämpfen, indem man eine einzelne Menschengruppe mit ihm identifiziert und diese physisch ausrottet, wäre aus Nietzsches Sicht geradezu absurd und selbst ein Zeichen von Dekadenz, selbst wenn er an wenigen Stellen im Spätwerk – dann allerdings ganz unabhängig vom Konzept des „letzten Menschen" – mit sozialhygienischen Vorstellungen kokettiert.[45] (Vorstellungen, die in seiner Zeit aufkamen und bald zum Allgemeingut in allen politischen Strömungen – gerade auch auf der linken Seite – wurden.[46])

---

42 „Der Mensch ist ein Seil, geknüpft zwischen Thier und Übermensch" (Nietzsche: *Also sprach Zarathustra*, S. 16).

43 Nietzsche führt dieses Konzept zu Beginn von *Also sprach Zarathustra* in der sogenannten „Vorrede" ein (S. 18–21).

44 A.a.O., S. 19.

45 Vgl. den Abschnitt „Die ‚Verbesserer' der Menschheit" in der „Götzen-Dämmerung" (S. 98–102).

46 So gehörten der „Gesellschaft für Rassenhygiene" auch zahlreiche Sozialdemokraten an (vgl. Weingart / Kroll / Bayertz: *Rasse, Blut und Gene*).

Nur an einer einzigen randständigen Stelle verwendet Nietzsche das oft mit ihm assoziierte Schlagwort vom „Untermenschen".[47] Aus seiner Verwendung folgt schon ein verneinender, ressentimenthafter Geist, der Nietzsche ganz fern ist. Denn auch noch die Unterbietung der Möglichkeiten des Menschen im „letzten Menschen", seine Selbstreduktion zum Tier, ist ja die Realisation einer genuin menschlichen Möglichkeit und somit selbst noch Zeugnis der einzigartigen Potentiale des Menschen. Auch ganz explizit erkennt Nietzsche demgemäß den positiven Charakter selbst noch des Ressentiments und der Leibesverneinung immer wieder an und verneint diesen fundamentalen Aspekt der menschlichen Kultur keineswegs.[48]

Auch wenn er selbst das Judentum als Kultur immer wieder mit Ressentiment und Lebensverneinung assoziiert, ist einerseits klar, dass er im Judentum keineswegs die Ursache dieser Erscheinungen sieht[49], andererseits wertet er insbesondere die jüdische Form des Ressentiments auch auf und spricht ihr eine große kulturschaffende und lebensbejahende Kraft zu, von der insbesondere die Deutschen vielmehr lernen sollten als die Juden aus ihren Reihen auszuschließen.[50] So heißt es in einer Nachlassnotiz von 1884:

> Kann man sich für dieses deutsche Reich interessiren? Wo ist der neue Gedanke? Ist es nur eine neue Macht-Combination? Um so schlimmer, wenn es nicht weiß, was es will. Frieden und Gewähren-lassen ist gar keine Politik, vor der ich Respekt habe. Herrschen und dem höchsten Gedanken zum Siege zu verhelfen — das Einzige, was mich an Deutschland interessiren könnte. Was geht es mich an, daß Hohenzollern da sind oder nicht da sind? — England's Klein-Geisterei ist die große Gefahr jetzt auf der Erde. Ich sehe mehr Hang zur Größe in den Gefühlen der russischen Nihilisten als in denen der englischen Utilitarier. Ein In-einander-wachsen der deutschen und der slavischen Rasse, — auch

---

47 Nämlich im Kontext einer Reflexion zum Polytheismus („Die fröhliche Wissenschaft", Aph. 143, S. 490).

48 „Alle meine Ehrfurcht *dem asketischen* Ideale, s o f e r n e s e h r l i c h ist!" („Zur Genealogie der Moral", Abh. 3, Abs. 26, S. 407)

49 „[D]er asketische Priester [...] gehört keiner einzelnen Rasse an; er gedeiht überall; er wächst aus allen Ständen heraus. Nicht dass er etwa seine Werthungsweise durch Vererbung züchtete und weiterpflanzte: das Gegentheil ist der Fall, – ein tiefer Instinkt verbietet ihm vielmehr [...] die Fortpflanzung." („Zur Genealogie der Moral", Abh. 3, Abs. 11, S. 362 f.).

50 So bezeichnet er im 16. Abschnitt der ersten Abhandlung von „Zur Genealogie der Moral" „[d]ie Juden" zwar als ein „priesterliche[s] Volk des *Ressentiment* par excellence", ihm wohne jedoch genau in dieser Eigenschaft auch „eine volksthümlich-moralische Genialität sonder Gleichen" inne, die es anderen Völkern (wie etwa Deutschen und Chinesen) weit überlegen mache (S. 286).

bedürfen wir der geschicktesten Geldmenschen, der Juden, unbedingt, um die Herrschaft auf der Erde zu haben.[51]

Hier laufen die bisher angeschnittenen Themen sehr schön zusammen. Deutlich wird, dass „Krieg" hier primär – wie Nietzsche auch an anderer Stelle nicht müde wird zu betonen[52] – als geistiger Krieg, als Kampf der Ideen zu verstehen ist. Als Inbegriff des „letzten Menschen" gilt hier der liberale, utilitaristische Geist Englands, der hier – im Gegensatz zum jüdischen Geist – für einen Geist des Kapitalismus steht, der sich nicht einmal selbst als Vision einer Welt bejaht, in der der Fortschritt der Menschheit aus der universellen Profitgier heraus vorangetrieben wird, sondern sich mit einem kleingeistigen konsumistischen Nutzdenken begnügt.

Deutlich wird aus diesem Zitat auch, dass Nietzsche die Namen der einzelnen Nationen eher als Kürzel für bestimmte Formen des Geistes verwendet, die er gegen aneinander abwägt. Es wäre wirklich irrwitzig, solche Stellen als empirische Überlegungen darüber zu verstehen, wie die unterschiedlichen Nationen (inklusive aller einzelnen ihrer Angehörigen) wirklich beschaffen sind.

Klar ist ebenso, wie weit diese Vision einer jüdischen-slawischen-deutschen Mischrasse als Bollwerk gegen den englischen Kapitalismus von allen politischen Plänen der Nazis entfernt ist.

b) Der „gute Europäer" – Ein hochaktuelles Leitbild

Auch Nietzsches Rede vom „guten Europäer" wurde von rechten wie konservativen Ideologen immer wieder aufgegriffen, zuletzt etwa von Marc Jongen, um Pegida und AfD zu rechtfertigen.[53] Interessant ist, dass Nietzsche im 254. Aphorismus von *Jenseits von Gut und Böse* (S. 198–200) den „guten Europäer" dezidiert mit dem Menschen der „großen Politik" kontrastiert, als deren Inbegriff das auf „Blut und Eisen" basierende Reich Bismarcks fungiert. „Große Politik" wird hier wieder als kritischer Begriff verwendet, als bloße nationale Machtpolitik ohne dahinterstehende Idee. Inbegriff des „guten Europäertums" ist dagegen die geistige Kultur Frankreichs, die sich von der Politik – insbesondere auch der demokratischen – gerade distanziert. Diese Distanzierung von der Politik ermöglicht erst eine Besinnung

---

51 Nietzsche: *Nachgelassene Fragmente 1884–1885*, 26 [335], S. 238.

52 Es handelt sich beim Krieg der „großen Politik" eben um einen „Geisterkrieg" („Ecce homo", S. 366). Im selben Buch beschreibt Nietzsche sein eigenes aufklärerisches Projekt als „Krieg, aber der *Krieg* ohne Pulver und Dampf, ohne kriegerische Attitüden, ohne Pathos und verrenkte Gliedmaassen — dies Alles selbst wäre noch ‚Idealismus'." (S. 323).

53 S. o.

auf die eigentlichen Probleme Europas – und daraus folgend die Entwicklung einer gesamteuropäischen Perspektive, für die hier – gerade als Gegensatz zu Bismarck – wie auch anderswo der Name Napoleons steht. Denn während Bismarck ein rein nationales Projekt verfolge, bewundert Nietzsche an Napoleon, dass dieser von einer gesamteuropäischen Vision inspiriert sei.

Mit Napoleon assoziiert wird bei Nietzsche der Kosmopolit Goethe.[54] Eine ähnliche Figur sieht er in der Renaissancezeit in Cesare Borgia – er ist es, den Nietzsche in einer in seinem Werk singulären Stelle auch als konkrete Manifestation seiner Vorstellung vom Übermenschen bezeichnet.[55] Goethe, Borgia und Napoleon gelten gleichermaßen als Inbegriff großer Einzelner – zu denen sich Nietzsche mitunter auch selbst zählt[56] –, die im Kampf gegen die Umstände ihrer Zeit diese selbst revolutionieren – die sich also (anders als Bismarck) nicht von der herrschenden Politik ihrer Zeit lenken lassen, sondern der Zeit die Politik vorschreiben, der sie zu folgen hat.[57] Gerade bei Borgia und Napoleon scheint es für Nietzsche nicht so sehr der Inhalt ihrer Politik zu sein, den er bewundert, sondern die absolute Rücksichtslosigkeit und Frechheit, mit der sie jeweils ihre Ziele verfolgen, die Konventionen und die herrschenden Machtverhältnisse ihrer Zeit vollkommen ignorierend und sogar umwerfend.

Alle drei gleichen sich darin – und dies ist das, was den „guten Europäer" wesentlich kennzeichnet –, dass sie Mittlerfiguren zwischen Nord und Süd sind. Der „gute Europäer" ist also genau derjenige, der gerade nicht für einen europäischen Partikularismus, für eine konservative oder reaktionäre Abschottung Europas gegenüber dem Süden steht, sondern vielmehr für die Öffnung Europas zum Süden hin und die Einverleibung des Südens bis hin zur Überschreitung Europas hin auf ein wirklich weltumspannendes Terrain – eine Überschreitung, die freilich gerade keine imperialistische ‚Vernordung' des Südens wäre – für diese Tendenz benutzt Nietzsche den Ausdruck der „Verhässlichung"[58] – sondern

---

54 So heißt es etwa in einem Nachlassfragment: „Der Kampf gegen das 18. Jahrhundert: dessen höchste Überwindung durch Goethe und Napoleon." *(Nachgelassene Fragmente Herbst 1887–März 1888, 10 [5], S. 122)*

55 „Götzen-Dämmerung", S. 136. Allerdings gilt auch Borgia hier nur „als eine Art Übermensch" „im Vergleich mit uns".

56 Wobei er sich etwa an der zuletzt zitierten Stelle aus dieser hehren Menge wiederum auch dezidiert ausschließt.

57 Vgl. etwa „Götzen-Dämmerung", S. 145 f. Als Beispiel eines solchen „Genies" dient hier – wie so oft – Napoleon.

58 Das Thema der „Verhässlichung Europa's" beschäftigt Nietzsche in zahlreichen Schriften und wird insbesondere mit einer – zu verhindernden – Regression der Menschen

vielmehr eine ‚Versüdung' des Nordens und seiner protestantischen Arbeitsmoral, Leibesmoral und Ethik der Innerlichkeit, deren Kritik sich Nietzsche von Beginn seines Schaffens an verschrieben hat. Nietzsche wäre somit keineswegs als ein Denker der Verteidigung des Abendlands – und erst recht nicht Deutschlands – zu betrachten, sondern seine Lehre besteht vielmehr darin, dass die einzige Rettung des Abendlands in seiner Selbstauflösung besteht, in seiner Versüdlichung und Veröstlichung. Seine Utopie ist eine Welt, in der südliches und nördliches Prinzip eine sich wechselseitig ausgleichende konflikthafte Einheit bilden.

5. Fazit: Nietzsche als Philosoph der Linken (?)

Es zeigt sich deutlich, dass Nietzsche versucht, eine politische Vision zu entwickeln, die sich in den Begriffen traditioneller Politik kaum fassen oder verorten lässt. Es handelt sich um eine *u-topische* Art des politischen Philosophierens im besten Sinne. Auch wenn sich nicht leugnen lässt, dass diese Art des Denkens auch Ankläge an rechte und faschistische Positionen beinhaltet und auch immer wieder als Inspirationsquelle für faschistische oder sonst wie rechte Ideologien und Politiken bis hin zur Shoa gedient hat, so wohnen ihr doch auch entscheidende Züge inne, die einer faschistischen Politik ganz entgegengesetzt sind und auch umgekehrt für linke bis hin zu linksradikalen und anarchistischen Politiken interessant sein können.

Letztendlich glaube ich jedoch – und ich sage hier bewusst ‚ich', weil ich in diesem Punkt natürlich stark von meinen persönlichen Sympathien geprägt bin –, dass Nietzsche trotz seiner mitunter brachialen Rhetorik eher auf der progressiven bzw. linken Seite als auf der rechten zu verorten ist. Der Grund hierfür ist schlicht, dass er ein Philosoph des Werdens, der Entwicklung, der Infragestellung, der Ambiguität, der Paradoxie und des Nicht-Identischen ist, kein Apologet von Sein und Identität. Linke Aneignungsweisen von Nietzsche scheinen mir stets, wenn nicht dem Wortlaut, so doch dem Geist von Nietzsches Philosophie wesentlich gerechter zu werden als rechte Aneignungsweisen, die sich – wie gezeigt – oft genug einzelner Begriff von Nietzsche als Schlagworte bedienen, ohne sich um ihren philosophischen Kontext zu kümmern. Auch wenn Nietzsche mit seiner suggestiven Schreibweise diesem Umgang mit seinen Texten Tür und Tor geöffnet hat, ist sie doch mit seiner grundsätzlich aufklärerischen, kritischen Haltung unvereinbar: Nietzsche will mit seiner Rhetorik provozieren und zum Nachdenken

---

ins Tierische assoziiert. (Vgl. *Menschliches, Allzumenschliches*, Bd. I, Aph. 247, S. 205 f.; „Morgenröthe", Aph. 239, S. 200; „Jenseits von Gut und Böse", Aph. 222, S. 156; ebd., Aph. 232, S. 170–172).

anregen, Demagogen jedweder Couleur wollen das Nachdenken gerade übertönen, manipulieren und verführen. Einen solchen Umgang mit Rhetorik kritisiert Nietzsche dezidiert.[59]

Gleichzeitig finde ich die Lektüre Nietzsches gerade als Linker interessant, da Nietzsche genauso gut linke Selbstgewissheiten immer wieder – teilweise mit sehr guten Argumenten – in Frage stellt und einen so rechte und sogar faschistische Positionen in ihrem intellektuellen Gehalt besser verstehen lässt. Beides stärkt die eigene Position freilich auf lange Sicht eher als dass es sie schwächt: Denn es ermöglicht einem, dem politisch anders Gesinnten nicht nur als Feind zu begegnen, den man hasst, sondern als Gegner, den man bekämpft, aber trotzdem respektiert.

Eines der Grundprobleme des heutigen politischen Diskurses, auch und gerade innerhalb der politischen Philosophie, scheint mir zu sein, dass sich ein falsch verstandener Relativismus einerseits, eine feindselige, diskussionsunwillige Beharrung auf dem eigenen Standpunkt andererseits wechselseitig verstärken. Dialog über die verschiedenen Lager und Diskussionen hinweg findet kaum statt – obwohl und vielleicht gerade weil von Dialog mehr geredet wird als jemals zuvor. Mehr als jeder andere Philosoph wäre Nietzsche aus meiner Sicht geeignet, diesem Missstand entgegenzuwirken. Denn in Nietzsche finden politische Intellektuelle aller politischen Lager einen gemeinsamen Bezugspunkt, auf den sie sich einigen können. Nietzsches Werk bildet so eine virtuelle Arena, innerhalb der ein respektvoller Streit möglich wird. Dass dies keine abstrakte Idee ist, habe ich in der konkreten Diskussion immer wieder erlebt. Auf Marx-, Adorno- oder Foucault-Veranstaltungen sind meistens Linke unter sich, in rechte Diskussionsrunden würde sich wohl kaum je auch nur ein gemäßigter Sozialdemokrat verirren. Bei Nietzsche-Veranstaltungen sitzen plötzlich Anarchisten, Liberale und Pegida-Sympathisanten an einem Tisch, diskutieren über Moral und Sexismus und finden dabei oft sogar Gemeinsamkeiten in einzelnen Punkten.

Literatur

Werke Friedrich Nietzsches:

Also sprach Zarathustra. Ein Buch für Alle und Keinen. Kritische Studienausgabe Bd. 4. Deutscher Taschenbuch Verlag: München 2011.

„Die fröhliche Wissenschaft". In: *Kritische Studienausgabe* Bd. 3. Deutscher Taschenbuch Verlag: München 2011, S. 343–651.

---

59 Zu Nietzsches Rhetorik-Verständnis vgl. Paul Stephan: „Gedanken und Gedankenstriche".

„Die Geburt der Tragödie. Oder: Griechenthum und Pessimismus." In: *Kritische Studienausgabe* Bd. 1. Deutscher Taschenbuch Verlag: München 2015, S. 9–156.

„Ecce homo. Wie man wird, was man ist". In: *Kritische Studienausgabe* Bd. 6. Deutscher Taschenbuch Verlag: München 2011, S. 255–374.

„Götzen-Dämmerung. Oder Wie man mit dem Hammer philosophirt." In: *Kritische Studienausgabe* Bd. 6. Deutscher Taschenbuch Verlag: München 2011, S. 55–161.

„Jenseits von Gut und Böse. Vorspiel einer Philosophie der Zukunft". In: *Kritische Studienausgabe* Bd. 5. Deutscher Taschenbuch Verlag: München 2012, S. 9–243.

Menschliches, Allzumenschliches. Kritische Studienausgabe Bd. 2. Deutscher Taschenbuch Verlag: München 2012.

„Morgenröthe. Gedanken über die moralischen Vorurteile". In: *Kritische Studienausgabe* Bd. 3. Deutscher Taschenbuch Verlag: München 2011, S. 9–331.

Nachgelassene Fragmente 1884–1885. Kritische Studienausgabe Bd. 11. Deutscher Taschenbuch Verlag & Walter de Gruyter: München & Berlin / New York 1988.

Nachgelassene Fragmente Herbst 1887-März 1888. Kritische Gesamtausgabe VIII/2. Walter de Gruyter & Co.: Berlin 1970.

„Zur Genealogie der Moral. Eine Streitschrift". In: *Kritische Studienausgabe* Bd. 5. Deutscher Taschenbuch Verlag: München 2012, S. 245–412.

Werke anderer Autoren:

Adorno, Theodor W.: „Erpreßte Versöhnung". In: *Noten zur Literatur*. Suhrkamp: Frankfurt a. M. 1981, S. 251 ff.

–: *Vorlesung über Negative Dialektik*. Suhrkamp: Frankfurt a. M. 2003.

Aschheim, Steven E.: „Nietzsche". In: François, Etienne / Schulze, Hagen (Hg.): *Deutsche Erinnerungsorte I.* C. H. Beck: München 2001, S. 502–519.

–: *Nietzsche und die Deutschen*. J. B. Metzler: Stuttgart 2000.

Augstein, Rudolf: „Ein Nietzsche für Grüne und Alternative?" In: *Der Spiegel*: 24, 1981, S. 156–184.

Behrens, Roger: *Kritik der zynischen Vernunft*. http://jungle-world.com/artikel/2016/43/55081.html (letzter Zugriff: 18.1.2017).

Bender, Justus / Bingener, Reinhard: *Marc Jongen. Der Parteiphilosoph der AfD.* http://www.faz.net/-gpf-8c6w3 (letzter Zugriff: 18.1.2017).

Cohen-Solal, Annie: *Sartre 1905–1980*. Rowohlt: Reinbek 1988.

Camus, Albert: „Das Europa der Treue". In: Marin, Lou (Hg.): *Albert Camus – Libertäre Schriften (1948–1960)*. Laika: Hamburg 2013, S. 285–292.

–: *Der Mensch in der Revolte*. Rowohlt: Reinbek 2009.

–: *Der Mythos des Sisyphos.* Rowohlt: Reinbek 2010.

Danto, Arthur Coleman: *Nietzsche as Philosopher.* Macmillan: New York 1965.

Diethe, Carol: *Vergiss die Peitsche. Nietzsche und die Frauen.* Europa: Hamburg / Wien 2000.

Förster-Nietzsche, Elisabeth: *Wagner und Nietzsche zur Zeit ihrer Freundschaft. Erinnerungsgabe zu Friedrich Nietzsches 70. Geburtstag den 15. Oktober 1914.* Müller: München 1915.

Habermas, Jürgen: *Der philosophische Diskurs der Moderne. 12 Vorlesungen.* Suhrkamp: Frankfurt a. M. 1988.

–: „Nachwort". In: Blumenberg, Hans e. a. (Hg.): *Friedrich Nietzsche. Erkenntnistheoretische Schriften.* Suhrkamp: Frankfurt a. M. 1968, S. 237 ff.

Heidegger, Martin: *Sein und Zeit.* Max Niemeyer: Tübingen 1986.

Heit, Helmut: „Nietzsches Aktualität als Kämpfer gegen seine Zeit". In: *Narthex*: 3, 2017 (*im Erscheinen*).

Jongen, Marc: *Das Märchen vom Gespenst der AfD.* http://cicero.de/berliner-republik/afd-ein-manifest-fuer-eine-alternative-fuer-europa/56894 (letzter Zugriff: 18.1.2017).

–: *„Man macht sich zum Knecht". Interview mit Jens Jessen und Ijoma Mangold.* http://www.zeit.de/2016/23/marc-jongen-afd-karlsruhe-philosophie-asylpolitik/komplettansicht (letzter Zugriff: 18.1.2017).

Kaufmann, Walter: *Nietzsche. Philosopher, Psychologist, Antichrist.* World Publishing Company: Cleveland 1966.

Kouba, Pavel: *Die „guten" Europäer. Friedrich Nietzsches Beitrag zur gegenwärtigen Diskussion über die europäische Integration.* http://www.iwm.at/transit/transit-online/die-guten-europaer-friedrich-nietzsches-beitrag-zur-gegenwartigen-diskussion-uber-die-europaische-integration/ (letzter Zugriff: 18.1.2017).

Krummel, Richard Frank: *Nietzsche und der deutsche Geist. Band II: Ausbreitung und Wirkung des Nietzscheschen Werkes im deutschen Sprachraum vom Todesjahr bis zum Ende des Ersten Weltkriegs. Ein Schrifttumsverzeichnis der Jahre 1901–1918.* Walter de Gruyter: Berlin / New York 1998.

Lohwasser, Diana: „Nietzsche und der Französische Existenzialismus". In: Gödde, Günter / Loukidelis, Nikolaos / Zirfas, Jörg: *Nietzsche und die Lebenskunst. Ein philosophisch-psychologisches Kompendium.* J. B. Metzler: Stuttgart 2016, S. 221–228.

Lukács, Georg: *Die Zerstörung der Vernunft. Der Weg des Irrationalismus von Schelling zu Hitler.* Aufbau: Berlin / Weimar 1988.

–: „Nietzsche als Vorläufer der faschistischen Ästhetik". In: *Probleme der Ästhetik. Werke* Bd. 10. Luchterhand: Neuwied / Berlin 1969, S. 307 ff.

Modehn, Christian: *Die AFD – ihre Widersprüche, ihr Zorn. Ein philosophischer Hinweis*. http://religionsphilosophischer-salon.de/7872_die-afd-ihre-widersprueche-ihr-zorn-ein-philosophischer-hinweis_religionskritik (letzter Zugriff: 18.1.2017).

Nehamas, Alexander: *Nietzsche. Life as Literature*. Harvard University Press: Cambridge 1985.

Pfeiffer, Albert: „Ein unbekannter Brief Peter Gasts". In: *Völkischer Beobachter*: 144, 1934. [Beilage „Kulturpolitik und Unterhaltung" ohne Seitenangabe]

–: „Richard Wagner und Friedrich Nietzsche. Zwei unbekannte Briefe Peter Gasts aus den Tagen einer großen Freundschaft". In: *Völkischer Beobachter*: 203, 1934 (Beilage „Kulturpolitik und Unterhaltung" ohne Seitenangabe).

Prechtl, Peter: „Politische Philosophie". In: Ders. / Burkhard, Franz-Peter (Hg.): *Metzler Lexikon Philosophie. Begriffe und Definitionen*. J. B. Metzler: Stuttgart / Weimar 2008, S. 468–470.

Rath, Norbert: „Zur Nietzsche-Rezeption Adornos und Horkheimers". In: Reijen, Willem van / Schmid Noerr, Gunzelin (Hg.): *Vierzig Jahre Flaschenpost. „Dialektik der Aufklärung" 1947–1987*. Fischer: Frankfurt a. M. 1987, S. 73–110.

Sartre, Jean-Paul: *Das Sein und das Nichts. Versuch einer phänomenologischen Ontologie*. Rowohlt: Reinbek 2009.

–: *Entwürfe für eine Moralphilosophie*. Rowohlt: Reinbek 2005.

Sherman, David: *Sartre and Adorno. The Dialectics of Subjectivity*. State University of New York Press: Albany 2007.

Sloterdijk, Peter: „Merkel ging einen Teufelspakt ein". http://www.tagesanzeiger.ch/ausland/europa/merkel-ging-einen-teufelspakt-ein/story/16212849 (letzter Zugriff: 18.1.2017).

Stephan, Paul: „Gedanken und Gedankenstriche. Überlegungen zu Nietzsches Satzzeichen". In: *Narthex*: 3, 2017 (*im Erscheinen*).

Taureck, Bernhard H. F.: *Nietzsche und der Faschismus. Ein Politikum*. Reclam: Leipzig 2000.

Weingart, Peter / Kroll, Jürgen / Bayertz, Kurt: *Rasse, Blut und Gene. Geschichte der Eugenik und Rassenhygiene in Deutschland*. Suhrkamp: Frankfurt a. M. 1988.

Yoshida, Keisuke: „Der Schatten der Kierkegaard-Renaissance. Eine rezeptionsgeschichtliche Studie über die dezisionistisch-irrationalistischen Kierkegaard-Interpretationen zwischen den Weltkriegen in Deutschland". In: *Kierkegaard Studies Yearbook*: 20 (1), 2015, S. 279–300.

Alfred Betschart

Sartres politische Spätphilosophie – vom Marxismus zum Anarchismus

Im 1978 in *El País* erschienenen Interview des spanischen Schriftstellers Juan Goytisolo mit Jean-Paul Sartre stellte letzterer fest (CCJPS[1] VII):

> Ich denke, dass der Anarchismus eine der Kräfte ist, die den Sozialismus von morgen bauen kann. Persönlich habe ich mich immer als Anarchisten verstanden.

Eine ähnliche Aussage findet sich im Interview, das der kubanische Philosoph Raúl Fornet-Betancourt und dessen beiden Kollegen mit Sartre 1979 führten und 1982 unter dem Titel *Anarchie et Morale* veröffentlichten (AM 365):

> Ich habe mich als einen Anarchisten bezeichnet, weil ich das Wort An-archie in seiner etymologischen Bedeutung benutze, also als eine Gesellschaft ohne Macht, ohne Staat.

Sartre verstand sich am Ende seines Lebens als Anarchisten – einen anderen Schluss lassen die beiden Interviews nicht zu.

Sartres Verhältnis zur politischen Philosophie war nie einfach. In der ersten Periode bis 1941 war Sartre weitgehend unpolitisch. Aufgrund seiner grundlegenden Kritik an, ja sogar Verweigerung gegenüber Gesellschaft und Staat kann diese Periode als protoanarchistisch bezeichnet werden (TB 272). Sartres Auseinandersetzung mit der Politik setzte erst 1941 nach seiner Rückkehr aus Krieg und Gefangenschaft ein. Sein (lebenslanges) politisches Programm findet sich im Namen seiner damals gegründeten, aber nur kurzlebigen Widerstandsgruppe: *Socialisme et liberté*. Der Aufstieg des Existentialismus in der unmittelbaren Nachkriegszeit führte im Verbund mit der Gründung der Zeitschrift *Temps Modernes* 1945 und des *Rassemblement Démocratique Révolutionnaire* (R.D.R.) 1948 zu heftigen Diskussionen mit den Kommunisten und damit auch zu den Anfängen von Sartres Auseinandersetzung mit dem Marxismus. Dass er dabei Wert auf Distanz legte, zeigte sich noch 1952, als er in *Les Communistes et la paix* (KUF 142; auch AAC 39) zwischen seinen Prinzipien und jenen der Kommunisten unterschied.

Diese zweite Periode, die von 1941 bis 1972 dauerte und in Sartres Biographie als die marxistische einging, fand ihren Höhepunkt in seiner in den *Questions de*

---

1   Verzeichnis der Siglen am Ende des Beitrags. Übersetzungen wo erforderlich jeweils durch den Autor.

méthode 1957 gemachten Aussage, dass der Marxismus die Philosophie unserer Zeit und der Existentialismus nur eine Ideologie sei (FM 12–14). Der Anarchismus lag ihm damals sehr fern, denn im Gegensatz zu Albert Camus war für ihn der Anarchosyndikalismus der Blütezeit um die Jahrhundertwende nur noch eine historische Reminiszenz ohne jegliche aktuelle Bedeutung (KUF 260–65, KDVI 257–263, QS 68–71, LGK 78). In einem Interview mit dem marxistischen Historiker Perry Anderson und dessen beiden britischen Kollegen hielt Sartre entsprechend 1969 fest: „Heute gilt ebenso wie gestern, daß der Anarchismus zu nichts führt." (SÜS 162)

Der Übergang von Sartres marxistischer politischer Philosophie zur anarchistischen lässt sich ins zweite Halbjahr 1972 verorten. Allerdings gab es schon vorher Anzeichen dafür, dass Sartres marxistische Periode ihrem Ende entgegen ging. 1968 erfolgte der offizielle Bruch mit den Sowjetkommunisten[2], 1971 jener mit Kuba, wobei die innerliche Distanzierung in beiden Fällen mindestens schon 1965 erfolgte. Die Allianz mit der „maoistischen" *Gauche Prolétarienne* von 1970 war noch mehr eine Zweckallianz als jene mit dem *Parti Communiste Français* 1952–56. Der Honeymoon dauerte keine acht Monate, wie Sartres Austritt aus dem *Secours Rouge*, einer gauchistischen Hilfs- und Dachorganisation, im Februar 71 zeigte.

Einen ersten Hinweis auf Sartres beginnende, wiederentdeckte Liebe zum Anarchismus findet sich Ende 1972 in den Interviews zwischen ihm und Benny Lévy (alias Pierre Victor), dem Führer der *Gauche Prolétarienne*, und Philippe Gavi von der Mao-Spontex Bewegung *Vive la Révolution*, der stark von der amerikanischen *Counterculture*-Bewegung beeinflusst war. In den Interviews, die erst zwei Jahre später unter dem Titel *On a raison de se révolter* veröffentlicht wurden, bezeichnete sich Sartre als Teil der antihierarchisch-libertären Bewegung (IAR 59f.; siehe auch WI 481). Das französische Wort *libertaire* ist weder ein unschuldiges Adjektiv zu *liberté* im Sinne von freiheitlich noch hat es etwas mit dem amerikanischen *libertarian* (franz.: *libertarien*) im Sinne von Ayn Rand, Robert Nozick oder Murray Rothbard zu tun. Libertär ist seit den *lois scélérates* von 1893/94 vielmehr die in Frankreich am weitesten verbreitete Eigenbezeichnung der Anarchisten.

Als *Der Spiegel* Sartre in einem Interview 1973 fragte, ob er nun Anarchist sei, antwortete er, dass er kein Marxist mehr, sondern vielmehr Marxianer sei. In Frankreich werde zwischen *anarchiste* und *libertaire* unterschieden – ein Akt von *mauvaise foi* oder der unverblümten Lüge? Sartre wiederholte die Selbsteinstufung als Vertreter der antihierarchisch-libertären Bewegung im sehr informativen Interview mit Michel-Antoine Burnier, das Anfang 1973 in *Actuel* und verschiedenen

---

2   Siehe Betschart: *Sartre und die Sowjetunion.*

anderen französischsprachigen Zeitschriften veröffentlicht wurde (EAS 32). Zwei Jahre später, 1975, akzeptierte er in den Interviews mit Michel Contat zu seinem siebzigsten Geburtstag und mit Michel Rybalka und andern für den (erst 1981 publizierten) Sartre-Band in der *Library of Living Philosophers* nicht nur den Begriff des libertären Sozialisten, sondern stand er auch offen zu dessen anarchistischen Bezügen. Darüber hinaus hielt er gegenüber Contat fest (SPSJ 196):

> Aber ich habe nie eine Macht über mir geduldet und war immer der Meinung, daß die Anarchie, das heißt, eine Gesellschaft ohne Macht, verwirklicht werden muß.

Es vergingen nochmals drei resp. vier Jahre, bis Sartre sich in den zu Beginn zitierten Interviews als Anarchist bekannte – bei gleichzeitiger Betonung seiner Distanz zum Marxismus, der total versagt habe (UV 86).

Sartres Wechsel vom Marxismus zum Anarchismus mag viele erstaunen, doch angesichts der Tatsache, dass dem Versuch, Existentialismus und Marxismus zu verbinden, ein wohl politisch motivierter Kompromiss zugrunde lag, kann er nicht als überraschend bezeichnet werden. Sartre wurde zum Marxisten, als die politischen Umstände es als geboten erscheinen ließen, und Sartre brach mit dem Marxismus, als dessen vollkommene Diskreditierung absehbar war[3]. Während sich André Glucksmann und Bernard-Henri Lévy von Maoisten zu radikalen Antikommunisten wandelten, wählte Sartre den Weg vom Marxisten zum Anarchisten.

Der Bruch mit dem Marxismus war wegen der tiefgehenden Inkongruenz zwischen Existentialismus und Marxismus unvermeidlich. Wie die Philosophien Kants oder der modernen Liberalen (John Rawls, Ronald Dworkin, Jürgen Habermas) und die Soziologie Max Webers beruht auch der Existentialismus auf einem methodischen Individualismus. Dem Marxismus liegt jedoch wie den Philosophien Jean-Jacques Rousseaus, G.W.F. Hegels oder der modernen Kommunitaristen (Michael Sandel, Charles Taylor, Alasdair MacIntyre, Michael Walzer) und den Theorien von Emile Durkheim, Claude Lévi-Strauss oder Michel Foucault ein methodischer Holismus zugrunde. Diese fundamentale Differenz lässt sich an Inhalt und Funktion des Klassenbegriffs aufzeigen. Sind die Klassen im Marxismus die Agenten der Geschichte, stellen diese gemäß Sartres *Critique* nur Serien – bestenfalls Milieus – dar. Für ihn sind die eigentlichen Agenten der Geschichte die Individuen und insbesondere die Gruppen.

Während es zwischen Marxismus und Existentialismus eine tiefgehende Inkongruenz gibt, muss die Verbindung von Existentialismus und Anarchismus als kongenial bezeichnet werden. Durch seinen Wechsel vom Marxismus zum

---

3   Siehe Anhang in Betschart: *Vom Marxisten zum Anarchisten.*

Anarchismus gelang es Sartre, seine politische Philosophie in eine Linie mit seinen philosophischen Hauptwerken, *L'Être et le néant* und der *Critique*, aber auch den *Cahiers pour une morale* zu bringen.

Sartres neue politische Philosophie und der damit verbundene Wechsel vom Marxismus zum Anarchismus blieben sowohl den meisten Sartrianern wie auch seinen politischen und philosophischen Gegnern verborgen. Die meisten Sartrianer fühlen sich aufgrund ihrer eigenen marxistischen Vergangenheit mit Sartre als Marxisten wohl. Und für Sartres Gegner war die Diskreditierung von Sartres Philosophie einfacher zu bewerkstelligen, wenn sie ihn als Kommunisten oder Maoisten präsentieren konnten.

Viel zur Ablehnung des anarchistischen Sartres trug auch die Haltung des älteren Teils von Sartres „Familie" bei, von Simone de Beauvoir, Claude Lanzmann oder Jacques Bost (mit André Gorz als bemerkenswerter Ausnahme). Es blieb weitgehend unbekannt, dass es im Zusammenhang mit der zweiten Runde der französischen Präsidentschaftswahlen 1974 zum politischen Bruch zwischen Beauvoir und Sartre kam. Während Beauvoir Mitterrand unterstützte und damit *de facto* zur Sozialdemokratin wurde, lehnte Sartre diesen als typischen Politiker vehement ab und wandte er sich dem Anarchismus zu.

Für viele Vertreter der alten Generation, zu der auch Oliver Todd oder Raymond Aron zählen, ließ sich die Veränderung in Sartres Philosophie nur durch Greisenverführung erklären. Den Schuldigen fanden sie in Benny Lévy. Hätten sie jedoch Sartres Interviews systematisch gelesen und nicht nur pauschal abgelehnt, wäre bemerkt worden, dass hinter Sartres Wandel nicht die erratische Entwicklung eines alten Mannes unter der Leitung eines vom Maoisten zum Talmudisten gewandelten jungen Juden stand, sondern dass es immer Sartre und nicht Benny Lévy war, der die philosophische Weiterentwicklung vorantrieb.

Die Unkenntnis der Entwicklung von Sartres später politischer Philosophie hat ihre Gründe allerdings auch in der schlechten Verfügbarkeit der entsprechenden Texte. Von fünfundzwanzig für seine politische Philosophie als relevant identifizierten Texten, bei denen es sich (vor allem aufgrund von Sartres Schlaganfall) ausschließlich um Interviews handelt, wurden nur fünfzehn original in Französisch publiziert, vier jedoch auf Deutsch, je zwei auf Englisch und Italienisch und je eines auf Spanisch und Flämisch.

Der Nachvollzug der Entwicklung von Sartres politischer Philosophie wird nicht nur durch die bescheidene Zahl von Übersetzungen erschwert, sondern auch dadurch, dass bis zu sechs Jahre zwischen dem Datum des Interviews und jenem der Publikation lagen bei gleichzeitig rascher Entwicklung von Sartres anarchistischer politischer Philosophie. Die erste Phase von 1972–74, in der er sich als Mitglied der antihierarchisch-libertären Bewegung verstand und politisch zumindest noch zu Beginn aktiv war, wurde durch sein Buchprojekt *Pouvoir et liberté* (1975–79) und hernach (1979/80) durch die Entwicklung der Idee einer Gesellschaft auf der Basis der Geschwisterlichkeit (*fraternité*) abgelöst. Für ein richtiges Verständnis von Sartres neuer politischer Philosophie ist es unbedingt erforderlich, dass die Interviews nicht in der Reihenfolge ihrer Publikation, sondern ihrer Aufnahmen gelesen werden.

Von der Urwahl zum neuen Humanismus

Die Grundlage von Sartres neuer politischer Philosophie findet sich schon in *L'Être et le néant*, in der Urwahl resp. dem Entwurf. In der Urwahl legt das Individuum unter anderem seine Weltanschauung und damit seine Werte, insbesondere auch seine politischen, fest. Jeder Entwurf ist kontingent und willkürlich, ein *acte gratuit*. Entsprechend ist jeder Entwurf durch sich selbst gerechtfertigt und gibt es kein Kriterium für einen guten oder einen schlechten Entwurf.[4]

Da es kein Kriterium der Unterscheidung von Gut und Böse gibt, kann es auch keinen Anspruch darauf geben, die eigenen Werte unter Ausnützung von Macht andern aufzuzwingen. Sartre hielt in den Interviews mit Contat und Goytisolo fest, dass er selbst nie Macht über sich geduldet (SPSJ 196) und jede Form von Macht, d. h. Herrschaft über Menschen, immer abgelehnt hatte (CCJPS VII). Entsprechend bedeutete für ihn Sozialismus die Freiheit, die sich selbst zum Zweck erhebt (SPSJ 241). Schon in *Matérialisme et révolution*, *Qu'est-ce que la littérature?* und den *Cahiers pour une morale* (MR 240, WIL 222, EM 246) hatte Sartre Sozialismus mit Kants Reich der Zwecke identifiziert. In seiner marxistischen Periode wandelte sich dieses zum Ideal von „jedem nach seinen Bedürfnissen", zu einem „Humanismus der Bedürfnisse" (KUF 271). Diese Utopie war nicht nur ein fester Bestandteil der marxistischen, sondern auch der anarchistischen Ideologie und bildete jenen kleinsten gemeinsamen Nenner, der die Marxisten und Anarchisten in der Ersten Internationalen (1864–72) verband. Dass dieses Ideal seine Gültigkeit für Sartre noch im Mai 73 besaß, zeigt folgendes Statement aus *On a raison de se révolter* (IAR 164):

> Es findet eine echte Revolution statt, wenn man von der Idee des Lohnes für einen gefertigten Gegenstand zu der eines Lohnes für das Individuum, für die Person, die Bedürfnisse hat, übergeht.

---

4   Zur Metaethik Sartres siehe Betschart: *Sartre und Beauvoir – eine Ethik fürs 21. Jahrhundert*.

"Jedem nach seinen Bedürfnissen" impliziert eine Gesellschaft, in der jeder seiner eigenen Urwahl gemäß leben kann, eine Gesellschaft, in der es weder eine Diktatur des Proletariats noch eine sowjetische Planwirtschaft gibt.

Diesem Ideal zugrunde liegt die Auffassung von einer pluralistischen, diversen Gesellschaft, in der sich die Bedürfnisse und Werte von Individuum zu Individuum, von Gruppe zu Gruppe unterscheiden (MH 307). Die wichtigste Voraussetzung einer solchen Gesellschaft ist die Freiheit des Subjekts (IAR 192). Diese beruht wiederum darauf, dass die Existenz der Essenz vorausgeht oder wie Sartre in *L'Espoir maintenant* festhielt (BUG 22f.):

> Zunächst einmal gibt es für mich, wie du weißt, kein apriorisches Wesen; also steht das, was ein Mensch ist, noch gar nicht fest. […] unser Ziel besteht darin, einen wirklich konstituierten Verband zu schaffen, in dem jede Person ein Mensch ist und die Kollektivitäten ebenfalls menschlich sind.

Nur in einer Gesellschaft, in der das Individuum frei ist, seine Bedürfnisse und Werte zu verwirklichen, kann der Sozialismus verwirklicht werden (Dez. 72; IAR 108): „Für mich müsste die aus einer Revolution hervorgehende Gesellschaft eine Gesellschaft sein, in der der Mensch frei und mündig ist." Entsprechend heißt es im Interview mit Rupert Neudeck (MFSL 1216f.): „Der Mensch, so wie er ist, das heißt als ein freier Mensch, soll in überhaupt keiner Weise von einer Macht regiert werden, die nicht von ihm kommt."

Die herrschenden politischen Systeme implizieren selbst im Fall der idealen Demokratie die Unterdrückung der Minderheit durch die Mehrheit. In der Regel liegt sogar eine Unterdrückung der Mehrheit durch eine Minderheit vor (MFSL 1217). Der Pluralismus in der Gesellschaft schließt die Unvereinbarkeit von Bedürfnissen und Interessen mitein. Dies impliziert nicht, dass jede soziale Beziehung dem Bild von Thomas Hobbes' *homo homini lupus* entsprechen muss. Doch Sartre hat mit jenen modernen politischen Theoretikern, die die agonale Struktur der Gesellschaft betonen (wie Chantal Mouffe, Ernesto Laclau, William E. Connolly, Bonnie Honig, Claude Lefort oder Jacques Rancière), mehr gemeinsam als mit Rawls' *A Theory of Justice* oder Habermas' deliberativer Demokratie. Sartre glaubt nicht an den friedlichen Ausgleich der Interessen. Auch bei Rawls und Habermas unterdrückt letztlich die Mehrheit die Minderheit. Für Sartre war jede Form der Unterdrückung inakzeptabel, ob nun in der offenen Form der Theoretiker der agonalen Demokratie oder in der versteckt-impliziten Form von Rawls und Habermas. Erst die Aufhebung jeder Form von Unterdrückung ermöglicht, dass jedes Individuum frei seiner Urwahl entsprechend leben kann.

Zwischen der Vorstellung einer Klassengesellschaft und einer auf individueller Wahl beruhenden Gesellschaft, wie Sartre sie vertrat, gibt es den fundamentalen

Widerspruch zwischen Klasseninteressen und individuellen Interessen. Mit dem Übergang von einer Klassengesellschaft zu einer Gesellschaft auf der Basis der Neuen Sozialen Bewegungen (NSB) beseitigte Sartre 1972/73 diesen Widerspruch. Von nun an waren nicht mehr die Klassen, sondern die NSB die Agenten des sozialen Wandels und damit der Geschichte. Zu den wichtigsten Vordenkern einer Gesellschaft der NSB gehörten damals der langjährige Sartre-Mitarbeiter André Gorz, der schon in den 1960er Jahren daran arbeitete, sowie Alain Touraine[5], der um 1970 vor allem durch seine Arbeiten an einem Modell der Gesellschaft auf der Basis der NSB bekannt wurde.

Die bedeutendsten Aussagen Sartres zu den NSB finden sich in *On a raison de se révolter* (siehe u.a. Sartres Kritik an Lévys Schmelztiegel-These in IAR 86–89) und im Interview mit Burnier (EAS), aber auch jenem mit *Der Spiegel* vom Februar 72 (VNBG 84). Schon im Juni 72 hatte Sartre die Zeitung *La Cause du Peuple – J'accuse*, das unter seiner Herausgeberschaft produzierte Organ der *Gauche Prolétarienne*, dafür kritisiert, dass es zu wenig die Interessen der Frauen, der Jugend und der Schwulen berücksichtigte. Für deren Interessen setzte sich Sartre in den folgenden Jahren immer wieder ein. Seine Unterstützung erhielten auch verschiedene regionale Unabhängigkeitsbewegungen (von den Québécois über die Basken bis zu den Bretonen). Sartre zählte auch zu den ersten prominenten Unterstützern der Umweltschutzbewegung (so im Kampf gegen den Waffenplatz Larzac 1976; EAS 33), und er engagierte sich aktiv innerhalb der Bewegungen gegen Rassismus (mit Michel Foucault und Jean Genet) und für Gefängnisreform (mit Foucault). Mit seinem Einsatz für die Anliegen der NSB kehrte Sartre wieder zu seinem gesellschaftlichen Engagement der Jahre zwischen 1944 und 1952 zurück, so seinem Einsatz gegen Rassismus und für die Homosexuellen (siehe *Réflexions sur la question juive*, *Orphée noir*, Eintreten für Genet).

Dass Sartre sich vermehrt für die Rechte des Individuums einsetzte, wurde insbesondere im Kampf gegen die Diskriminierung der Schwulen offensichtlich. Wie die Diskussion in *On a raison de se révolter* und das Interview mit Burnier zeigen, waren die Anliegen der Schwulen auch bei den Linken – und hier insbesondere in der *Gauche Prolétarienne* – höchst unpopulär. Sartre setzte sich jedoch für deren Anliegen ein (IAR 87–89, EAS 31, VNBG 84), gerade weil er keine gemeinsamen Interessen mit ihnen hatte (IAR 89):

> Aber es geht nicht darum, ein Hoch auf die Homosexuellen auszubringen. Ich könnte auch nicht mitschreien, denn ich bin nicht homosexuell. Es geht uns darum, den Lesern

---

5   Touraine war neben Pierre Bourdieu, der zeitlebens am Modell der Klassengesellschaft festhielt, der bedeutendste französische Soziologe seiner Zeit.

der Zeitung klarzumachen, daß Homosexuelle das gleiche Recht auf Leben und Achtung haben wie jeder.

Sartre wurde juristisch für Artikel zugunsten der Homosexualität belangt, und seine Zeitung *Libération* hatte eine prominente Stellung innerhalb der Schwulenbewegung, nicht zuletzt aufgrund der Mitarbeit von Guy Hocquenghem, dem Mitbegründer des *Front Homosexuel d'Action Révolutionnaire*. Bezeichnenderweise gab Sartre sein letztes Interview vor seinem Tod der Schwulen-Zeitschrift *Le Gai Pied*. Die Frage der Behandlung der Schwulen war für Sartre zum Lackmustest einer freien Gesellschaft geworden.[6]

In einem nächsten Schritt wurde Sartre zum Verteidiger der individuellen Rechte auch jener, die zu seinen politischen Gegnern zählten (GDE 4). Diese Entwicklung zeigte sich schon früh in seinem Einsatz für das Auswanderungsrecht der Sowjetbürger (und insbesondere der sowjetischen Juden). Ein erstes wichtiges Ereignis bildete 1972 die Affäre um den Notar Pierre Leroy in Bruay-en-Artois, der des Mords an einem Mädchen beschuldigt wurde. Die *Gauche Prolétarienne* rief nach Lynchjustiz, Foucault nach Volksjustiz. Sartre, der sich selbst ein Jahr zuvor für ein Verfahren der Volksjustiz gegen die französische Polizei eingesetzt hatte, verlangte nun, dass der Notar nur vom (bürgerlichen) Gericht verurteilt werden darf (EAS 33, LOJP, PJP 22f.). Sartre war zum Verteidiger des Rechtsstaats geworden. Den Höhepunkt in dieser Entwicklung stellte 1979 sein Einsatz zusammen mit Raymond Aron zugunsten der vietnamesischen *Boat People* dar. Sartre setzte sich für Vietnamesen ein, die zehn Jahre früher noch auf der Seite seiner politischen Gegner standen (siehe auch GDE 4, UV 14). Der Mensch im Vietnamesen war ihm nun wichtiger als das politische Subjekt.

Es ist bezeichnend, dass Sartre 1979 in Interviews, die er Maria Antonietta Macciocchi und Catherine Clément gab, von seinem neuen Humanismus sprach. Gegenüber Clément hielt er fest (GDE 5):

> Ich habe damit begonnen zu sagen: den Humanismus, den braucht es nicht. Dann sagte ich, dass der Existentialismus ein Humanismus sei, und dann wiederum, dass es besser sei, nicht darüber zu sprechen. [… Wenn man unter Humanist versteht,] dass der Mensch qua Mensch versucht die Gesamtheit dessen zu bestimmen, was wir als Rechte und Pflichten bezeichnen, so bin ich Humanist.

Nur wer diese Aussagen Sartres nicht kannte, konnte überrascht sein, als in *L'Espoir maintenant* der Begriff des Menschen (*l'Homme*) mit einem Versal begann (BUG 49f.):

---

6   Zu Sartres offener Haltung gegenüber Homosexuellen siehe auch Betschart: *Der Stachel im Fleisch der bürgerlichen Moral*.

Meiner Ansicht nach wird die totale, die wirklich denkbare Erfahrung [der Geschwisterlichkeit; A.B.] dann existieren, wenn der Zweck, den alle Menschen in sich haben, wenn
der MENSCH [Ü. korrigiert, A.B.] verwirklicht sein wird.

Sartres neue Auffassung von Humanismus und individuellen Rechten hatte ihre
Auswirkung auch auf sein Verständnis von Gewalt. Bekannt wurde Sartre durch
seine fast unbeschränkte Befürwortung von (Gegen-)Gewalt zugunsten der Unterdrückten, so beispielhaft in seinem Vorwort zu Frantz Fanons *Les Damnés de
la terre* (VE) 1961. Dies galt gleichermaßen noch Anfang der 1970er Jahre. In
einem Interview mit Alice Schwarzer für *Pardon* 1970 verteidigte er die Entfüh-
rung und Ermordung von deutschen Botschaftern in Lateinamerika. Drei Jahre
später jedoch, in einem Gespräch mit *Der Spiegel* hielt er solche Aktionen nicht
mehr für sinnvoll (VNBG 93). Als Schwarzer Sartre kurz vor seinem Besuch bei
Andreas Baader in Stammheim auf die Ermordung des Präsidenten des Berliner
Kammergerichts, Günter von Drenkmann, ansprach, hielt Sartre fest, dass dies
ein Verbrechen war (SS 166).

Sartre hatte offensichtlich seine Haltung zur Gewalt zwischen 1970/71 und
1973/74 entscheidend geändert. Im Interview mit Macciocchi lehnte er 1979 sogar
explizit die marxistische These von der Gewalt als der Hebamme der Geschichte
ab (UV 85) – ohne allerdings die Idee der Gewalt als unverzichtbares Element des
Kampfes aufzugeben. Sartre war zu jenem Konzept der Gewalt zurückgekehrt,
das er schon 1945–53 vertreten hatte und das hinter dem Bruch mit Camus stand:
Gewalt, die ein unbestreitbarer Teil der Geschichte ist (AAC 50) und bleiben
wird, muss im Rahmen von Mittel-Zweck-Überlegungen gerechtfertigt werden.

Vom Blick zur Geschwisterlichkeit

Sartre rief nie als zweiter Henry David Thoreau zum Rückzug des Individuums in
die Wälder auf. Der Mensch war für ihn immer ein *animal sociale*, auch schon in
L'Être et le néant, so dysfunktional die darin analysierten Beziehungen meist waren. Schon in seinen Kriegstagebüchern hatte er den abstrakten analytischen Geist
des Liberalismus und des anarchischen Individualismus kritisiert (TB 204–208;
siehe auch VTM 161–168): das Individuum sei immer situiert – auch sozial, in
seinem Zusammenleben mit andern Individuen. Bekannt ist Sartres impliziter
Lobgesang auf die (nicht-institutionalisierte) Gruppe in der *Critique*. Dass es
Sartre in den 1970er Jahren um den Menschen als soziales Wesen ging, zeigt
folgende Äußerung Sartres in *Pouvoir et liberté* zur reziproken Freiheit (PL 11):

Das Demokratische, das wir in seiner wahren Form finden wollen, das ist nicht, wie ich
lange glaubte, die totale Freiheit der Person, sondern vielmehr die unsrige, das heißt die

reziproke Freiheit, die Freiheit der Personen, insofern sie untereinander verbunden sind, zu handeln und zu denken, während sie „wir" sagen können.

Auch hier stellen wir eine Wiederaufnahme von Elementen aus seiner Philosophie und insbesondere Ethik der 1940er Jahre fest. In *L'Existentialisme est un humanisme* (1945/46) schrieb er: „Ich kann meine Freiheit nur zum Ziel machen, indem ich auch die der anderen zum Ziel mache" (EH 172). Es war eine Ethik der Freiheit, die er in den *Cahiers pour une morale* zu einer Ethik des Appells weiterentwickelte.[7]

Mit seiner neuen politischen Philosophie erhielt Sartres Verständnis des Menschen als *animal sociale* eine spezifisch anarchistische Prägung. Im Interview mit dem deutschen Menschenrechtsaktivisten Neudeck sagte Sartre 1979 (MFSL 127): „Die Menschen müssen sich in Gruppen an ihrem Arbeitsplatz oder ihren Wohnorten zusammentun.". Noch konkreter wurde er im Interview mit Fornet-Betancourt im selben Jahr (AM 366):

> Man müsste Gemeinschaften aufbauen, in denen man so frei wie möglich leben kann, – wie Anarchisten eben zu leben wünschten – Gemeinschaften von 25 bzw. 50, oder 10 bzw. 30 Personen.

In solch kleinen Wahlgemeinschaften sah Sartre offensichtlich die Konkretisierung der Gruppenpraxis, die er zwanzig Jahre früher in der *Critique* analysiert hatte. Diese kleinen Wahlgemeinschaften sollten auch die Kernzellen jeglicher politischer Aktivität bilden.

Das spezifisch Neue an der Entwicklung in der zweiten Hälfte der 1970er Jahre war, dass Sartre das Konzept der Gruppe generalisierte. Sowohl der Anarchosyndikalismus wie auch die Mitarbeiterselbstverwaltung, für die sich Sartre in der ersten Hälfte der 1970er Jahre interessierte (siehe Lip in Besançon oder Portugal nach der Nelkenrevolution; IAR 179, SP), standen traditionellen marxistischen Konzepten insofern nahe, als sie die neue Gesellschaft gemäß wirtschaftlichen Organisationskriterien aufbauen wollten. Sartre weitete neu explizit das Konzept der Gruppe auf den Wohnort aus, und implizit sind auch Gruppen auf der Basis von politischer Überzeugung, der Religion, der sexuellen Identität oder anderen Kriterien denkbar (vgl. MH 307). Jeder Mensch könnte so mehreren Gruppen angehören. Mit dieser Generalisierung des Konzepts der Gruppe bewegte sich Sartre weg von einem marxistischen Verständnis mit Fokus auf der Wirtschaft hin zu einer mehr anarchistisch geprägten Auffassung der Struktur der Gesellschaft.

---

7   Siehe hierzu Betschart: *Sartre und Beauvoir – eine Ethik fürs 21. Jahrhundert*, S. 11.

In *L'Espoir maintenant* postulierte Sartre, anknüpfend an Ideen in seiner *Critique* (KDV 465), dass ein Leben in solchen Gruppen auf Geschwisterlichkeit beruhen würde. Die Geschwisterlichkeit löste bei ihm die marxistische Vorstellung von den Produktionsverhältnissen als den primären Beziehungen zwischen Menschen ab (BUG 44f.). Er definierte Geschwisterlichkeit als affektive, praktische Beziehung (BUG 49), wie sie auch zwischen Geschwistern herrscht (ebd.):

> Die Beziehung des Menschen zu seinem Nachbarn nennt man [Geschwisterlichkeit], weil sie sich vom gleichen Ursprung fühlen. Sie haben den gleichen Ursprung, und, in der Zukunft, den gemeinsamen Zweck. Gemeinsamer Ursprung und gemeinsamer Zweck, das konstituiert ihre [Geschwisterlichkeit].

Hier finden wir jenen doppelten Prozesse der Konstituierung und der Personalisierung bei der Herausbildung eines Individuums wieder, wie Sartre sie schon in *Questions de méthode* und in *L'Idiot de la famille (Flaubert)* beschrieben hatte. Der gleiche Ursprung steht für die gemeinsame Konstituierung, der gemeinsame Zweck für gemeinsame, d. h. sehr ähnliche Entwürfe.

Der zweite Aspekt des gemeinsamen Zwecks weist darauf hin, dass es sich bei diesen anarchistischen Gemeinschaften nicht um *communities of fate*, sondern um *communities of choice* handelt – um Ausdrücke des britischen Soziologen und Politikwissenschaftlers Paul Hirst zu verwenden[8]. Zumindest für den Erwachsenen gilt, dass er nicht in die Familie geboren wird, sondern sich die Familie wählt, in der er leben will. Grundsätzlich steht Sartre mit seiner Auffassung des situierten Individuums den Kommunitaristen näher als den Liberalen mit ihrem abstrakt-analytischen Verständnis des Individuums. Bei ihm stehen jedoch nicht wie bei den (frühen) Kommunitaristen die *communities of fate*, sondern die *communities of choice* im Zentrum. Die Menschen versammeln sich in Freiheit in Wahlgemeinschaften und können diese verlassen, wann immer sie wollen. Hier zeigt sich Sartres Nähe zu den von Seyla Benhabib entwickelten drei Kriterien einer pluralistischen, kosmopolitischen Gesellschaft: *egalitarian reciprocity*, *voluntary self-ascription* und *freedom of exit and association*.[9]

Gemäß den in den Interviews mit Clément und Fornet-Betancourt gemachten Aussagen würde ein solches Leben in Gemeinschaften auf der Basis von Geschwisterlichkeit ultimativ zu vollkommener Transparenz in den intersubjektiven Beziehungen führen. Für Sartre ist Transparenz ein Synonym für Liebe, die vollständige, bewusste Kenntnis vom Denken und Handeln des Menschen, der an unserer Seite lebt (AM 367), aber auch ein Resultat der Übereinstimmung in politischen

---

8   Hirst: *Associative Democracy*, S. 49ff. (1993).
9   Benhabib: *The Claims of Culture*, S. 19.

und beruflichen Vorstellungen (GDE 5). Schon in *Sartre. Un film* hatte er vom anzustrebenden Ziel der totalen Transparenz gesprochen – allerdings mit dem Eingeständnis, dass er sich nicht vollständig daran halte, insbesondere nicht in Bezug auf seine sexuellen und erotischen Beziehungen (SF 187, 189). Der Weg zur totalen Transparenz und damit auch zu einem anarchistischen Leben in kleinen Gemeinschaften basierend auf Geschwisterlichkeit sei auf jeden Fall ein langer.

Anarchistische Wahlgemeinschaften und der föderale, transnationale Staat

Sartres Selbstverständnis als eines Anarchisten zeigt sich am besten in seinem Verhältnis zu Staat, Politik und Politikern. Seit seiner Zeit an der ENS und damit seiner ersten protoanarchistischen Periode hatte sich Sartre durch seine Ablehnung von Staat und Politik und insbesondere der Politiker ausgezeichnet. In seinem Nachruf auf Maurice Merleau-Ponty schrieb er, dass er vor seiner Zusammenarbeit mit diesem im Grunde seines Herzens immer ein verspäteter Anarchist war (FUW 80; siehe auch SF 31, SPSJ 196). Entsprechend selten beteiligte er sich an Wahlen, die er für Idiotenfallen hielt (*piège à cons*; WI, 1973). Seine Kritik galt unseren demokratischen Systemen, in denen eine Minderheit über die Mehrheit regiert und die Mächtigen herrschen (MFSL 1217, 1221). Mit seiner Demokratiekritik steht Sartre in einer Linie mit den Marxisten und den Neuen Linken der 1960er Jahre, aber auch der *Public Choice*-Theorie oder Colin Crouchs Konzept der Postdemokratie. Was ihn jedoch von den Marxisten und der Neuen Linken trennte, war die Erwartung, dass eine Regierung der Sozialisten oder Kommunisten nichts ändern würde, wie er in einer sehr spitzen Kritik gegen die linken Parteien festhielt (EUG 5). Seit dem Mai 68 war er der Ansicht, dass die linken Parteien die schlimmsten Gegner einer Revolution seien (GDE 3, BUG 17, 32; KAR 216–218). Im Interview mit Macciocchi sollte er sogar den französischen Staat unter Giscard als freiheitlicher als Brezhnevs Sowjetunion bezeichnen (UV 86).

Bei Sartre findet sich keine Definition von Macht. Wie jedoch auch sein Begriff der Herrschaft (CRDII 130) nahelegt, dürfte sein Verständnis von Macht nahe bei jenem vom Max Weber gelegen haben. Erste theoretische Überlegungen zum Verhältnis von Macht und Freiheit wurden von Sartre 1976 in einem Interview mit Leo Fretz angekündigt, als er davon sprach, dass er und Lévy an einem gemeinsamen Buch über *Pouvoir et liberté*, das Verhältnis von Macht und Freiheit, arbeiteten (IS 266). Dessen Kernidee gab der Titel eines Interviews wider, das er 1977 der linksextremen italienischen Zeitschrift *Lotta Continua* gab: *Libertà e potere non vanno in copia*: Freiheit und Macht passen nicht zusammen (LPNV). Wie er schon im Interview mit *Der Spiegel* 1972 festhielt, ist der Mensch nur frei und damit Herr über sein Leben, wenn es keine Form von Zwang gibt (VNBG 92).

Zum Zeitpunkt des Interviews mit *Lotta Continua* umfasste Sartres Machtbegriff wie der marxistische sowohl ökonomische wie politische oder kulturelle Macht. Im Interview mit Sicard 1977/78 sagte er sogar, dass er an die gesellschaftlichen Mächte und nicht unbedingt an den Staat denke (EEP 14f.). Im wenig später folgenden Interview mit Goytisolo 1978 fokussierte Sartre jedoch explizit auf die staatliche Macht (CCJPS VI):

> dass für mich das Wesentliche die Aufhebung der Macht der einen über die andern ist; dass eine Gesellschaft nicht frei sein kann – und deshalb insofern auch nicht eine menschenwürdige Gesellschaft existieren kann –, wenn sich in ihr gewisse Menschen Macht über andere anmaßen: in einem Wort: wenn die Regierungen nicht aufhören, in ihrer aktuellen Form zu existieren, und die Form des Staates selbst zerstört wird.

Diese Forderung nach der Zerstörung der staatlichen Macht wiederholte er 1979 im Interview mit Neudeck:

> [MFSL 1216f.] Der Mensch, so wie er ist, das heißt als ein freier Mensch, soll in überhaupt keiner Weise von einer Macht regiert werden, die nicht von ihm kommt. [… . Die] Demokratie, so wie wir sie heute kennen, bedeutet, daß die Macht von einer sehr kleinen Gruppe über die überwältigende Mehrheit der Menschen ausgeübt wird. Diese Demokratie ist also eine Form, die Menschen zu brechen, wie schon das Königtum und die Aristokratie. Den Menschen wird eine bestimmte Lebens- und Existenzweise aufgezwungen, sie müssen so oder so sein, und das unter Strafandrohung. Man ist verpflichtet, das zu tun, was die Institutionen fordern. […]. Unter diesen Bedingungen sind [die Institutionen] Unterdrückungsapparate [MFSL 1221] Und ich sage, daß man die Institutionen zerstören muß, die gegen die wahre Demokratie sind.

Er setzte damit eine Haltung fort, die sich ansatzweise schon in den *Cahiers* findet. Im Gegensatz zu den Theoretikern von Hobbes und John Locke bis zu Rawls, für die Recht auf einem Gesellschaftsvertrag beruht, der den Zweck hat, Gewalt einzudämmen, sind für Sartre Recht und die darauf beruhenden Institutionen ein Produkt der Gewalt (EM 254).

Allerdings forderte Sartre nicht die sofortige Zerstörung des Staates. Weil es die Knappheit auch noch in Zukunft geben wird (siehe auch IJPS 32), wird es den Staat in absehbarer Zukunft noch brauchen (AM 367):

> Diese Gemeinschaften können jedoch nicht vollständig anarchistisch sein, da Polizei, Armee und Gesetze des Staates, in dem sie sich befinden werden, weiterhin bestehen blieben und darüber wachen werden, daß der Staat respektiert wird.

Auch die Marxisten kennen den zweistufigen Übergang vom Reich der Notwendigkeit zum Reich der Freiheit, vom Kapitalismus über den Sozialismus zum

Kommunismus. Was Sartre jedoch von den Marxisten unterschied und ihn eindeutig auf die Seite der Anarchisten einordnete, war die Tatsache, dass es bei ihm
in der Übergangsperiode weder eine Diktatur des Proletariats noch eine Herrschaft der Kommunistischen Partei geben darf. Sartres Vorstellungen waren näher
an jenen des föderalen Staates von Pierre-Joseph Proudhon – wie beim frühen
Sartre, der 1941 eine Verfassung für die Französische Republik entwarf, die gemäß
Simone Debouts Aussagen stark von den Gedanken Proudhons beeinflusst war[10].

Sartre strebte einen föderalen und gleichzeitig transnationalen Staat an – ein
Konzept, das jenem des modernen europäischen Nationalstaats entgegengesetzt
war. Die Kernzellen dieses zukünftigen föderalen Staates sollten jene kleinen anarchistischen Wahlgemeinschaften bilden, die Sartre in den Interviews mit Neudeck
und Fornet-Betancourt erwähnte. Da Sartre bis zum Ende seines Lebens regionale
Unabhängigkeitsbewegungen unterstützte, liegt nahe, dass die Zusammenschlüs-
se der kleinen Wahlgemeinschaften zu föderalen Strukturen eher regionalen als
nationalen Charakter aufweisen sollten. Auf jeden Fall sollte dies auf der Basis
der direkten Demokratie und des imperativen Mandats geschehen, wie er im
Interview mit Neudeck festhielt (MFSL 1217f.):

> In Wahrheit gäbe es dann keine Regierung mehr, sondern nur noch Entscheidungen,
> die aus den einzelnen Gruppen kommen und die Gruppe repräsentieren. Die Gruppe
> hat mich in ein Zentrum entsandt, wo alle Gruppen und Personen derselben Ordnung
> versammelt sind, die übrigens nicht freie Personen sind und ganz nach ihrer Freiheit
> entscheiden, sondern ein klar umrissenes Mandat haben und diesen Auftrag, den die
> Gruppe ihnen gegeben hat, ausführen müssen. Das ist eine vollkommen andere Methode
> als die, nach der jemand in eine parlamentarische Kammer entsandt wird, wohin man
> Menschen schickt, die vor einer Versammlung schöne Reden halten und einen Plan
> erläutern können, der nicht direkt dem Willen dieser Gruppe entsprungen ist.

Schon in den Interviews mit Schwarzer 1970 (KEML 445), Claude Kiejman 1971
(BT 411) und *Der Spiegel* 1972 und 1973 (WHUV 124, VNBG 66) hatte er ein
Modell der direkten Demokratie mit imperativem Mandat vorgeschlagen, so wie
es ursprünglich auch für die Räte („Sowjets") in Russland vorgesehen war. Doch
entsprechend seinem erweiterten Begriff der Gruppe wären dies nun nicht mehr
nur Arbeiterräte, sondern Räte aller möglichen Arten von Gruppen.

Ebenso wichtig wie der föderale Aspekt ist der transnationale. Schon zu Zeiten
des *R.D.R.* 1947–49 war Sartre für ein vereinigtes Europa eingetreten (WIL 224,
ESP 84–86). Seine Kritik an den Zuständen auf europäischer Ebene in einem 1977
in *Le Monde* veröffentlichten Beitrag (MSE) beweist, dass Sartre sich noch gegen

---

10 Cohen-Solal: *Sartre*, S. 279.

Ende seines Lebens für ein vereinigtes Europa engagierte, allerdings nicht für ein von der Wirtschaft und einer deutsch-amerikanischen Allianz dominiertes Europa, in dem der lateinische Teil verkommt. Gleichgesinnte fand er damals, 1978/79, im italienischen *Partito Radicale* unter Führung Marco Panellas. Diese Partei, zu der er Kontakte über Macciocchi und den italienischen Schriftsteller Leonardo Sciascia hielt, setzte sich nicht nur für Frauen- und Schwulenrechte ein, für Scheidung und Abtreibung sowie die Liberalisierung der Prostitution und weicher Drogen, sondern strebte auch eine transnationale Organisation an. Im Interview mit Clément brachte Sartre deutlich seine Sympathie für eine solche transnationale Partei zum Ausdruck (GDE 5). In der Tat verwandelte sich der *Partito Radicale* 1989 in den *Partito Radicale Transnazionale*. Mit seiner Vorstellung eines föderalen, transnationalen Europa erwies sich Sartre als Vorläufer von Alfred Heineken (1992) und dessen vom anarchistischen Philosophen Leopold Kohr (*Disunion Now*, 1941) beeinflussten Projekt eines Europas der Regionen (*Eurotopia*).

Sartre konnte seine neue anarchistische politische Philosophie nicht abschließen. Aufgrund seiner 1973 eingetretenen fast vollständigen Erblindung konnte er sie nur in Form von Interviews präsentieren, weshalb viele Fragenkomplexe offen blieben. Wie kann verhindert werden, dass die kleinen Gruppen diktatorische Formen wie jene der Colonia Dignidad einnehmen? Wie soll der Wechsel von einer Wahlgemeinschaft zur andern ermöglicht werden? Welche Rechte der Individuen sind nicht disponibel? Viele Lücken lassen sich durch Bezugnahmen auf sein vorhergehendes philosophisches Werk erschließen. Sartres Sozialontologie aus der *Critique* legt nahe[11], dass neben Fragen der Außenpolitik und der Verteidigung wohl auch viele Themen der Wirtschaft (z. B. Probleme der Infrastruktur oder des Austauschs von Waren und Dienstleistungen) weitgehend auf europäischem Niveau und nicht auf jenem der kleinen Gemeinschaften beantwortet würden. Den Wahlgemeinschaften verblieben jedoch neben Fragen der betrieblichen Organisation in der Wirtschaft vor allem Belange des Überbaus zur Entscheidung, also soziale und kulturelle Themen. Merleau-Pontys Hinweis in *Les Aventures de la dialectique* (1955), dass Sartre mit seinem Fokus auf Unterdrückung statt Ausbeutung eher ein Anarchist als ein Marxist sei[12], gewinnt hier eine neue Dimension.

Viele Fragen ließ Sartre unbeantwortet. Klar ist jedoch, dass Sartre in der Zeit zwischen 1972 und seinem Tod 1980 mit dem Marxismus brach und stattdessen zum Anarchisten wurde. Es war allerdings ein Anarchismus *à la Sartrienne* und

---

11 Siehe hierzu die Ausführungen zu den Begriffen Prozess, Praxis, Hexis, System, Knappheit, Gegenfinalität und Erfordernis in der Einleitung zu diesem Buch.

12 Merleau-Ponty: *Die Abenteuer der Dialektik*, S. 187.

nicht nach der Art Proudhons, Stirners, Bakunins oder Kropotkins. Von Bedeutung ist Sartres Wechsel vom Marxismus zum Anarchismus vor allem deshalb, weil es ihm hiermit erstmals gelang, seine politische Philosophie in Einklang mit seinen philosophischen Hauptwerken, insbesondere *L'Être et le néant* und der *Critique*, zu bringen.

Siglenverzeichnis

AAC „Antwort an Albert Camus". In: Jean-Paul Sartre: Krieg im Frieden 2. Rowohlt: Reinbek 1982, S. 27–51 (*Réponse à Albert Camus*, 1952).

AM „Anarchie und Moral. Interview mit J.-P. Sartre". in: Raúl Fornet-Betancourt: *Philosophie der Befreiung*. Suhrkamp: Frankfurt a. M. 1983, S. 365–370 (Interview von Raúl Fornet-Betancourt, Mario Casañas und Alfredo Gómez-Muller 1.11.79).

BT „Ein Betriebstribunal". In: *Plädoyer für die Intellektuellen*. Rowohlt: Reinbek 1995. S. 398–415 (Interview von Claude Kiejman 1971).

BUG *Brüderlichkeit und Gewalt*. Wagenbach: Berlin 1993 (*L'Espoir maintenant*, 1980).

CCJPS „Conversación con Jean-Paul Sartre". In: *El País*. Beilage *Arte y pensamiento*. 11.6.1978, S. I–VII (Interview von Juan Goytisolo).

CRDII *Critique de la raison dialectique. Tome II (inachevé). L'intelligibilité de l'histoire*. Gallimard: Paris 1985.

EAS „entretien avec Sartre". In: *Tout Va Bien*. Nr. 4, 20. Feb.-20. Mrz. 1973, S. 30–35. (in *Actuel* als „Sartre parle des maos" publiziert).

EEP „Entretien. L'écriture et la publication" (mit M. Sicard). In: *Sartre inédit. Obliques*. Nr. 18–19. 1979, S. 9–29.

EH „Der Existentialismus ist ein Humanismus". In: *Der Existentialismus ist ein Humanismus und andere philosophische Essays 1943–48*. Rowohlt: Reinbek 2000, S. 145–192 (*L'Existentialisme est un humanisme*, 1945/46).

EM *Entwürfe für eine Moralphilosophie*. Rowohlt: Reinbek 2005 (*Cahiers pour une morale*, 1947/48).

ESP Jean-Paul Sartre / David Rousset / Gérard Rosenthal: *Entretiens sur la politique*. Gallimard: Paris 1949.

EUG „J. P. Sartre: Les Élections, L'Union de la Gauche, la Nouvelle Gauche". In: *Libération* 13./14.4.74, S. 4–5.

FM	*Fragen der Methode*. Rowohlt: Reinbek 1999 (*Questions de méthode*, 1957/60).
FUW	„Freundschaft und Widersprüche. Über Merleau-Ponty." In: Sartre über Sartre. Rowohlt: Reinbek 1980, S. 61–128 (*Merleau-Ponty vivant*, 1961).
GDE	"La Gauche. Le désespoir et l'espoir. Entretien avec Jean-Paul Sartre. Propos recueillis par Catherine Clément". In: *Le Matin*, 10./11.11.79, S. 3–5.
IAR	Jean-Paul Sartre, Philippe Gavi, Pierre Victor: *Der Intellektuelle als Revolutionär*. Rowohlt: Reinbek 1976 (*On a raison de se révolter*, 1974; Gespräche 1972–74).
IJPS	„An Interview with Jean-Paul Sartre". In: Paul Arthur Schilpp (Hg.): *The Philosophy of Jean-Paul Sartre*. Open Court: La Salle 1991, S. 5–51 (Interview von 1975).
IS	"An Interview With Jean-Paul Sartre". In: Hugh J. Silverman, Frederick A. Elliston (Hg.): *Jean-Paul Sartre. Contemporary Approaches to His Philosophy*. Duquesne: Pittsburgh 1980. S. 221–239 (von Leo Fretz am 25.11.76, erstveröffentlicht als *Gesprek met Jean Paul Sartre*, 1977).
KAR	„Die Kommunisten haben Angst vor der Revolution". In: *Plädoyer für die Intellektuellen*. Rowohlt: Reinbek 1995. S. 215–227 (Les Communistes ont peur de la révolution; 1968).
KDVI	*Kritik der dialektischen Vernunft. I. Band. Theorie der gesellschaftlichen Praxis*. Rowohlt: Reinbek 1980 (*Critique de la raison dialectique*, 1960).
KEML	„Kein Erbarmen mit den Linken. Interview mit Pardon, 1970". In: *Plädoyer für die Intellektuellen*. Rowohlt: Reinbek 1995. S. 439–448.
KUF	„Die Kommunisten und der Frieden". In: Krieg im Frieden 1. Rowohlt: Reinbek 1982, S. 75–301 (*Les Communistes et la paix*, 1952/54).
LGK	„Der Linken den Garaus machen oder sie kurieren?". In: Jean-Paul Sartre: Plädoyer für die Intellektuellen. Rowohlt: Reinbek 1995. S. 76–83 (*Achever la gauche ou la guérir?*, 1965).
LOJP	„Lynchage ou justice populaire?". In: *La Cause du peuple-J'accuse*, 17.5.72, S. 12.
LPNV	„Libertà e potere non vanno in coppia". In: *Lotta Continua*, 9.9.1977.

MH	„Morale et Histoire". In: *Les Temps Modernes* 632–634 Jul.-Okt. 2005, S. 268–414 (1964/65).
MIF	„Die Maoisten in Frankreich". In: *Plädoyer für die Intellektuellen*. Rowohlt: Reinbek 1995, S. 449–456 (*Les Maos en France*; 1972).
MFSL	„Man muß für sich selbst leben und für die anderen leben. Ein Interview mit Rupert Neudeck". In: *Merkur*, 12/1979, S. 1208–1222.
MSE	"Les militants socialistes et la construction de l'Europe". In: *Le Monde*, 10.2.77, S. 1–2.
MR	„Materialismus und Revolution". In: *Der Existentialismus ist ein Humanismus*. Reinbek: Rowohlt 2000, S. 193–266 (*Matérialisme et révolution*, 1946).
PJP	„À Propos de la justice populaire. Entretien avec Jean-Paul Sartre". In: *Pro Justicia*, Nr. 2 (1. Trimestre) 1973, S. 13–26.
PL	„Pouvoir et liberté". In: *Libération* 6.1.1977.
QS	*Qu'est-ce que la subjectivité?*. Les Prairies ordinaires: Paris 2013.
SF	*Sartre. Ein Film*. Rowohlt: Reinbek 1977 (*Sartre. Un film réalisé par Alexandre Astruc et Michel Contat*; Feb./Mrz. 72+Herbst 75/ Winter 76; als Buch veröffentlicht Paris 1977).
SN	*Das Sein und das Nichts: Versuch einer phänomenologischen Ontologie*. Rowohlt: Reinbek 1995 (*L'Être et le néant*, 1943).
SP	„Sartre et le Portugal". In: *Libération* 22.-26.4.75.
SPSJ	„Selbstporträt mit siebzig Jahren. Interview mit Michel Contat", in: Sartre über Sartre. Rowohlt: Reinbek 1980, S. 180–246 (*Autoportrait à soixante-dix ans*, 1975).
SS	„Schreckliche Situation". Interview [von Alice Schwarzer] mit Sartre über seinen Besuch bei Baader. In: *Der Spiegel*, 2.12.74. S. 166–169.
SÜS	„Sartre über Sartre. Interview mit Perry Anderson, Ronald Fraser und Quintin Hoare". In: *Sartre über Sartre*. Rowohlt: Reinbek 1980, S. 144–167 (*Itinerary of a thought*, 1969).
TB	*Tagebücher. Les carnets de la drôle de guerre. September 1939 — März 1940*. Rowohlt: Reinbek 1996.
UV	„Umanesimo e violenza. Intervista di Maria Antonietta Macciocchi." In: *L'Europeo*. Okt./Nov. 1979. S. 83–88.
VE	„,Die Verdammten dieser Erde' von Frantz Fanon". In: *Wir sind alle Mörder*. Rowohlt: Reinbek 1988, S. 141–159 (*Préface à ,Les Damnés de la terre'*, 1961).

VNBG	„Volksfront nicht besser als Gaullisten". In: *Der Spiegel*, 12.2.1973, S. 84–98.
VTM	Vorstellung von *Les Temps Modernes*. In: *Der Mensch und die Dinge: Aufsätze zur Literatur 1938–1946*, Reinbek 1986, S. 156–170 (*Présentation*, 1945).
WHUV	„Die Werksbullen haben uns verprügelt". In: *Der Spiegel* 19.6.1972. S. 124–126.
WI	„Wahlen, Idiotenfallen (1973)". In: *Plädoyer für die Intellektuellen*. Rowohlt: Reinbek 1995. S. 480–490. (*Elections, piège à cons*, 1973).
WIL	*Was ist Literatur?*. Rowohlt: Reinbek 1986 (*Qu'est-ce que la littérature?*, 1947).
WSTL	„What's Jean-Paul Sartre thinking lately?". In: *Esquire*, Dez. 72, S. 204–208, 280–286 (Interview von Pierre Bénichou).

Literatur

Benhabib, Seyla: *The Claims of Culture. Equality and Diversity in the Global Era*. Princeton University Press: Princeton 2002).

Betschart, Alfred: *Der Stachel im Fleisch der bürgerlichen Moral. Die Homosexuellen bei Sartre*. http://www.sartre.ch/Sartre%20und%20Homosexualitaet.pdf (letzter Zugriff: 10.11.16).

–: *Sartre und Beauvoir – eine Ethik fürs 21. Jahrhunderthundert*. http://www.sartre.ch/Sartre+Beauvoir_Ethik_21.%20Jh.pdf (letzter Zugriff: 10.11.16).

–: *Sartre und die Sowjetunion. Die Geschichte eines komplizierten Verhältnisses*. http://www.sartre.ch/Sartre-SSSR.pdf (letzter Zugriff: 10.11.16).

–: *Vom Marxisten zum Anarchisten. Sartre 1972–1980*. http://www.sartre.ch/Anarchist.pdf (letzter Zugriff: 10.11.16).

Cohen-Solal, Annie: *Sartre 1905–1980*. Rowohlt: Reinbek 1991.

Hirst, Paul: *Associative Democracy. New Forms of Economic and Social Governance*. Polity Press: Cambridge 1994.

Merleau-Ponty, Maurice: *Die Abenteuer der Dialektik*. Suhrkamp: Frankfurt a.M. 1974.

III. Die Grenzen der Demokratie –
Knappheit und Gewalt

Michel Kail und Richard Sobel

Knappheit und Geschichte – Sartres Materialismus

Sartre, gemäß der Definition von Deleuze und Guattari[1] (1991) ein „großer Philosoph", ist ein produktiver Schöpfer von Begriffen. Philosophische Begriffe dürfen jedoch nicht bloß definiert, sondern müssen vielmehr in der argumentativen Bewegung des Autors erfasst werden. Entsprechend gilt es, die Begriffe sowohl hinsichtlich der Schwierigkeit ihrer Ortung und Bewältigung wie hinsichtlich der durch sie eröffneten Möglichkeiten zu reflektieren.

> Die wissenschaftliche Sprache ist die reine Praktik, die Handlung und Kenntnis im technischen Sinn des Ausdrucks. Das verweist nicht auf den Menschen. Übrigens ist die Anthropologie meiner Meinung nach generell eine zerstörerische Wissenschaft vom Menschen, und zwar gerade, je perfekter und besser sie ihn behandelt in der Annahme, er sei ein wissenschaftlicher Gegenstand, in der Annahme also, er sei nicht auch der, der die Wissenschaft betreibt. Die Philosophie dagegen wendet sich an den, der die Wissenschaften betreibt, und sie kann ihn nicht mit wissenschaftlichen Worten behandeln; sie kann ihn nur mit vieldeutigen Worten behandeln. Die Vorstellung Husserls von der Philosophie als *strenge Wissenschaft* [dt. im Original; A.d.Ü.] erscheint mir als eine geniale, aber verrückte Idee. Im übrigen ist alles, was Husserl schreibt, höchst mehrdeutig.[2]

Sartre fügt an, dass die Philosophie immer nach der erfolgten Konstitution der *Praxis* kommt, nicht um zu einer retrospektiven Rekonstitution, sondern zu einer prospektiven Projektion zu gelangen, indem sie etwas von der in der literarischen Prosa enthaltenen Mehrdeutigkeit einbringt. Auch wenn es angebracht ist, sich jenes schlechten, sich beispielhaft oft bei Heidegger findenden Gebrauchs der bloß der Mystifikation dienenden Mehrdeutigkeit zu enthalten. Das Mehrdeutige darf jedoch nicht mit dem Irrationalen verwechselt werden. Das Mehrdeutige fördert eine gehaltvollere Rationalität, indem diese das Subjekt wieder in eine Beziehung mit dem Objekt setzt, deren sich die wissenschaftliche, analytische Rationalität enthält.

> Sobald der Mensch – wie Merleau-Ponty es sehr treffend ausgedrückt hat – *für bestimmte Menschen*, Ethnologen, Soziologen, Objekt ist, haben wir es mit etwas zu tun, was man nicht mehr in einem kurzen Überblick fassen kann. Ohne daß wir diesen Komplex von Erkenntnissen in Frage stellen, müssen wir doch sagen, daß es sich um eine Beziehung

---

1 Deleuze/Guattari: *Qu'est-ce que la philosophie?*.
2 Sartre, Jean-Paul: „Der Schriftsteller und seine Sprache", S. 114.

von Mensch zu Mensch handelt; als Anthropologe tritt der Mensch in ein bestimmtes Verhältnis zum anderen; *er steht ihm nicht gegenüber, sondern befindet sich in einer Situation in bezug auf den anderen* [Hervorhebung durch MK/RS]. Philosophisch verstanden bleibt der Begriff des Menschen nie auf sich selbst beschränkt. […] In der Ökonomie beispielsweise haben wir nicht die Kenntnis vom Menschen, wie sie die Philosophie definieren kann, dafür aber eine Kenntnis von der Aktivität des Menschen, insofern sie vom Praktisch-Inerten gespiegelt wird, eine Aktivität des zurückgeworfenen Menschen.[3]

Das Subjekt in Sartres Sinn wird nicht in eine gänzlich konstituierte Objektivität eingegliedert, als ob es sich darum handelte, das Subjekt in einem bestimmten Kontext oder vor einer bestimmten Kulisse zu positionieren. Das Subjekt schafft eine Situation, die das Subjekt schafft, weil das Subjekt die Situation schafft, und das Subjekt schafft die Situation, weil die Situation das Subjekt schafft. Sartres Argumentation verleiht dieser Beziehung selbst ihre volle Wirklichkeit, indem sie die Objektivität subjektiviert und die Subjektivität objektiviert.[4]

Determinismus und Voluntarismus, zwei reziproke Figuren des Naturalismus

Der Determinismus erklärt die subsumierte Realität für notwendig, physikalisch-chemische Materie und Wirtschaft gleichermaßen. Diese Subsumption wird zu einer Naturalisation. Nun ist Hume gemäß das Notwendige jedoch eine logische Kategorie und den Empiristen gemäß sogar eine „psychologische". Indem der Determinismus dem Notwendigen einen ontologischen Wert zuspricht, kommt es zu einer Validierung ohne epistemologisches Fundament. Dabei wird verschleiert, dass es sich hier um eine einfache Projektion einer logisch-psychologischen Kategorie auf das Wirkliche handelt. Der aus einem Glauben geborene Determinismus gilt nur, soweit der ihn stützende Glaube fortbesteht. Angesichts der herrschenden Vorstellung von Wirtschaft als Raums, der von mechanisch bewegten Naturkräften beherrscht wird, muss dieser Glaube als sehr lebenskräftig bezeichnet werden. Die Komplexität dieser Mechanik ist dabei von geringer Bedeutung.

Die Aufdeckung des logisch-psychologischen Ursprungs diese Begriffs führt zur Erkenntnis, dass es sich bei der Projektion des „Notwendigen" auf das Wirkliche um eine charakteristische Manifestation jener Haltung handelt, die Sartre in die Gattung der Bösgläubigkeit (*mauvaise foi*) einordnet. Die Bösgläubigkeit besteht im Ausspielen der angeblichen Alternativen Determinismus und Voluntarismus, indem das Subjekt der Bösgläubigkeit seine Freiheit aufgibt, um sie schließlich

---

3   Sartre: „Die Anthropologie", S. 79.
4   Kail: „Beauvoir, Sartre, Bourdieu".

stolz wieder zu beanspruchen, und umgekehrt. Anders ausgedrückt, die Bösgläubigkeit reduziert die Freiheit auf ein Mittel, das das Subjekt benutzt oder aufgibt
je nach den Anforderungen, die durch den andern als den „Verteidiger der Ehrlichkeit" erhoben werden, der sich stolz in die Haltung des Emanzipators wirft:

> Man wendet sich an ein Bewußtsein, um von ihm im Namen seiner Bewusstseinsnatur zu
> verlangen, sich als Bewusstsein radikal zu zerstören, indem man es auf eine Wiedergeburt
> jenseits dieser Zerstörung hoffen läßt.[5]

Die Legitimität der Emanzipation ist nur auf Kosten der Aufhebung des Bewusstseins durch sich selbst sicher gestellt. Das zukünftige emanzipierte Bewusstsein
konstituiert sich dadurch als Subjekt, im Sinne von „Subjekt von" (z. B. Subjekt
des Königs), und schickt sich an, die Freiheit aus den Händen des großzügigen
Befreiers zu erhalten. Wenn der Akt des Bewusstseins im Sich-entwerfen besteht,
wodurch es das Wirkliche bezeichnet oder bewertet, hat seine Umwandlung in
ein Subjekt zum Ergebnis, das Entwerfen jeder Dynamik zu berauben, es in eine
notwendige Abfolge von Ursachen und Wirkungen zurückfallen zu lassen – eine
notwenige Abfolge, die in Wahrheit nur ein versteinerter Bewertungsvorgang
ist. In Wirklichkeit besitzt das Notwendige die Kraft, im Voraus jede Frage der
Legitimation zu entwerten, indem es dem Sollen keinen Raum zugesteht. Das
Notwendige, eine Erfindung der Herrschenden und der Emanzipatoren, eignet
sich so das Sein und das Sollen an, um das Sollen auf das Sein zu verweisen. Das
Hin- und Herschwanken zwischen Determinismus und Voluntarismus drückt
infolgedessen die Unfähigkeit des Subjekts aus, einerseits ganz auf die Freiheit zu
verzichten und andererseits die Freiheit als sein Sein zu akzeptieren. Von diesen
Bemerkungen ausgehend ist es möglich, den Sinn der These von der Wechselseitigkeit von Determinismus und Voluntarismus zu verdeutlichen. Gemäß Sartres
Bewusstseinsphilosophie folgt der Wille erst an zweiter Stelle nach dem Entwurf
und stellt der Wille nur einen einfachen Organisator von Mitteln dar:

> Aber mehr noch: weit davon entfernt, daß der Wille die einzige oder wenigsten bevor
> zugte Manifestation der Freiheit ist, setzt er vielmehr, wie jedes Ereignis des Für-sich,
> die Grundlage einer ursprünglichen Freiheit voraus, um sich als Wille konstituieren zu
> können. Der Wille setzt sich nämlich als reflektierten Entschluß in bezug auf bestimmte
> Zwecke. […] Halten wir jedenfalls fest, daß sich der Wille im Rahmen von Antrieben
> und Zwecken bestimmt, die vom Für-sich bereits gesetzt sind in einem transzendenten
> Entwurf seiner selbst auf seine Möglichkeiten hin.[6]

---

5   Sartre: *Das Sein und das Nichts*, S. 149.
6   A.a.O., S. 769, 771.

Da der Determinismus dem Bewusstsein verbietet, sich auf die Möglichkeiten hin zu entwerfen, bleibt dem Willen, auf den die Freiheit sich reduziert sieht, im Rahmen der von uns geprüften falschen Alternative nur die Möglichkeit, das Notwendige gutzuheißen. Diese Argumentation erlaubt uns, den politischen Voluntarismus zu beurteilen, der ein so häufiges Thema der modernen politischen Philosophie und der zeitgenössischen Politik ist. Alle historischen Erfahrungen auf der Basis dieses politischen Voluntarismus haben nämlich den experimentellen Beweis dafür geliefert, dass dieser nur geschickt mit Mitteln umgeht, nur ein Subjekt ist, das heißt ein Bewusstsein (im Sartreschen Sinne), das sich seiner normativen Fähigkeit entledigt hat, um die Zwecke einer determinierten Struktur anzuvertrauen. Im Fall des Stalinismus hat sich der Voluntarismus der sogenannten historischen Notwendigkeit unterworfen – was daraus wurde, wissen wir. Heutzutage dankt der politische Voluntarismus vor den Gesetzen der naturalisierten ökonomischen Wirklichkeit ab. Deshalb muss das kritische Denken dringendst das theoretische und politische Hindernis des deterministischen Materialismus[7] beseitigen, dessen Avatar der Voluntarismus ist. Zu diesem Vorhaben liefert uns Sartres Werk einen unschätzbaren Beitrag. Dieses Werk, durch Marxisten und orthodoxe Heideggerianer oft in die Kategorie des Subjektivismus eingeordnet, wird in Wirklichkeit seit seinen Anfängen durch den Materialismus inspiriert. Erinnern wir uns an den Schluss von Sartres erstem philosophischem Werk, *La Transcendance de l'égo* (dt.: *Die Transzendenz des Ego*), das 1936 erstmals in der Zeitschrift *Recherches philosophiques* publiziert wurde:

> Mir schien immer, daß eine so fruchtbare Arbeitshypothese wie der historische Materialismus zur Begründung keinesfalls die Absurdität des metaphysischen Materialismus erforderte. Es ist ja nicht notwendig, daß *das Objekt dem Subjekt* vorangeht, damit die geistigen Pseudo-Werte verschwinden und die Moral ihre Basis in der Realität wiederfindet. Es genügt, daß das *ICH* zur gleichen Zeit wie die Welt ist und daß die, rein logische, Subjekt-Objekt-Dualität endgültig aus den philosophischen Überlegungen verschwindet. Die Welt hat das ICH nicht geschaffen, das ICH hat die Welt nicht geschaffen, es sind zwei Objekte für das absolute unpersönliche Bewußtsein, durch das sie sich verbunden finden. Dieses absolute Bewußtsein hat, wenn es vom Ich gereinigt ist, nichts mehr von einem *Subjekt*, es ist auch keine Kollektion von Vorstellungen: es ist ganz einfach eine erste Bedingung und eine absolute Quelle für Existenz.[8]

---

7   Wir benützen hier den Ausdruck des „deterministischen Materialismus" im üblichen Sinne, hoffen jedoch, den Leser überzeugen zu können, dass dies nur eine *contradictio in terminis* ist.

8   Sartre: „Die Transzendenz", S. 92f.

Sartre bricht mit dieser Problemstellung der Determinierung, die uns zwingt, die Beziehung zwischen Subjekt und Objekt in der Dualität von zwei verschiedenen Substanzen und der Priorität einer dieser Substanzen vor der anderen zu denken (des Objekts im Falle des Realismus, des Subjekts im Falle des Idealismus). Da für Sartre Subjekt und Objekt gleichzeitig sind, kann keines von beiden dem andern vorgehen. Die chronologische Priorität der Welt gegenüber dem Subjekt verleiht dieser keinen logischen und ontologischen Vorrang. Eine Welt ohne Subjekt (Friedrich Engels berühmte „Natur […] ohne fremde Zutat"[9]) ist immer noch eine Retrospektion des Bewusstseins. Keine materielle, chemische, physikalisch-chemische oder biologische Kausalkette wird je auf das Bewusstsein verweisen. Dies bedeutet nicht, dass letzteres eine autarke geistige Größe ist, sondern dass es aus der Unbestimmtheit der Materie auftaucht. Das Auftauchen des Bewusstseins ist sicherlich kontingent, doch nach dessen Auftauchen ist es (im strikt logischen Sinn) für die Unterscheidung zwischen den beiden Ordnungen des An-sich-Seins und des Für-sich-Seins notwendig. Ersteres gehört zum Sein, letzteres zur Existenz. Anders gesagt, es ist notwendig, Bewusstsein und Freiheit zu verschmelzen. Dies reicht, damit das Bewusstsein vor der WELT als „gefährdet" erscheint und dass es seinen ganzen Inhalt aus der WELT zieht. Dies reicht, um einen Materialismus der Freiheit zu begründen, die eigentliche Bestimmung des Materialismus, und damit die Politik endlich das Risiko der Selbstemanzipation eingeht.

Von der Knappheit oder der historischen Kontingenz

Jedes menschliche Abenteuer, warnt uns Sartre, ist ein erbitterter Kampf gegen die Knappheit[10]. Diese durch ihn eingeführte Bestimmung gilt „bis dato" auch heute noch in unserer Welt. Die Knappheit ist kontingent *und* universell, auch wenn sie zu einem gegebenen historischen Zeitpunkt in Abhängigkeit vom betrachteten Gebiet variieren kann. Obwohl trotz der langen Geschichte der Menschheit immer noch ein großer Teil der Weltbevölkerung unterernährt ist, muss die Knappheit, wie immer sie sich in ihrer Kontingenz ausdrückt, als eine fundamentale Beziehung der Menschen zur Natur, der Materialität und der Menschen untereinander anerkannt werden. Die Knappheit ist es, die „uns zu diesen Individuen macht, die diese Geschichte hervorbringen und sich als Menschen definieren."[11] Die Universalität der

---

9   Engels: *Dialektik der Natur*.
10 Die deutsche Übersetzung der *Critique de la raison dialectique* übersetzt *rareté*, einen ökonomischen Fachbegriff, irrtümlicherweise als Mangel statt als Knappheit. Eine entsprechende Änderung wurde durchgehend vorgenommen. [A.d.Ü]
11 Sartre: *Kritik*, S. 131.

Knappheit ist ganz und gar nicht die Folge einer Notwendigkeit, die den Undank der Natur oder die *Hybris* einer menschlichen Natur ausdrücken sollte. Genau gegen diese Notwendigkeit, die beansprucht die ganze Geschichtsphilosophie auszurollen, will Sartre sein Denken schützen. Indem Sartre konzeptuell die Notwendigkeit der Kontingenz unterordnet, bestätigt er seine Definition des Mensch-sein als das, was zu sein hat: wenn die menschliche Realität auch nicht oder anders sein kann, kann sie nur sein, indem sie sich schafft.

Hinsichtlich des konzeptuellen Status der Knappheit ist unsere interpretative Hypothese folgende: dieses Konzept erlaubt, die materialistischen Versprechen des Schlusses von *La Transcendance de l'ego* (1936) zu halten, ohne die These einer situierten absoluten Freiheit aufgeben zu müssen. Die Knappheit bestimmt die allgemeine Beziehung einer multiplen und dialektischen *Praxis* mit der Materialität. Nach erfolgter Würdigung des historischen Materialismus zeigt Sartre dessen Grenzen auf. Als Gefangener des Schemas der Subjektphilosophie berücksichtigt jener den Typus der passiven Handlung nicht, den die Materialität auf die Menschen und ihre Geschichte ausübt, indem sie ihnen eine *gestohlene Praxis* in der Form von Gegenfinalität zurückgibt.

> Wir werden es noch mehr betonen, die GESCHICHTE ist komplexer, als ein gewisser vereinfachender Marxismus annimmt, und der Mensch hat nicht nur gegen die NATUR, gegen die gesellschaftliche Umwelt, die ihn hervorgebracht hat, und gegen andere Menschen zu kämpfen, sondern auch gegen seine eigene Aktion, insofern sie eine andere wird.[12]

Diese Entfremdung steht am Ursprung aller Formen der Entfremdung. Sartre kann dem Begriff der Knappheit seine ganze Bedeutung verleihen, indem er erklärt, dass die Knappheit erst die Möglichkeit menschlicher Geschichte begründet, vorausgesetzt, dass diese verstanden wird „als erlebte Beziehung einer praktischen Pluralität [*multiplicité*] zur umgebenden Materialität und innerhalb ihrer selbst"[13].

Sartres Knappheit beherrscht die menschliche Geschichte, genauer gesagt und im Hinblick auf deren Kontingenz, *diese* menschliche Geschichte und nicht bloß die Wirtschaft, wie es sich die strikten Wirtschaftswissenschaften vorstellen (in deren Fokus das Verhältnis der Mittel zu den Zwecken steht, um das Maximum aus den zur Verfügung stehenden Mitteln zu erzielen). Die Volkswirtschaftslehre verwechselt die ökonomische Aktivität mit einem Kampf gegen die Knappheit. Wenn die Knappheit sich abstrakt praktisch und historisch, also in Situation verwirklicht,

---

12 A.a.O., S. 132. Korrektur der Übersetzung: Substantive, die Sartre mit einem Versal begann, werden zur Kennzeichnung durchgehend in Versalien gesetzt.
13 A.a.O., S. 132.

als eine Beziehung des Individuums zu seiner Umgebung, der Natur – was nicht nur in der Ökonomie, sondern auch zu häufig im ökologischen Denken zutrifft –, so ist die Umgebung immer ein durch die kollektiven Strukturen schon konstituiertes, organisiertes Feld. Unter diesen Beziehungen ist die Knappheit die fundamentalste, insofern sie der Vielfalt der Menschen eine negative Einheit aufzwingt. Sartre bezeichnet diese Einheit als negativ, weil sie sich dem Menschen durch die Materie aufzwingt. Die menschliche Präsenz auf der Erde ist ohne Kampf nicht möglich. Die Einheit ist negativ im Gegensatz zur positiven und dialektischen Einheit, die eine gemeinsame Aktion schmiedet. Diese erste Totalisierung durch die passive Materie zeigt sich in der Gruppe in Form jener Mitglieder, die überschüssig sind, die die Gruppe beseitigen muss, um ihr Fortbestehen zu bewahren.

> Die Knappheit als Mangel und als Kraftfeld ist vielmehr der Ausdruck eines (mehr oder weniger genau bestimmten) quantitativen Faktums: diese natürliche Substanz oder jenes hergestellte Produkt existieren in einem bestimmten sozialen Feld in nur ungenügender Anzahl *in bezug auf* die Anzahl der Mitglieder der Gruppen oder der Bewohner der Gegend: *es gibt nicht genug davon für alle.* Daher existiert für jeden alle Welt (die Gesamtheit) insofern, als der Verbrauch irgendeines Produkts durch andere dort hinten ihm *hier* eine Chance entzieht, einen Gegenstand derselben Ordnung zu finden und zu verbrauchen. […] Aber selbst wenn die Individuen nichts von einander wissen und soziale Schichtungen und Klassenstrukturen die Wechselseitigkeit glatt unterbrechen würden, existiert und handelt dennoch jeder im Milieu der Knappheit und innerhalb des bestimmten sozialen Feldes, in Gegenwart aller und eines jeden. *Dieses* Mitglied *dieser* Gesellschaft kennt vielleicht nicht einmal die Anzahl der Individuen, aus der sie sich zusammensetzt; es hat vielleicht keine Ahnung von dem genauen Verhältnis des Menschen zu den natürlichen Stoffen [K.d.Ü.[14]], den Instrumenten und den menschlichen Produkten, das die Knappheit ganz präzise definiert [K.d.Ü.]; es erklärt vielleicht die gegenwärtigen Mangelerscheinungen [K.d.Ü.] mit absurden und völlig unzutreffenden Gründen. Nichtsdestoweniger existieren die anderen Menschen der Gruppe für es *zusammen*, insofern jeder von ihnen eine Bedrohung seines Lebens darstellt oder, wenn man vorzieht, insofern die Existenz eines jeden die von einem Menschenleben vollzogene Verinnerung und Annahme der Umwelt als Negation der Menschen ist.[15]

Diese Knappheit wird durch die phänomenologische Ontologie Sartres als eine fundamentale Bedingung berücksichtigt, die ein anthropologisches „transhistorisches" Niveau anpeilt, auf dem sich Formen der sozial-historischen Strukturierung im Nachhinein vollziehen können. Dieses Niveau ist nicht als Natur gedacht, sondern wird als durch und durch relational begriffen.

---

14 K.d.Ü.: Korrektur durch Übersetzer.
15 A.a.O., S. 135f.

Die durch die herrschende Ökonomie berücksichtigte Knappheit ist nicht bloß
ein unverzichtbares Beiwerk, damit der *Homo oeconomicus* seine Rolle im ökonomischen Theater spielen kann. Vielmehr regt die so verstandene Knappheit
die instrumentelle Vernunft an, von ihren Talenten Beweis abzulegen. In Sartres
Terminologie ausgedrückt werden die Beziehungen der Knappheit und der ökonomischen Aktivität auf analytische Art, als Exteriorität behandelt. Beide stellen
Variablen einer Funktion dar. Ganz anders verhält es sich mit Sartres Verständnis
der eine Totalisierung beanspruchenden Knappheit. Obwohl negativ, ist sie gleichwohl interiorisiert. Dieser entscheidende Punkt spaltet die ganze westliche Metaphysik (des SUBJEKTS und der NATUR): die Knappheit existiert nicht an sich,
sondern für uns; sie ist die interiorisierte materielle Negation. Da die Unmenschlichkeit des Menschen nicht aus seiner ihm ohnehin fehlenden Natur kommen
kann, kann sie nur die Folge einer Beziehung der Menschen untereinander sein.

> Im reinen Wechselverhältnis ist der ANDERE ebenso *DERSELBE*. In dem *durch die
> Knappheit modifizierten* Wechselverhältnis erscheint uns DERSELBE als ANDERER
> [K.d.Ü], insofern *DERSELBE* [K.d.Ü] uns als radikal *ANDERER*, das heißt als Träger
> einer Todesdrohung für uns erscheint. Oder, wenn man will, wir verstehen in groben
> Zügen seine Ziele (es sind die unseren), seine Mittel (wir haben die gleichen) und die
> dialektischen Strukturen seiner Handlungen. Aber wir verstehen sie als Merkmal einer
> *anderen Art*, unseres teuflischen Doppelgängers.[16]

Die Knappheit ist auch nicht eine permanente Struktur, denn diese – dies sie
nochmals betont – implizierte, dass sie die Manifestation irgendeiner menschlichen Natur wäre. Sie ist vielmehr ein Moment menschlicher Beziehungen, ein zu
tiefst ambivalentes Moment, das immer überschritten wird und sich fortlaufend
neu gebiert. Als erstes Moment ist es der „Ausgangspunkt" des Prozesses der
Verdinglichung, in dem die Menschen durch die Materie zu reiner Quantität
werden. Dieses Moment der Knappheit lässt sich in der Auflösung der positiven
Wechselwirkungen – als deren Wirkung – und im Wiedererscheinen der negativen und antagonistischen Wechselwirkungen – immer unter der Herrschaft der
Knappheit – auffinden.

> Wenn ich sage, daß der Mensch mit den Wesenszügen des unmenschlichen Menschen
> als ANDERER existiert, so bezieht sich das natürlich auf alle menschlichen Bewohner des
> untersuchten sozialen Feldes und gilt für die anderen und für sie selbst. Oder, mit anderen
> Worten, jeder *ist* unmenschlicher Mensch für alle ANDEREN, betrachtet alle ANDEREN
> als unmenschliche Menschen und behandelt den ANDEREN tatsächlich mit Unmensch-
> lichkeit […] Indessen müssen diese Bemerkungen im richtigen Sinn verstanden werden,

---

16 A.a.O., S. 140.

das heißt unter der Voraussetzung, daß es keine *menschliche* [kursiv durch MK/RS] *Natur* [kursiv durch JPS] gibt. Dennoch wird zumindest bis zum gegenwärtigen Augenblick unserer Vorgeschichte die ganze Praxis tatsächlich von der wie auch immer gearteten Knappheit beherrscht. Man muß also *gleichzeitig* begreifen, daß die Unmenschlichkeit des Menschen nicht von seiner Natur herrührt, daß sie, weit davon entfernt, seine Menschlichkeit auszuschließen, vielmehr nur durch diese verständlich ist, *aber* daß es, solange die Herrschaft der Knappheit kein Ende genommen hat, *in jedem einzelnen Menschen und in allen* eine inerte Unmenschlichkeitsstruktur geben wird, die im Grunde nichts anderes darstellt als die verinnerte materielle Negation.[17]

Der Kampf gegen die Knappheit wird mittels der das *Praxis*feld einigenden Arbeit geführt. Arbeit, die sich mit dem Organismus vereint, nämlich als eine „gelenkte Trägheit", um auf die materielle Trägheit einzuwirken und das Bedürfnis zu befriedigen. In Bezug auf den Begriff der Arbeit warnt Sartre vor jedem Denken in Kategorien der Notwendigkeit (so verstandene Arbeit wäre gemäß dieser Logik eine notwendige Folge der Knappheit, was deren vorhergehende Naturalisierung voraussetzte) und des Zwecks (hier wäre die Arbeit bloßes Mittel, um die Knappheit zu überwinden). Diese Züge sind charakteristisch für eine hegelianisch-marxistische Anthropologie. Auch wenn diese Veränderung *prima facie* als oberflächlich erscheinen mag, ist jetzt verständlich, wie Sartre den allgemeinen Begriff der Arbeit von Grund auf durch den noch allgemeineren Begriff der Knappheit neu gestaltet. Die Arbeit definiert sich in einem sozialen durch die Knappheit definierten Feld, wie sich das Feld der menschlichen Geschichte darstellt, notwendigerweise für den Menschen als *Praxis*, die das Bedürfnis durch eine partikuläre Verneinung der Knappheit zu befriedigen sucht. Hierin zeigt sich uns die Besonderheit von Sartres Philosophie: ein Denken, das ausgeht von der Kontingenz, um hernach die Notwendigkeit zu betonen, die diese Kontingenz bewirkt.

Dürfen wir uns mit diesem Ausdruck der „Notwendigkeit der Kontingenz" zufrieden geben, nachdem wir zuvor den ontologischen Missbrauch des Begriffs der Notwendigkeit beklagt hatten? Um diese Frage zu beantworten müssen wir diesen Ausdruck im Licht der berühmten, aber auch paradoxen Erklärung Sartres verstehen, wonach „wir verdammt sind, frei zu sein". Es ist nicht eine höhere Instanz, die ein solches Urteil ausspricht, vielmehr ist es so, dass die Freiheit unser Sein ist. Es sei nochmals betont, dass wir nicht sind, sondern dass wir zu sein haben. Das Sein-müssen ist nicht eine Aufforderung, der es nachzukommen geziemt, sondern vielmehr konstitutiv für unsere Lage. Sie ist Bestandteil unserer Existenz. Wir können uns der Freiheit nicht begeben außer auf „magische Weise", indem wir in den Modus der Bösgläubigkeit wechseln. Bösgläubigkeit ist der verzweifelte Versuch,

---

17 A.a.O., S. 138.

Haben-zu-sein in Sein zu verwandeln, um so den Forderungen der Freiheit zu entkommen.

Sartres Dialektik vs. dialektischer Materialismus

Bevor er seine Auffassung jener des Marxismus gegenüberstellt, erinnert Sartre daran, dass diese Gegenüberstellung zum Ziel hat, die Knappheit als *menschliche Tatsache* wieder in die Geschichte zu integrieren und nicht den Diskurs zu reproduzieren, der die Knappheit einer „rabenmuttergleichen Natur" anlastet. Marx bringt den Diskurs über die Knappheit mit der bürgerlichen Ideologie oder der Vulgärökonomie in Beziehung, die ein für alle Mal die kapitalistische Produktionsweise durch die Behauptung zu rechtfertigen suche, dass der Mangel an Konsumgütern eine Folge des „Bevölkerungsgesetzes" (Malthus) sei. Die Knappheit stellt hier eine von den bürgerlichen Ökonomen geschmiedete „Robinsonade" dar, die Geschichte verschmäht. Sartres diesbezüglich von Beginn weg festzustellende Ausführlichkeit hat ihre Grundlage hierin. Dass sich der Marxismus mit der Knappheit als grundlegendem menschlichem Faktum schwer tut, ist auch (und vielleicht vor allem) jener voreingenommenen produktivistischen Haltung geschuldet, die versichert, dass die Knappheit durch den sich an der menschlichen Geschichte orientierenden Fortschritt definitiv überwunden wird. Dies erlaubt, die für uns zentrale Schwierigkeit des Marxismus zu beleuchten, der einerseits die „Knappheit" anprangert, insofern sich diese aus einer naturalistischen Sichtweise als Eigenschaft einer „rabenmuttergleichen Natur" ergibt, und andererseits in einem Naturalismus des Fortschritts versinkt, der die menschliche Geschichte transzendiert und vorgibt, dieser einen Sinn zu verleihen. Sartre verweist hier sehr scharfsinnig auf den Positivismus von Engels, aber auch jenen von Marx:

> Ausgezeichnet: Es handelt sich hier um ein Gesetz im positivistischen Sinne, das heißt um eine *Funktion* und die Bestimmung ihrer Variable [K.d.Ü.]. $Y = f(x)$ [K.d.Ü]: die Geschwindigkeit, mit der sich ein Besitzbauerndorf verwandelt, ist direkt proportional zur Geschwindigkeit, mit der eine wachsende Anzahl von „natürlichen" Erzeugnissen sich in Waren verwandelt. Aber eben gerade weil sich dieses Gesetz, wie alle Gesetze der NATUR [K.d.Ü] nur auf ein universales Verhältnis zwischen möglichen Fakten bezieht, ist sein Inhalt unhistorisch, und es ist vielmehr Aufgabe der GESCHICHTE, uns zu erklären, wie und warum in der einen Gesellschaft die Geschwindigkeit plötzlich beschleunigt wurde und in der anderen die Umwandlung praktisch nicht stattgefunden hat. Und es ist die Aufgabe *dieser GESCHICHTE*, ihre eigene Intelligibilität als zeitliches Erlebnis zu liefern, und nicht eine Aufgabe des analytischen Gesetzes, den entsprechenden Prozess zu erhellen. [K.d.Ü.][18]

---

18   A.a.O., S. 152.

Allgemeiner ausgedruckt ist das Problem des Marxismus der Übergang vom Positiven zum Negativen, das heißt die Frage nach dem Wissen, wie die soziale Differenzierung gegensätzliche Klassen produziert und sich in den Klassenkampf transformiert. Diese für die dialektische Vernunft so fatale Unzulänglichkeit kann nur dadurch überwunden werden, dass berücksichtigt und gezeigt wird, dass zuerst die Negation ist. Sartre legt dies in der folgenden entscheidenden Passage genauer dar:

> Die einzige mögliche Antwort – nicht als historischer Grund dieses oder jenes besonderen Prozesses, sondern als Begründung der Intelligibilität der Geschichte – besteht darin, daß zunächst die Negation in ihrer ursprünglichen Unbestimmtheit gegeben sein muß, ob es sich nun um eine Landgemeinde oder einen Nomadenstamm handelt. Und diese Negation ist natürlich die verinnerte Negation einiger Menschen durch die Knappheit, das heißt die Notwendigkeit für das Gemeinwesen, seine Toten und Unterernährten auszuwählen […] Marx sagt sehr wenig über die Knappheit, und zwar, wie ich annehme, weil das ein Gemeinplatz der klassischen Nationalökonomie ist, der durch Adam Smith in Mode kam und von Malthus und seinen Nachfolgern weiterentwickelt wurde. Er hält das für bewiesen und beschäftigt sich – ganz zu Recht, denn *darin* besteht der Marxismus – mit der Arbeit als Erzeugerin von Werkzeugen und Konsumgütern und gleichzeitig als einer bestimmten Beziehungweise zwischen den Menschen.[19]

Die kontinuierliche Lektüre von Sartres Text belohnt uns so vielleicht mit einem besseren Verständnis der Stellung der Knappheit, auch wenn Sartres Darlegung nicht immer durch Klarheit glänzt. Eine aufmerksame Lektüre lässt verstehen, dass das Schicksal der dialektischen Interpretation der Geschichte und damit der Interpretation von Geschichte von der Knappheit abhängt. Woran leidet das angeblich dialektische Verständnis der Geschichte? Es leidet an dem, was es abstrakt als Negatives postuliert und hernach als vollständig positive Wirklichkeit einführt. Eine solche Wirklichkeit kann das Negative nur verwerfen, muss dieses in die Zwangsjacke des „dialektischen Materialismus" einsperren, sei es nun in der Engelsschen oder Stalinschen Version oder, für Sartre, auch in der Marxschen[20]. Unter dem Titel „Materialismus und Revolution" setzte sich Sartre schon 1946 mit dem dialektischen Materialismus auseinander[21]. Der Marxismus ist nach Sartre

---

19 A.a.O., S. 155f.

20 „Dieser Materialismus, wir wissen es sehr gut, ist nicht jener des Marxismus, und trotzdem können wir folgende Definition bei Marx finden: ‚Allerdings heißt materialistische Naturanschauung weiter nichts als einfache Auffassung der Natur so, wie sie sich gibt, ohne fremde Zutat'" (Engels: *Ausgelassenes aus Feuerbach*) [Dieser Satz fehlt in der deutschen Übersetzung der *Kritik*; vgl. Sartre: *Critique*, S. 146].

21 Es sei hier auf die systematische Studie von Kail: „La critique sartrienne du matérialisme" verwiesen.

zum Stillstand gekommen, weil jener sich in den dialektischen Materialismus, in diesen „dialektischen Materialismus von *außen* oder transzendentalen dialektischen Materialismus", einschließen ließ.

> Durch einen solchen Materialismus des Äußeren [K.d.Ü.] wird die Dialektik als Exteriorität aufgezwungen: die Natur des Menschen liegt außer seiner selbst in einem *apriorischen* Gesetz, in einer außermenschlichen NATUR, in einer GESCHICHTE, deren Anfänge sich im Nebelhaften verlieren. Für eine solche universale Dialektik haben partielle Totalisierungen nicht einmal einen provisorischen Wert: sie existieren überhaupt nicht, sondern alles verweist immer auf die Totalität der NATURGESCHICHTE, von der die menschliche Geschichte nur ein Teilgebiet ist.[22]

Gemäß Engels Weisung ist es wichtig, diesen fremden Zusatz zu unterdrücken, um die dialektische Reinheit des Materialismus zu wahren, der „nichts anderes ist als der konkrete lebendige Mensch mit seinen menschlichen Beziehungen, seinen richtigen oder falschen Ideen, seinen Taten und seinen realen Zielen."[23] Dieser „fremde" Zusatz ist nichts anderes als die Knappheit, oder, genauer ausgedrückt, die Knappheit, insoweit sie diesen von seiner Fremdheit befreiten „Zusatz" einzuschieben erlaubt. In diesem Sinne führt die Knappheit dazu, dass der konkrete Mensch nicht mehr als Eindringling in die dialektische Geschichte erscheint. Die Knappheit erlaubt in der Tat zu behaupten, dass das Negative schon immer da ist, nicht in der Form eines sich unentrinnbar, „natürlich" erweiternden Spalts im Herzen des Seins, sondern weil das Unmenschliche, wie wir sahen, zu den Menschen durch die Menschen kommt. Die durch die Knappheit bestätigte Kontingenz – die nicht auf eine bloße rhetorische Figur reduziert werden darf – ist entscheidend dafür, die Wirkkraft des „dialektischen Materialismus von außen" zu brechen. Da es nicht wahr ist, dass die Natur auf alle Bedürfnisse aller Menschen eine Antwort gibt, ist die Naturgeschichte, die vorgibt, einen solchen Materialismus neu zu erschaffen, eine Totgeburt. Jenseits der Naturgeschichte erfährt das Prinzip dieses Materialismus, die Identität von Sein und Wissen, von Sein und Vernünftigem (dessen rekonstituierte Naturgeschichte selbst eine Illustration ist), keine Anerkennung.

Die Knappheit ist zentral für eine begriffliche Konfiguration, die sich die Mittel gibt, die menschliche Geschichte dialektisch zu denken. In der konzeptionellen Konstruktion des Begriffs der Knappheit gibt es keinen Platz für die „Natur", selbst wenn sie namentlich erscheinen mag. Sartre spricht von der Materialität, die der Organismus interiorisiert, indem er sich zur Passivität macht, um die Befriedigung

---

22 Sartre: *Kritik*, S. 28.
23 Ebd.

des Bedürfnisses sicherzustellen: erste Form der *Praxis*, daher auf Anhieb *Praxis*. Dem Dualismus zwischen Subjekt und Objekt wird keine Konzession zugestanden. Von Beginn an wird die menschliche Geschichte als in der „Welt", vollständig und ausschließlich als *Beziehung* zwischen Subjekt und Objekt verstanden. „Die Welt ist menschlich, aber nicht anthropomorph[24]", hält Sartre treffend in seinem Manuskript *Wahrheit und Existenz* fest.

Wir wollen hier einen Moment verweilen, um den Inhalt und den Status dieses Begriffs von „Welt" genauer zu erfassen, der das Verbindungsglied zwischen Freiheit und Situation darstellt. Wir beziehen diesen Begriff auf die phänomenologische Ontologie und stellen ihn dem Begriff der Natur gegenüber, der im Zentrum des historischen und dialektischen Materialismus steht. Für Merleau-Ponty ist die Phänomenologie eine „Transzendentalphilosophie, die die Thesen der natürlichen Einstellung, um sie zu verstehen, außer Geltung setzt", und, fährt er fort, „doch eine Philosophie, die lehrt, daß Welt vor aller Reflexion in unveräußerlicher Gegenwart ‚je schon da' ist, eine Philosophie, die auf nichts anderes abzielt, als diesem naiven Weltbezug nachzugehen, um ihm endlich eine philosophische Satzung zu geben."[25] Unmittelbar nach der Reaktivierung des Begriffs der Welt legt Merleau-Ponty offen, dass das Universum der Naturwissenschaft auf der erlebten Welt, der Erfahrung der Welt aufbaut. So kann das Bewusstsein zur „absoluten Quelle" erhoben werden. Mit andern Worten ausgedrückt, der folgende paradoxe, aber gleichwohl entscheidende Satz ist notwendig, um bis zum Ende eine solide anaturalistische Position aufrechterhalten zu können: die Welt ist vor mir da, aber sie *existiert* nur mit mir.

> […] meine Existenz geht nicht, als aus ihren Antezedentien, hervor aus meiner physischen und sozialen Umwelt, sie geht vielmehr auf diese hin zu und gibt ihr den Seinsgrund erst; denn ich bin es, der eine Tradition, die wiederaufzunehmen ich mich entschließe, erst für-mich-sein lasse (und d. h. „sein" im einzigen Sinn, den das Wort für mich haben kann), der ich allererst einen Horizont für mich sein lasse, dessen Abstand zu mir verschwände, wäre ich nicht da, dessen Blick ihn umfaßt und ermißt, da er doch nicht als Eigenschaft der Umwelt als solcher eignet.[26]

Es ist leicht verständlich, dass die These vom Vorrang des Für-sich-seins jene stört, die sich gewöhnlich auf den Materialismus berufen und die nie versäumen, dabei einen Subjektivismus festzustellen, der, so prangern sie an, dem Idealismus eigen ist. Dabei verwechseln sie – halten wir entgegen – ein chronologisches Prius der Welt

---

24 Ders.: *Wahrheit und Existenz*, S. 83.
25 Merleau-Ponty: Phänomenologie, S. 3.
26 A.a.O., S. 5.

mit einem logischen Prius. Eine „Welt", die logisch angeblich dem Bewusstsein vorausgeht, wird als ein Ort der Notwendigkeit verstanden, was wiederum den ausschließlich logischen Ursprung und Charakter dieser Kategorie erraten lässt. Das Notwendige ist somit nur eine Eigenschaft der Schlussfolgerung, um anschließend „ontologisiert" zu werden. Die Notwendigkeit definiert den Kontext, in den das Subjekt im Nachhinein eingeführt wird und von dem es seine Bestimmungen erhält, denn die es schmückenden Eigenschaften werden ihm nach und nach entsprechend dem Vollzug der Schlussfolgerung verliehen. Notwendigkeit, Kontext, Bestimmung sind lauter Themen, die den „Materialismus von außen" prägen. Es ist insbesondere der Determinismus, der dieser begrifflichen Konfiguration in den Augen ihrer Anhänger das Zertifikat des Materialismus verleiht, während sich diese Konfiguration um eine logizistische Vorannahme organisiert, die ihr erlaubt, das Wirkliche und das Vernünftige übereinander zu lagern.

Diese Kritik am deterministischen Materialismus, ausgehend von der Erforschung des Begriffs der Welt, sieht sich weitgehend durch die Behandlung bestätigt, die dieser Materialismus, soweit er auf die Kategorie der Welt verzichtet, dem „Subjekt" zukommen lässt. Diesem Materialismus gelang es nie, eine überzeugende Konzeption der Rolle des Subjekts zu erarbeiten. Denn er müsste aufgrund seiner (nichteingestandenen) logizistischen Voreingenommenheit, die ein Subjekt fordert, das das Wirkliche unter die Herrschaft des Vernünftigen stellt, gleichzeitig die These eines allmächtigen Subjekts und sich widersprechend die Herrschaft eines Subjekts behaupten, das von den äußeren, kontextuellen Bedingungen, den Garanten materialistischer Ernsthaftigkeit abhängt. Der Determinismus dient dazu, diesen Widerspruch zu verschleiern: die rationalistische Stärke des Subjekts liefert ihm das Mittel, die Kette der Ableitungen (der Ursachen) zu entrollen, in der das Subjekt unter dem Gewicht der äußeren, kontextuellen Umstände und/oder durch die Natur eingeschlossen ist. Es ist eine eigentlich absurde Synthese: ein gleichzeitig determinierendes und determiniertes Subjekt: determinierend, insofern es seine Rationalität auf das Wirkliche projiziert; determiniert, insofern diese selbe Rationalität zurück auf das Subjekt projiziert wird.

Es sei deshalb nochmals festgehalten, dass das chronologische Prius des Wirklichen nicht logizisiert werden darf: das chronologische Prius des An-sich-seins schließt keineswegs das logische Prius des Für-sich-seins aus. In Bezug auf das Wirkliche schafft das Für-sich-sein, oder das Bewusstsein, dieses evidentermaßen nicht; es bezeichnet es, lässt es existieren, konstituiert es als Welt.

Das wahre *cogito* definiert die Existenz des Subjekts nicht durch sein Denken zu existieren, wandelt nicht die Gewißheit der Weltvorstellung, setzt nicht an die Stelle der Welt selbst einen bloßen „Sinn Welt". Vielmehr läßt es mein Denken selbst noch als unaufhebliches

Faktum erkennen und schließt es jederlei Idealismus aus, indem es mich selbst entdeckt als „Zur-Welt-sein".[27]

Eine solche Welt könnte sich nicht als eine Beziehung mit nur *einem* Bewusstsein verstehen, sondern immer nur mit einer *Vielzahl* von Bewusstsein, wie es Simone de Beauvoir so treffend ausdrückte: „Jeder Mensch steht in einer Wechselbeziehung zu seinen Mitmenschen. Die Welt, in der er sich einsetzt, ist eine menschliche Welt, in der jedes Objekt menschlich bedeutungsvoll ist."[28] Dieses kurze Zitat von Beauvoir zeigt sehr trefflich die Schwierigkeit auf, den Sinn des Begriffs von „Welt" zu erfassen und sich über den Status der Alterität zu verständigen. Im Diskurs, den wir der Einfachheit halber als jenen des „klassischen Subjekts" bezeichnen, entdeckt oder konstituiert sich das Subjekt *zuerst* allein, um *nachher* in Beziehung mit den andern Subjekten zu treten. Und bevor es die andern trifft, hat es außerdem schon eine Beziehung mit der „Natur" hergestellt. Diese gehört zur selben begrifflichen Konfiguration wie das „klassische Subjekt", das glaubt, sich auf eine erste Wirklichkeit zu beziehen, aus der es die andern Subjekte vertrieben hat. Es ist die Abschiebung der andern, die die Illusion der natürlichen Ursprünglichkeit produziert, oder, um es mit den vorher benutzten Begriffen auszudrücken, die Konfusion zwischen chronologischem und logischem Prius.

Diese Substitution des Begriffs der Natur durch jenen der Welt steht am Anfang und erlaubt den Weg jenes befreienden Materialismus zu beschreiten, den wir im Zentrum von Sartres Denken entdecken. Dieser Materialismus grenzt sich klar vom Naturalismus ab, der aufgrund seiner Bezugnahme auf den Begriff der Natur nur den Gegensatz von Subjekt und Objekt fortschreiben kann.

Das Zögern von Marx hilft uns dabei, den heuristischen Wert des Begriffs der Welt in Bezug auf die potentielle Bereicherung der in Aussicht gestellten materialistischen These besser zu erkennen. Marx bezieht sich hierauf in den sogenannten „Thesen" über Feuerbach, wobei er die epistemologischen Konsequenzen klar zum Ausdruck bringt. Viele Kommentatoren teilten seine Ansicht, auch wenn im Falle der Philosophie der Arbeit eine klar anthropologische Ausrichtung festgestellt werden kann. Marx' Denken ist nicht vollkommen homogen; es finden sich manchmal Unebenheiten, die Zeichen für andere Gedankenhorizonte ablegen und andere Perspektiven eröffnen.

Die materialistische Lehre, daß die Menschen Produkte der Umstände und der Erziehung, veränderte Menschen also Produkte anderer Umstände und geänderter Erziehung sind, vergißt, daß die Umstände eben von den Menschen verändert werden und daß der Erzieher

---

27 A.a.O., S. 10.
28 Beauvoir: „Für eine Moral der Doppelsinnigkeit", S. 128.

selbst erzogen werden muß. Sie kommt daher mit Notwendigkeit dahin, die Gesellschaft in zwei Teile zu sondern, von denen der eine über der Gesellschaft erhaben ist. […] Das *Zusammenfallen* [kursiv durch MK/RS] des Änderns der Umstände und der menschlichen Tätigkeit kann nur als *umwälzende Praxis* gefaßt und rationell verstanden werden.[29]

Einen ersten Menschen, der mit der jungfräulichen Natur konfrontiert ist, gibt es nur im theologischen Mythus von Adam. Dies zeigt uns auch, wie sehr der Begriff der Natur von Theologie geprägt ist, wie uns schon Clément Rosset[30] trefflich aufzeigte. Im oben angeführten Zitat lehnt Marx den in der Soziologie und Geschichte üblichen deterministischen Materialismus ab, der das Milieu einem *Kontext* gleichstellt, wohingegen dieser durch die Menschen transformiert wird und deshalb – unter Rückgriff auf einen Begriff Sartres – als eine *Situation* verstanden werden muss. Der berühmte Satz vom Erzieher, der selbst erzogen werden muss, findet seinen Sinn darin, dass der Begriff des Milieus als Begriff eines *durch die Handlungen der Menschen transformierten Milieus* verstanden wird. Hierbei handelt es sich um „Welt" im Sinne der phänomenologischen Ontologie von Sartre, Beauvoir und Merleau-Ponty. In der Welt finden sich „Ko-Inzidenz" und „Kon-Temporaneität" der Transformation des Milieus und der menschlichen Aktivität, der Produktion und der Selbst-Produktion. Indem Marx die Illusion eines schon gemachten Milieus ablehnt, das dadurch objektiviert wird, dass es die menschliche transformatorische Aktivität in Klammern setzt, führt Marx hin zum Verständnis von menschlicher Realität als etwas, das zu sein hat (die Transformation der Menschen durch sich selbst), als revolutionäre *Praxis*. Mit dieser anaturalistischen Ansicht von Marx fest verbunden ist die Vorstellung von der Vielfalt der Menschen, insofern der menschlichen Aktivität nicht die Natur, sondern menschliche Aktivität vorhergeht. Es gibt nie den Menschen, nur immer Menschen, nie das Subjekt, sondern immer nur Bewusstsein im Plural.

In dieser Richtung entwickelt Sartre sein Denken gegen die herrschende Auffassung von Marx und der marxistischen Tradition. Sartres Begriff der Knappheit erhält seinen Sinn nur durch die „Welt", in dem Sinne, dass die Knappheit nichts mit der Enttäuschung zu tun hat, die das menschliche Subjekt angesichts einer kargen Natur erfährt. Der Begriff der „Natur" ist vielmehr mit dem von Sartre bemängelten „Materialismus von außen" verbunden. Wie wir anhand von Sartres Kritik an Engels aufzeigten, ist die *Dialektik der Natur* eine alberne Theorie. Es gibt „materialistisch" gedacht nur eine Dialektik, die *Dialektik der Welt*. Sartre hält mit aller Kraft fest, dass, nur weil der Gegenmensch ein Produkt der Menschen

---

29   Marx: *Thesen über Feuerbach*. 3. These.
30   Rosset: *L'anti-nature*, insbesondere S. 31–43.

ist, die Materie die Macht der von uns zuvor untersuchten negativen Totalisierung erlangt. Dies ist die Lehre, die Sartre uns zu vermitteln versucht.

Literatur

Beauvoir, Simone de: „Für eine Moral der Doppelsinnigkeit". In: Dies.: *Soll man de Sade verbrennen?* Rowohlt: Reinbek 1983, S. 77–192.

Deleuze, Gilles /Guattari, Félix: *Qu'est-ce que la philosophie?*. Minuit: Paris 1991.

Engels, Friedrich: *Ausgelassenes aus Feuerbach.* http://www.mlwerke.de/me/me20/me20_456.htm (letzter Zugriff: 3.12.16).

–: *Dialektik der Natur. Notizen und Fragmente. Aus der Geschichte der Wissenschaft.* http://www.mlwerke.de/me/me20/me20_456.htm (letzter Zugriff: 3.12.16).

Kail, Michel: „Beauvoir, Sartre, Bourdieu – Contexte et Situation". In: *Concordia, Internationale Zeitschrift für Philosophie.* 54. 2008. S. 79–102.

–: „La critique sartrienne du matérialisme". In: *Les Temps Modernes*, Nr. 531–533, Okt-Dez. 1990, S. 309–349.

Marx, Karl: *Thesen über Feuerbach.* http://www.mlwerke.de/me/me03/me03_533.htm (letzter Zugriff: 3.12.16).

Merleau-Ponty, Maurice: *Phänomenologie der Wahrnehmung.* 6.A. de Gruyter: Berlin 1966 (1945).

Rosset, Clément: *L'anti-nature.* Presses Universitaires de France/Quadrige: Paris 1986.

Sartre, Jean-Paul: *Critique de la Raison dialectique, précédé de Questions de méthode.* Tome 1. Gallimard: Paris 1985.

–: *Das Sein und das Nichts.* Rowohlt: Reinbek 1995.

–: „Der Schriftsteller und seine Sprache". In: Ders.: *Was kann Literatur?*. Rowohlt: Reinbek 1986, S. 94–122.

–: „Die Anthropologie". In: Ders.: *Mai '68 und die Folgen. Reden, Interviews, Aufsätze 2.* Rowohlt: Reinbek 1975, S. 78–88.

–: „Die Transzendenz des Ego". In: Ders.: *Die Transzendenz des Ego. Philosophische Essays 1931–1939.* Rowohlt: Reinbek 1997, S. 39–96.

–: *Kritik der dialektischen Vernunft. I. Band.* Rowohlt: Reinbek 1967.

–: *Wahrheit und Existenz.* Rowohlt: Reinbek 1998.

Übersetzer: Alfred Betschart

Jens Bonnemann

Liberalismus oder Existentialismus? Jean-Paul Sartre, Carl Schmitt und das bürgerliche Recht

Ein Vergleich zwischen Carl Schmitt und Jean-Paul Sartre liegt bisher in der Forschungsliteratur nicht vor und provoziert wohl auch die Frage, ob es denn Sinn macht, zwei Denker mit so völlig unterschiedlichen inhaltlichen Schwerpunkten miteinander ins Gespräch zu bringen. Sartre ist Philosoph, während Schmitt eher als Staats- und Verfassungsrechtler zu verstehen ist.[1] Was er zu sagen hat, ist sicher für die politische Philosophie und Rechtsphilosophie relevant, aber gerade hier handelt es sich um philosophische Bereiche, in denen Sartre üblicherweise keine Rolle spielt. Gibt es überhaupt Themenfelder, zu denen beide Denker sich geäußert haben, so dass man sich einen Gewinn davon versprechen könnte, die Differenzen und Gemeinsamkeiten herauszuarbeiten?

Wie in der vorliegenden Studie gezeigt werden soll, besteht eine Übereinstimmung in der strikten Ablehnung des bürgerlichen Liberalismus mit seinem überhistorischen Wesensbegriff des Menschen und der darin verwurzelten Konzeption der Menschenrechte. Sartres Existentialismus mag ein Humanismus sein, ein Liberalismus ist er sicher nicht, was nicht unmittelbar einleuchtet, weil sich doch auch hier alles um die Freiheit dreht. Sowohl Schmitt als auch Sartre ziehen den Geltungsanspruch des bürgerlichen Rechts in Zweifel; und sowohl der eine wie auch der andere legt einen Rechtfertigungsversuch für ein politisches Handeln vor, das über Recht und Gesetz steht. Schmitt und Sartre gehen noch einen Schritt weiter: Sie sind sich darin einig, dass sie politische Gewalt unter bestimmten Umständen für legitim halten.

Eine weitere Frage liegt in diesem Zusammenhang auf der Hand, nämlich diejenige, ob der Grund für die Übereinstimmung zwischen zwei Denkern, die einander nicht zur Kenntnis genommen haben, möglicherweise in einem gemeinsamen geistesgeschichtlichen Kontext zu suchen ist. Um dieser Frage nachzugehen, wird im ersten Teil dieses Aufsatzes streiflichtartig eine Position des 19. Jahrhunderts

---

[1] In der Forschung ist man sich uneins: Ob Schmitt ein Philosoph ist, wird von Mehring: *Carl Schmitt zur Einführung* verneint, von Hofmann: *Legitimität gegen Legalität* dagegen bejaht.

beleuchtet, in der sich bereits ganz ähnliche kritische Einwände gegenüber dem ‚Menschen überhaupt' nachweisen lassen. Sören Kierkegaard lehnt bereits das idealistische Verständnis des Menschen ab und reden einem radikalen Individualismus das Wort. Während Sartre fraglos von Kierkegaard selbst und der von ihm inspirierten existentialistischen Strömung beeinflusst ist, lässt sich Schmitts Theorie sicher nicht so einfach das Etikett des Existentialismus aufkleben. Gleichwohl beruft sich Schmitt für seine dezisionistische Interpretation der politischen Souveränität sehr geheimnistuerisch auf einen ‚protestantischen Theologen' (PT 21). Bei diesem ungenannten Theologen, der als eine wichtige Inspirationsquelle ausführlich, wenn auch ohne jegliche Quellenangabe zitiert wird, handelt es sich nun unverkennbar um Kierkegaard[2]. Hinzu kommt, dass wiederum in dem zentralen Werk *Der Begriff des Politischen* (1932) die „‚existentialistische' Sprache"[3] geradezu ins Auge springt. Obwohl sich Schmitt nicht so ohne weiteres in diese Traditionslinie einfädeln lässt, wofür vor allem seine Geringschätzung des Individuums spricht, bringt er doch hier und da existentielle Motive ins Spiel.

Im Anschluss an die Rückschau, welche die Kritik Kierkegaards am idealistischen Menschenbild aufblendet, soll im zweiten Teil mit Schmitt und Sartre die Frage weiter vertieft werden, inwiefern Liberalismus und Existentialismus einander widersprechen, obwohl doch in beiden Lehren die Freiheit im Mittelpunkt steht. Die vorliegende Studie stellt sich die Aufgabe, die Einwände, welche einerseits Schmitt, andererseits Sartre gegen die liberalistische Tradition vorgebracht haben, zu rekonstruieren und die jeweiligen Gegenentwürfe zu diskutieren, mit denen versucht wird, den Anspruch des bürgerlichen Rechts in Zweifel zu ziehen und ein Handeln, das außerhalb des Rechts steht, zu legitimieren.

Abschließend soll dann der Vergleich zwischen den beiden Autoren deutlich machen: Trotz weitreichender Übereinstimmung, was die Kritik am Liberalismus betrifft, scheiden sich ganz massiv die Geister an den Fragen, in welcher gesellschaftlichen Situation wessen Gewalt gegen wen zu rechtfertigen sei. Bei Schmitt geht es an dieser Stelle um den Selbstbehauptungskampf einer Nation; bei Sartre ist Gewalt hingegen dann gerechtfertigt, wenn nur auf diese Weise ein Zustand beendet werden kann, der es einer Gruppe von Menschen nicht erlaubt, ein menschenwürdiges Leben zu führen. Das wirft natürlich die Frage auf, wie Sartre einmal ein allgemeines Wesen des Menschen infrage stellen und gleichzeitig selbst einen bestimmten Begriff des Menschen zum Maßstab nehmen kann,

---

2   Das Zitat über die Ausnahme (PT 21), das von Schmitt nicht ausgewiesen wird, findet sich in Kierkegaards Buch *Die Wiederholung*, S. 93f.

3   Mehring: *Carl Schmitt zur Einführung*, S. 132.

um gesellschaftliche Verhältnisse als falsch, entfremdet oder eben menschenunwürdig verurteilen zu können.

1) Sören Kierkegaard – individuelle Entscheidung und rationale Argumentation

Mit Kierkegaards Hegel-Kritik lässt sich nun sehr deutlich vor Augen führen, dass der Existentialismus sich gerade in Abgrenzung zu Idealismus und Liberalismus versteht und deren ebenso universalistischen, essentialistischen wie auch rationalistischen Begriff des Menschen verabschieden will[4]. Wie sich vorwegnehmend feststellen lässt: Irrationalistisch ist der Existentialismus, insoweit nicht rationale Argumente und Erkenntnisse, sondern die subjektive Entscheidung zum Mittelpunkt dieser Philosophie wird. Und er ist ebenso ,anti-universalistisch' wie auch ,anti-essentialistisch', weil er ein allgemeines Wesen des Menschen überhaupt in Abrede stellt und einen Primat der Existenz vor der Essenz behauptet.

So lässt sich die Entscheidung des individuellen Einzelnen weder durch ein rationales Argument herbeiführen, noch ergibt sie sich folgerichtig aus einem Wesensbegriff, demzufolge der Einzelne z. B. eine allgemeine Vernunftperson ist. Ein Paradebeispiel für eine solche Gegenüberstellung zwischen dem existentialistischen und dem idealistischen Menschen findet sich bereits bei Kierkegaard, dessen Hauptgegner an dieser Stelle Georg W. F. Hegel ist, also der einflussreichste Vertreter des deutschen Idealismus. Das vermeintlich harmlose Allerweltswort ,Existenz' wird an dieser Stelle zu einem philosophischen Kampfbegriff, der gegen Hegels System des absoluten Idealismus gerichtet ist. Die Argumente, die Kierkegaard ins Spiel bringt, finden sich vor allem in der umfangreichen Schrift mit dem sperrigen Titel *Abschließende unwissenschaftliche Nachschrift zu den Philosophischen Brocken* (1846). Dieses Buch gilt vielfach als Kierkegaards philosophisches Hauptwerk, und Konrad Liessmann sieht hierin nichts Geringeres als „die vielleicht radikalste Apologie von Subjektivität [...], die die Moderne entwickelt hat"[5].

Kierkegaard versucht darzulegen, aus welchem Grund das Denken die schlichte Existenz des einzelnen Menschen nicht verdauen kann. Die Aufgabe des objektiven Denkens, so beginnt er seine Überlegungen, besteht darin, fertiges Wissen hervorzubringen, indem es seine Themen als fixierbare Erkenntnisobjekte behandelt. In Kierkegaards Beispiel des Christentums fragt ein solches Denken etwa, wie es um den Wahrheitsgehalt des Christentums oder die Authentizität seiner historischen

---

4   Nicht von ungefähr werden darum auch unter dem Blickwinkel Schmitts und Sartres die Begriffe Liberalismus, Idealismus und Humanismus austauschbar.

5   Konrad Paul Liessmann: *Kierkegaard zur Einführung*, S. 110.

Dokumente bestellt sei. Im Unterschied dazu sucht das *subjektive* Denken nicht nach der Wahrheit von etwas, sondern wirft die Frage auf, welche *Bedeutung* etwas für das *Subjekt* und seine Lebensführung hat. Gemeint sind also in diesem Beispiel Fragen wie: Was heißt es, ein Christ zu sein? Wie werde ich ein Christ? Im Unterschied zum objektiven Denken, dem es um Erkenntnisse geht, steht beim subjektiven Denken also die Frage der *Aneignung* im Vordergrund (NPB I, 65):

> Während das objektive Denken gegen das denkende Subjekt und dessen Existenz gleichgültig ist, ist der subjektive Denker als existierender wesentlich an seinem eigenen Denken interessiert und existiert in ihm.

Das objektive Denken kann, wie Kierkegaard fort fährt, noch so viele Wahrheiten über das Christentum herausgefunden haben, daraus folgt noch nicht mit logischer Notwendigkeit, dass ich nun ein Christ geworden bin – selbst wenn ein solcher Denker auch der Ansicht sein mag, dass sich eine Entscheidung eben genau auf diese Weise vollzieht: Wenn er die Auffassung vertritt, dass es nur auf das Wissen und die Argumente ankommt und nun die Frage stellt, wie jemand zu einem Christen wird, so bleibt ihm nichts anderes übrig als von einem allmählichen „Sich-in-eine-qualitative Entscheidung-Heineinquantitieren" (NPB I, 88) auszugehen. Dieses Hineinquantitieren besteht etwa darin, dass das Subjekt durch zählbare argumentative Schritte in den Glauben hineinkommt.

Wenn die Entscheidung aber auf eine solche Weise zustande käme, dann wäre sie nichts weiter als ein bestimmter Wissensstand. Wie Kierkegaard geltend macht, lässt sich jedoch niemals angeben, an welcher Stelle ich so viel Wissen erworben habe, dass sich das Christ-sein logisch von selbst ergibt. Der Glaube beruht seiner Ansicht nach eben nicht auf dem Wissen – man kommt nicht durch „das verstandesmäßige Quantitieren" (NPB I, 225) hinein –, sondern auf einer *Entscheidung*, d. h. durch einen qualitativen Sprung, der sich aus keiner Erkenntnis ableiten lässt. Auf diesen Gedanken legt Kierkegaard das volle Gewicht: Da es keinen approximierenden Übergang von der Erkenntnis zur Entscheidung gibt, ist der existierende Einzelne, der sich entscheidet, eine Wirklichkeit, die nicht zum Objekt der Erkenntnis gemacht werden kann.

Wenn es nun gilt, darüber Rechenschaft abzulegen, „was es heißt, Mensch zu sein" (NPB II, 3), so ist nach Kierkegaard das objektive Denken schon deshalb aus dem Spiel, weil eine solche Frage nicht auf argumentativ-diskursive Weise bewältigt werden kann. Denn was immer auf diesem Wege herauskommt, kann immer nur für Allgemeines gültig sein. Ganz im Gegenteil führt aber der Weg, den es hier einzuschlagen gilt, vielmehr zur Betrachtung des individuellen Lebens, das der Einzelne führt (NPB II, 29):

> Aber Existenz bedeutet vor allem, ein Einzelner sein, und daher kommt es, daß das Denken von der Existenz absehen muß, weil das Einzelne sich nicht denken läßt, sondern nur das Allgemeine.

An dieser Stelle werden bereits die entscheidenden begrifflichen Weichen gestellt: Idealismus und Liberalismus können nur das Allgemeine in Betracht ziehen, das eben zum Gegenstandsbereich des objektiven Denkens gehört. Der Existentialismus ist stattdessen auf ein subjektives Denken angewiesen, das individuelle Entscheidungen zu erhellen vermag.

Der Glaube beruht nun gerade auf einer solchen ganz und gar subjektiven Entscheidung und nicht auf einer wissenschaftlichen Untersuchung. Er ist eben kein *Schluss*, sondern ein *Entschluss*: Ich *weiß*, was das Christentum ist, aber ich *entscheide* mich, ein Christ zu sein. Bei den Entscheidungen stößt das objektive Denken also an seine Grenze, weil sich keine Entscheidung Schritt für Schritt durch Argumente herbeiführen lässt. Damit vollzieht sich jedoch eine radikale Abspaltung der freien Entscheidung von jeglichen rationalen Handlungskriterien. Und dies gilt dann folgerichtig auch für politische Entscheidungen.

2) Carl Schmitt – die politische Entscheidung und die liberale Norm

Wenn man nun einen Blick von Kierkegaards Idealismus-Kritik auf Schmitts Liberalismus-Kritik wirft, dann lässt sich die folgende gedankliche Parallele herausstellen: So wie Kierkegaard die Unabhängigkeit der subjektiven Entscheidung von rationaler Argumentation betont, so setzt Schmitt die Unabhängigkeit der politischen Entscheidung von jeglicher Diskussion im Parlament. Die Wahl ist bei Kierkegaard keine Schlussfolgerung aus dem Denken, vielmehr legt sie umgekehrt erst fest, welche Bedeutung das Denken für mich hat. Analog dazu wird nach Schmitt das Wesen der politischen Entscheidung erst dann erkennbar, wenn sie existentiell wird, d. h. wenn kein Normalfall, sondern ein Grenzfall vorliegt. Denn in diesem Fall folgt die Entscheidung des politischen Souveräns nicht aus einem bereits bestehenden Gesetz sondern sie stiftet vielmehr erst das Gesetz. Der politische Akt, in dem das Recht gestiftet wird, kann sich auf kein Recht berufen und steht infolgedessen über dem Recht. Bei Kierkegaard wie auch bei Schmitt liegt die Quelle aller Geltung also in einer Entscheidungsmacht, die von rationaler und legaler Rechtfertigung abgekoppelt ist: Bei Kierkegaard entscheidet der existierende Einzelne über seine Haltung zum Wahren und Gerechten[6], bei Schmitt tut dies der politische Souverän – mit dem nicht unwesentlichen Unterschied, dass im ersten Fall nur über das Individuum selbst, im letzteren aber über ein ganzes Volk entschieden wird.

An dieser Stelle lässt sich auch gleich festhalten, inwiefern Schmitts Denken zwar Motive des Existentialismus aufnimmt, sich aber dennoch keineswegs dieser philosophischen Strömung zurechnen lässt: Ob Kierkegaard oder Stirner, Heidegger oder Jaspers und schließlich Sartre, bei all diesen Denkern steht das Individuum im Mittelpunkt. Im Unterschied dazu sieht Schmitt den Individualismus nur als eine weitere Verirrung des Liberalismus und spricht von der „Belanglosigkeit des Einzelnen", von dem er verlangt, „die eigene subjektive empirische Wirklichkeit [zu] verneinen" (WS 89)[7].

Wie verhält es sich nun mit der Liberalismus-Kritik bei Schmitt, die sich vor allem in seiner Schrift *Die geistesgeschichtliche Lage des heutigen Parlamentarismus* (1923) findet? Entscheidend ist hierfür, dass Demokratie und Liberalismus als ein antagonistisches Verhältnis begriffen werden und zudem – eher kontraintuitiv – der Parlamentarismus dem Liberalismus und keineswegs, wie zu erwarten wäre, der Demokratie zugewiesen wird: Der Parlamentarismus als eine Staats- und Regierungsform beruht auf den Prinzipien der Diskussion und der Öffentlichkeit; und folgerichtig steht und fällt er, wie es weiter heißt, mit dem Glauben daran, dass in einer öffentlichen Diskussion die Wahrheit mehrheitsfähiger Entscheidungen gefunden werden kann.

---

6   Bei Kierkegaard ist die „Persönlichkeit" zwar „nicht gesetzlos, gibt sich nicht selbst ihr Gesetz" (EO II/2, 281). Dennoch hängt es von meiner Wahl ab, ob ich mich an den Maßstäben Gut und Böse, Richtig und Falsch orientiere oder solche Maßstäbe für mich ohne Bedeutung sind. Ich wähle also nicht, was der Inhalt der Pflicht oder des Gesetzes ist, aber ich wähle, ob Pflicht oder Gesetz für mich wichtig sind: „Mein Entweder/Oder bezeichnet zuallernächst nicht die Wahl zwischen Gut und Böse, es bezeichnet jene Wahl, mit der man Gut und Böse wählt, oder Gut und Böse abtut" (EO II/2, 180).

7   So zeichnen sich große Persönlichkeiten – darunter versteht Schmitt in seiner Verehrung für politische Führerpersönlichkeiten etwa Cäsar, Friedrich der Große oder Bismarck – dadurch aus, dass sie sich ganz und gar mit einer Aufgabe identifizieren und ihre persönlichen Belange beiseite schieben: „Nur die Identifikation mit der Aufgabe, die maßlose Hingabe an die Sache, das Aufgehen in der Aufgabe, der Stolz, Diener des Staates und somit einer Aufgabe zu sein, die Selbstvergessenheit, mit der sie projectissimi waren ad rem, das allein macht die großen und bewunderungswürdigen Augenblicke ihres Lebens aus" (WS, 90f; siehe zu Schmitts Antiindividualismus auch Hans-Martin Schönherr-Mann, *Gewalt, Macht, individueller Widerstand*, S. 31).

Für Schmitts Argumentation ist nun zunächst die Unterscheidung zwischen Diskussion und Verhandlung entscheidend: Vorausgesetzt sind bei einer *Diskussion* (GLP 9):

> gemeinsame Überzeugungen als Prämissen, Bereitwilligkeit, sich überzeugen zu lassen, Unabhängigkeit von parteimäßiger Bindung, Unbefangenheit von egoistischen Interessen.

Worum es hier geht, ist eine Auseinandersetzung zwischen verschiedenen Meinungen, in der Argumente ausgetauscht werden, um den Gesprächspartner zu überzeugen. Das Ziel einer solchen Diskussion ist also ein *Konsens*. Im Unterschied dazu stoßen bei einer *Verhandlung* weniger verschiedene Meinungen als vielmehr gegensätzliche Interessen aufeinander, die berechnet und ausbalanciert werden müssen, um einen *Kompromiss* und keinen Konsens zu finden (vgl. GLP 10).

Nun ist der Parlamentarismus nach Schmitt in eine Krise geraten, weil er seinem Selbstverständnis nach zwar immer noch Diskussionen durchführt, die einen Konsens herbeiführen wollen, tatsächlich aber nur noch Verhandlungen stattfinden, in denen ein Kompromiss ausgehandelt wird. Parteien repräsentieren keine „diskutierende[n] Meinungen", sondern nur noch „soziale oder wirtschaftliche Machtgruppen" (GLP 11), wodurch die Diskussion zu einer „leeren Formalität" (GLP 10) verkommt. Das Ziel der Politik besteht also, wie Schmitt meint, längst nicht mehr darin, den Gegner von der Wahrheit oder der Richtigkeit einer Meinung zu überzeugen. Vielmehr soll schlichtweg die Mehrheit der Wähler gewonnen werden, indem „an nächstliegende Interessen und Leidenschaften" (GLP 11) appelliert wird.

Heutzutage – Schmitts Schrift ist 1923 erschienen und bezieht sich also auf die Weimarer Republik – glaubt seiner Ansicht nach niemand mehr an das Argument als Prinzip des Parlamentarismus, und bestenfalls hält man das Parlament für ein immer noch nützliches Instrument. Infolgedessen wird es jedoch zu einer absterbenden politischen Institution (GLP 13):

> Wird das Parlament aus einer Institution von evidenter Wahrheit zu einem bloß praktisch-technischen Mittel, so braucht nur in irgendeinem Verfahren, nicht einmal notwendigerweise durch eine offen sich exponierende Diktatur, *via facti* gezeigt werden, daß es auch anders geht, und das Parlament ist dann erledigt.

Das Verfahren der öffentlichen Diskussion macht Schmitt als ein „ewige[s] Gespräch" (GLP 46) lächerlich, „als ein Ort apolitischer, bürgerlicher Selbstbespiegelung, die nie zu Entscheidungen kommt"[8]. Jene geisteselitäre Abneigung gegen

---

8　Mehring: *Carl Schmitt*, S. 39.

parteienstaatlichen Pluralismus, Öffentlichkeit und Diskussion verbindet Schmitt im Übrigen auch mit Martin Heidegger und Ernst Jünger.

Schmitt glaubt nun, dass mit dem Parlamentarismus auch der Liberalismus an sein Ende gekommen ist. Da jedoch der Glaube an die Diskussion „nicht demokratischen, sondern liberalen Ursprungs" (GLP 21) ist, bedeutet die Krise des Parlamentarismus keineswegs auch eine Krise der Demokratie. Für den weiteren Gedankengang kommt es darauf an, auf welche Weise nun eine Unterscheidung zwischen Liberalismus und Demokratie vorgenommen wird. In der Demokratie, so heißt es, steht nicht die Diskussion im Mittelpunkt, sondern die „Identifikation" (GLP 38). Während der Parlamentarismus die Pluralität von Meinungen voraussetzt, über die dann diskutiert werden muss, zeichnet sich die Demokratie stattdessen durch die „Identität von Regierenden und Regierten, Herrscher und Beherrschten" (GLP 35) aus.

Demokratie beruht auf einer Homogenität, die sich durch die „Ausscheidung oder Vernichtung des Heterogenen" (GLP 14) aufrechterhält. Die politische Kraft einer Demokratie wird gerade in ihrem Vermögen deutlich, alles Fremde und Ungleiche auszuschließen. Gemeint ist mit der Identität bzw. der Homogenität eine substantielle Gleichheit, d. h. gemeinsame Überzeugungen darüber, was das richtige menschliche Leben ist[9]. Seit dem 19. Jahrhundert spielt nach Schmitt hierfür weniger „die Übereinstimmung religiöser Überzeugungen" als vielmehr „die Zugehörigkeit zu einer bestimmten Nation" (GLP 14) die maßgebliche Rolle.

Die weltanschauliche Identität zwischen Regierenden und Regierten steht im eklatanten Gegensatz zum „leeren Funktionalismus jeweiliger Mehrheitsbeschlüsse" (LL18), weil sie darin besteht, dass alle im Wesentlichen auch dasselbe wollen (LL 29):

> Da […] jede Demokratie auf der Voraussetzung des unteilbar gleichartigen, ganzen einheitlichen Volkes beruht, so gibt es für sie in der Sache und im Wesentlichen überhaupt keine Minderheit und noch weniger eine Mehrzahl fester, konstanter Minderheiten.

Wie zuvor für Kierkegaard oder Stirner und später für Sartre ist die Rede von einer allgemeinen menschlichen Natur, aus der sich die Erklärung der Menschenrechte ergibt, auch für Schmitt eine abstrakte liberalistische Idee, die die konkrete Existenz

---

9 Der Kommunitarismus z. B. von Alasdair MacIntyre und Charles Taylor argumentiert ganz ähnlich, wenn er gegen den Liberalismus von John Rawls geltend macht, dass über Fragen der gerechten Ordnung einer Gesellschaft nur unter der Voraussetzung von gemeinschaftlich geteilten Werten entschieden werden kann.

des einzelnen Menschen schlichtweg ignoriert. Denn Menschen stehen sich „nicht abstrakt als Menschen, sondern als politisch interessierte und politisch determinierte Menschen" (GLP 17) gegenüber.

Unter diesem Blickwinkel führt eine reine „Menschheitsdemokratie" (GLP 16) zum Sieg einer universalistischen Moral, die die politischen Differenzen zwischen den Menschen übersieht und auf diese Weise zur Vernichtung einer wirklichen Demokratie beiträgt (GLP 18):

> Die Gleichheit aller Menschen als Menschen ist nicht Demokratie, sondern eine bestimmte Art Liberalismus, nicht Staatsform, sondern individualistisch-humanitäre Moral und Weltanschauung.

Was einer solchen ‚Menschheitsdemokratie' bleibt, ist nur noch „der gegenstandslose, inhaltsleere Funktionalismus rein arithmetischer Mehrheitsfeststellungen" (LL29). Insofern das Politische auf solche formalen Verfahren reduziert wird, wandert es in den Bereich der Ökonomie ab, in dem von jetzt an die maßgeblichen politischen Fragen entschieden werden (GLP 18).

Konstitutiv für die Demokratie wie für das Politische überhaupt ist Schmitt zufolge also die Unterscheidung zwischen substantieller Homogenität und Heterogenität und damit auch diejenige zwischen *Freund* und *Feind* (vgl. BP 26). Einmal mehr sieht er sich damit im Widerspruch zum Liberalismus, der statt Feinde nur Konkurrenten und Diskussionspartner kennt (vgl. BP 28): Nicht die Bekämpfung des Feindes, also der substantiellen Heterogenität, ist für den liberalen Staat das vorherrschende Ziel, sondern nur noch die Vermeidung einer jeglichen „Gefährdung der individuellen, prinzipiell unbegrenzten Freiheit, des Privateigentums und der freien Konkurrenz" (BP 70).

Im Zentrum des Politischen steht Schmitt zufolge jedoch nicht vorrangig der Schutz von Freiheit und Eigentum, sondern die Freund-Feind-Gegenüberstellung. Es geht schlichtweg um die „seinsmäßige Behauptung der eigenen Existenzform gegenüber einer seinsmäßigen Verneinung dieser Form" (BP 50). Sobald die Menschen eine bestimmte Lebensform bejahen und sich mit ihr identifizieren, haben sie nach Schmitt unvermeidlich Feinde, nämlich all diejenigen, deren Lebensform der eigenen widerspricht. Das Politische ist daher weniger ein Sachgebiet, sondern eher ein Intensitätsgrad (vgl. BP 38). Mit anderen Worten, jeder Konflikt wird politisch, wenn Menschen bereit sind, dafür in den Krieg zu ziehen (BP 27):

> Den extremen Konfliktfall können nur die Beteiligten selbst unter sich ausmachen; namentlich kann jeder von ihnen nur selbst entscheiden, ob das Anderssein des Fremden

im konkret vorliegenden Konfliktsfalle die Negation der eigenen Art Existenz bedeutet und deshalb abgewehrt oder bekämpft wird[10].

Im Unterschied dazu redet der Liberalismus einem Universalismus und einer Wertneutralität das Wort. In einer liberalen Welt stehen sich dann nicht mehr politische und wertorientierte Menschen als Freunde und Feinde gegenüber, die für ihre Überzeugungen in den Krieg ziehen, sondern abstrakte Menschen, die miteinander über ihre Überzeugungen diskutieren. An dieser Stelle meint man Schmitts Ekel geradezu zwischen den Zeilen lesen zu können. Ein solcher „Individualismus des liberalen Denkens" (BP 70) ist allein schon deswegen für ihn abzulehnen, weil von ihm aus das Opfer der Todes- und Tötungsbereitschaft, das vom Einzelnen im Falle eines Krieges verlangt wird, nicht mehr begründet werden kann.

Die dezisionistische Staatslehre, für die sich Schmitt nun in der *Politischen Theologie* (1922) ausspricht, geht nahtlos aus der Kritik am vernunftrechtlich begründeten Denken des Liberalismus in *Die geistesgeschichtliche Lage des heutigen Parlamentarismus* hervor. Wie sich gezeigt hat, sind für Schmitt Demokratie und Liberalismus Gegensätze, hingegen müssen sich seiner Ansicht nach Demokratie und Diktatur keineswegs mit Notwendigkeit ausschließen. Ein Diktator, der sich über Rechtstaatlichkeit und Gewaltenteilung hinwegsetzt, wäre nach Schmitts Auffassung immer noch ein lupenreiner Demokrat, solange die Überzeugungen, die seine politischen Maßnahmen leiten, im Einklang mit den Überzeugungen des Volkes stehen. Die substantielle Homogenität zwischen Herrschenden und Beherrschten bliebe auf diese Weise immer noch gewahrt (vgl. GLP 22f).

Wenn die Souveränität sich also nicht aus Recht und Gesetz ableiten lässt, stellt sich die Frage, wie sich dann Souveränität vor allem auch im Hinblick auf das Verhältnis von Staat und Recht genauer bestimmen lässt. Schmitts berühmt gewordene Definition lautet (PT 13):

> Souverän ist, wer über den Ausnahmezustand entscheidet.

Um die Frage zu klären, was die Souveränität der politischen Herrschaft ausmacht, wird also empfohlen, nicht vom „Normalfall" einer politischen Ordnung und dem geregelten Ablauf auszugehen. Hier ist das politische Handeln ganz und gar verrechtlicht und auf unterschiedliche Instanzen verteilt, die sich wechselseitig kontrollieren und ausbalancieren. Eine Klärung des Souveränitätsbegriffs soll

---

10 Obwohl Schmitt anders als Hobbes keinen Kriegzustand zwischen Individuen, sondern zwischen Gruppen meint, scheinen solche Formulierungen der Deutung Vorschub zu leisten, es käme dabei doch auf die individuelle Entscheidung an.

nach Schmitt jedoch von einem „Grenzfall", nämlich vom Ausnahmezustand aus vorgenommen werden (vgl. PT 13).

Für Schmitts Argumentation ist maßgeblich: Die Entscheidung darüber, ob ein solcher Ausnahmezustand überhaupt vorliegt und auf welche Weise er nun wieder behoben werden soll, lässt sich nicht mehr aus einer Rechtsordnung herleiten. Während im Normalfall die Rechtsordnung das politische Handeln bestimmt und deren Entscheidungscharakter an den Rand drängt, kehrt sich dieses Verhältnis in einem Ausnahmezustand völlig um. Hier versagt das Recht, und es hängt alles von der politischen Entscheidung ab: Zum Ausnahmezustand gehört (PT 18):

> eine prinzipiell unbegrenzte Befugnis, das heißt die Suspendierung der gesamten bestehenden Ordnung. Ist dieser Zustand eingetreten, so ist klar, daß der Staat bestehen bleibt, während das Recht zurücktritt.

Dem Liberalismus zufolge, der auch hier wieder einmal der Hauptgegner ist, leitet sich das politische Handeln aus der Rechtsordnung ab. Mit dem Ausnahmezustand lässt sich jedoch nach Schmitt das wahre Fundierungsverhältnis enthüllen, das im rechtlich geregelten Normalfall verdeckt bleibt. Was dabei zum Vorschein kommt, ist nämlich der Vorrang der politischen Entscheidung vor der rechtlichen Norm (PT 19):

> Der Ausnahmezustand offenbart das Wesen der staatlichen Autorität am klarsten. Hier sondert sich die Entscheidung von der Rechtsnorm, und (um es paradox zu formulieren) die Autorität beweist, daß sie, um Recht zu schaffen, nicht Recht zu haben braucht.

Mit dieser Einsicht, dass der Staat das Monopol der letzten Entscheidung besitzt, tritt das Prioritätsverhältnis zwischen Staat und Recht nach Schmitt in aller Klarheit hervor: Es gibt einen Staat ohne Recht, aber kein Recht ohne Staat. Und damit zeigt die Ausnahme von der Norm auch die Quelle jeder Norm (PT 19):

> Es gibt keine Norm, die auf ein Chaos anwendbar wäre. Die Ordnung muß hergestellt sein, damit die Rechtsordnung einen Sinn hat. Es muß eine normale Situation geschaffen werden, und souverän ist derjenige, der definitiv darüber entscheidet, ob dieser normale Zustand wirklich herrscht.

Der Normalfall, in dem die rechtliche Norm alle politischen Entscheidungen reguliert, wurzelt in einem Ausnahmezustand, in dem eine politische Entscheidung, die keinem Recht verpflichtet ist, sozusagen aus dem Nichts heraus die Rechtsordnung überhaupt erst stiftet (vgl. PT 16). Das Verhältnis zwischen Norm und politischer Entscheidung bei Schmitt ist also ganz analog zum Verhältnis zwischen Erkenntnis und Selbstentwurf bei Kierkegaard: Die Entscheidung über den Ausnahmezustand ist keine *Schlussfolgerung* aus einer Norm, die immer nur für einen Normalfall zuständig sein kann. Es handelt sich hierbei vielmehr um einen *Entschluss*, der sich über jede Norm hinwegsetzt.

Herbert Marcuse hat nun bereits in einem frühen Aufsatz mit dem Titel „Der Kampf gegen den Liberalismus in der totalitären Staatsauffassung" (1934) eine solche Immunisierung der politischen Entscheidung gegenüber der Frage einer rationalen Rechtfertigung als politischen Existentialismus bezeichnet, wobei er vor allem an Carl Schmitt, aber auch an Alfred Bäumler denkt. Den Übergang vom philosophischen zum politischen Existentialismus beschreibt Marcuse sehr treffend auf die folgende Weise: Während Kierkegaard im Widerspruch zum abstrakten Vernunftsubjekt des Idealismus die Freiheit des Individuums als eine Selbstverwirklichung begreift, wird bei Schmitt dieses Individuum, das nun nicht mehr von der Vernunft aus definiert wird, um so rückhaltloser einem totalitären Regime ausgeliefert (KLS 42f). Marcuse notiert (KLS 44):

> Diese Philosophie ist den Weg vom kritischen Idealismus zum ‚existenziellen' Opportunismus mit unerbittlicher Konsequenz zu Ende gegangen.

Diesen Weg vom Idealismus zum politischen Existentialismus fasst Marcuse zufolge ein Aufruf von Heidegger in der Freiburger Studentenzeitung vom 10. Januar 1933 im Grunde sehr pointiert zusammen (zit. nach KLS 43):

> Nicht Lehrsätze und Ideen seien die Regeln Eures Seins. Der Führer selbst und allein ist die heutige und künftige deutsche Wirklichkeit und ihr Gesetz.

3) Jean-Paul Sartre – revolutionäre Befreiung und bürgerliches Recht

Anders als beim politischen Denken Schmitts würde wohl niemand widersprechen, wenn man Sartres Philosophie als einen Individualismus charakterisieren würde. Dennoch besteht zumindest dahingehend eine Nähe zwischen den ansonsten so unterschiedlichen Denkern, dass Sartre das liberalistische Menschenbild einer im Grunde ganz ähnlichen Kritik wie Schmitt unterzieht. Er selbst hat in diesem Zusammenhang eine Verwandtschaft zwischen seinem eigenen Existentialismus und konservativen, ja sogar reaktionären Positionen eingeräumt. So unterscheidet er zwischen einem *analytischen* Denken, das darin besteht, alle Verbindungen auf die Anordnung von einzelnen Elementen zu reduzieren, und einem *synthetischen* Denken, welches von der Voraussetzung ausgeht, dass es nicht-reduzierbare Ganzheiten gibt (ÜJ 24):

> Das Ganze ist mehr und etwas anderes als die Summe seiner Teile; das Ganze bestimmt den Sinn und die tieferen Merkmale der Teile, aus denen es zusammengesetzt ist.

Nach Sartre ist das analytische Denken vor allem im Liberalismus und das syn-thetische Denken im Marxismus und Existentialismus, aber auch im konservativ-monarchistischen Lager, nämlich bei Joseph de Maistre und Louis de Bonald, zu finden (vgl. T 204). Er geht sogar noch weiter und gibt zu, dass sogar die Nazis eine ganz ähnliche Kritik gegen die abstrakte Menschennatur des Liberalismus ins Feld geführt haben, wie er selbst es zu tun beabsichtigt. Denn auch die Nazis nehmen ein synthetisches Denken für sich in Anspruch, wenn sie die Nation oder das Volk als eine synthetische Realität behaupten, die sich nicht auf eine Ansammlung von Individuen oder auf eine Spielart der allgemeinen Menschen-natur reduzieren lässt.

Sartre erklärt, er habe ein totalitäres Menschenbild, und damit ist gemeint, dass er den individuellen Menschen nicht als eine Summe, sondern als eine Totalität, also eine nicht-reduzierbare Ganzheit versteht (vgl. MD 161)[11]. Von diesem Ge-danken aus ist seine Kritik am analytischen Denken des bürgerlichen Liberalis-mus zu verstehen. Ein solches Denken in der Tradition von Descartes geht, wie bereits gesagt, von der Voraussetzung aus, dass sich alle Vorkommnisse in der Natur wie auch in der Kultur auf eine Ansammlung von einfachen Elementen reduzieren lassen: So wie man Wasser und Luft auf ihre Elemente zurückführen kann, so lässt sich auch eine Gesellschaft als Summe von Individuen und ein In-dividuum als eine Summe von Charaktereigenschaften begreifen (vgl. MD 161).

Neben dieser ersten Voraussetzung, dass sich alle komplexen Einheiten in einfache Einheiten zergliedern lassen, besteht im analytischen Denken noch die zweite Voraussetzung, derzufolge diese einfachen Einheiten ihre wesentlichen Eigenschaften behalten, ob sie nun isoliert sind oder eine Verbindung mitein-ander eingehen: Es gibt eine unveränderliche Natur des Wasserstoffs oder des Sauerstoffs, wie es eine unveränderliche Natur des Menschen gibt, gleichgültig in welcher geschichtlich-gesellschaftlichen Situation er sich befindet. Dass die Identität der Menschennatur in jeder Situation gewahrt bleibt, ob ein Mensch in Armut lebt oder auf dem Königsthron sitzt, ist eine zentrale These des ana-lytischen Denkens im bürgerlichen Liberalismus, der ein konservativer Denker widersprechen würde (T 204):

---

11 Siehe zur Unterscheidung zwischen Summe und Totalität die Überlegungen in Sar-tres Hauptwerk *Das Sein und das Nichts*: „Wenn wir annehmen, daß die Person eine Totalität ist, können wir nicht hoffen, sie durch eine Addition oder eine Organisation der verschiedenen, empirisch in ihr entdeckten Triebe zusammensetzen zu können. Sondern in jeder Neigung, in jedem Trieb drückt sie sich vielmehr ganz und gar aus, wenn auch unter verschiedenem Gesichtswinkel" (SN 966f).

> Zum Beispiel wird der Geist der Analyse in einem König einen Menschen sehen, der
> auf einem Thron sitzt. Der konservative Geist wird ihm antworten, daß er durch diese
> Analyse eben das zerstöre, was den König ausmacht: das Königtum.

In jener unveränderlichen Natur des Menschen sieht Sartre die Wurzel der allgemeinen Menschenrechte: Alle Menschen sind *gleich*, weil alle Menschen gleichermaßen am abstrakten Wesen des Menschen teilhaben. Alle Menschen sind
frei, weswegen die Aufgabe der Politik nur darin bestehen soll, all die Hindernisse
zu beseitigen, die der Entfaltung der allgemeinen menschlichen Natur in jedem
Menschen im Wege stehen (vgl. MD 162). Sartre richtet das Augenmerk dabei vor
allem auch auf die ideologische Funktion dieses Denkens (MD 162):

> Nach hundertfünfzig Jahren ist der analytische Geist immer noch die offizielle Doktrin
> der bürgerlichen Demokratie, nur ist er zur Defensivwaffe geworden. Das Bürgertum hat
> alles Interesse daran, sich gegenüber den Klassen genauso blind zu stellen wie seinerzeit
> gegenüber der synthetischen Realität der Institutionen des Ancien régime.

Es ist daher nur konsequent, wenn der bürgerliche Denker nicht den Bürger, den
Arbeiter, den Franzosen, den Deutschen oder den Juden kennt, sondern ausschließlich den allgemeinen Menschen, der überall und zu jeder Zeit im Grunde
doch derselbe bleibt. Insofern ist jedes Individuum nichts weiter als eine sum-
marische Verkörperung von allgemeinen Zügen der Menschennatur (vgl. ÜJ 36).
   Wenn darum der liberale Bürger, wie Sartre bemerkt, den Juden vor den An-
griffen des Antisemiten schützen will, verliert er den Juden aus dem Blick, um nur
noch den allgemeinen Menschen übrig zu behalten. Sowohl der liberale Bürger
wie auch der Antisemit verfehlen damit die Wirklichkeit des Juden (ÜJ 37):

> Jener will ihn als Menschen vernichten, um nur den Juden, den Paria, den Unberühr-
> baren in ihm bestehen zu lassen; dieser will ihn als Juden vernichten, um in ihm nur
> den Menschen zu bewahren, das abstrakte und allgemeine Subjekt der Menschen- und
> Bürgerrechte. Noch beim liberalsten Demokraten kann man eine Spur von Antisemitis-
> mus entdecken: er steht dem Juden feindselig gegenüber, sobald es dem Juden einfällt,
> sich als Jude zu denken.

Sartre gibt nun dem Antisemiten sogar insoweit recht, als auch er selbst die Auffassung vertritt, dass es eine solche allgemeine menschliche Natur gar nicht gibt:
Der einzelne Mensch ist, wie es heißt, ein synthetisches Ganzes innerhalb einer
biologischen, ökonomischen und kulturellen Situation. Und wenn ich darum
einen Juden verstehen will, dann darf ich mich nach Sartre weder wie der bürgerliche Denker an einer allgemeinen Menschennatur, noch wie der Antisemit
an einer biologischen Rasse orientieren, sondern ich muss die Situation eines
Menschen befragen, so wie Simone de Beauvoir die Situation der Frau in ihrem
Buch *Das andere Geschlecht* befragt (ÜJ 39). So erklärt Sartre (ÜJ 43):

Weder ihre Vergangenheit noch ihre Religion, noch ihr Boden vereinen die Söhne Israels. Wenn sie ein gemeinsames Band haben, wenn sie alle den Namen Jude verdienen, so weil sie eine gemeinsame Situation als Juden haben, das heißt in einer Gesellschaft leben, die sie für Juden hält.

Wie jeder Mensch ist nach Sartre auch der Jude von seiner Situation geformt, und zugleich ist er es aber auch, der ihr einen Sinn gibt, indem er sich in ihr wählt (vgl. ÜJ 38f). Jude zu sein bedeutet also zunächst, in eine jüdische Situation geworfen zu sein. Eine philosophische Anthropologie bleibt auch für den französischen Existentialisten möglich, aber sie würde den einzelnen Menschen nicht von einem allgemeinen unveränderlichen *Wesen* aus begreifen, sondern von einer *Situation*, die alle Menschen teilen. Das wäre die Aufgabe einer „synthetischen Anthropologie" (MD 165):

Was die Menschen gemeinsam haben, ist unserer Auffassung nach nicht irgendeine Natur, sondern eine metaphysische Bedingung: und darunter verstehen wir die Gesamtheit der Zwänge, die ihnen a priori Grenzen setzen, die Unausweichlichkeit des Geborenwerdens und Sterbens, der Endlichkeit und der Existenz in der Welt inmitten anderer Menschen[12].

Der Einwand liegt natürlich nahe, dass damit allein noch nicht klar wird, was nun den Menschen vom Tier unterscheidet – eine Frage, für die sich Sartre allerdings nicht interessiert.

Wie sich herausgestellt hat, kann ein analytisches Denken den Juden nur als Menschen und gerade nicht als Juden anerkennen. Ohnehin führt, wie nach Sartre schon ein flüchtiger Blick auf die historische Epoche zeigt, die Teilhabe an allgemeinen Menschenrechten nicht sehr weit, wenn es um den Schutz vor Repression und Verfolgung geht. Überhaupt empfiehlt es sich seiner Ansicht nach, weniger auf die Ideen zu achten, die der Liberalismus offiziell verkündet und in seine Verfassung hineinschreibt, als vielmehr auf die menschlichen Beziehungen, die er tatsächlich hervorbringt und rechtfertigt.

Sartre teilt die übliche Standardinterpretation des Marxismus, dass das Recht in erster Linie den Herrschaftsinteressen der bürgerlichen Klasse dient. Er geht sogar so weit zu sagen, dass es niemals eine andere Funktion besessen hat: Jede Unterdrückung bringt eine Rechtsordnung hervor, und jede Rechtsordnung dient dazu, eine Unterdrückung zu rechtfertigen und zu bewahren (vgl. EM 254). Insofern das Recht immer auf Seiten des Siegers steht, der den inferioren Status des

---

12 Sartre fügt hinzu: „Was das übrige angeht, bilden die Menschen unzerlegbare Totalitäten, deren Ideen, Stimmungen und Handlungen sekundäre und abhängige Strukturen sind und deren Hauptmerkmal ist, *situiert* zu sein, und sie unterscheiden sich in dem Maße voneinander, wie sich ihre Situationen unterscheiden" (MD 165).

Besiegten aufrechterhalten will, verpflichtet es, wie Sartre weiter ausführt, auch immer dazu, den Status quo nicht zu verändern (EM 254):

> Das heißt, der Sieger beschränkt sich keineswegs darauf, durch die Stärke zu verhindern, dass der Besiegte auf Gewalt zurückgreift: er fordert von ihm als abstrakter Freiheit die moralische Verpflichtung, nicht auf sie zurückzugreifen. Der Streich ist gelungen: der Unterdrückte hat so viel Rechte wie der Sieger, also sind sie als moralische Personen gleich. Nur besteht *gleich viel* Recht auf *weniger* Besitz.

Sartre rechtfertigt nun die Gewalt im Befreiungskampf von unterdrückten Menschen. Eher befremdlich klingt seine Erklärung, dass es überhaupt erst die Gewalt ist, die einen Unterdrückten wieder in einen Menschen verwandeln kann. So heißt es in den Gesprächen mit Benny Lévy, die unter dem Titel *Brüderlichkeit und Gewalt* (1980) veröffentlicht worden sind (BG 52):

> Die Gewalt schafft einen Zustand der Unterdrückung ab, der dem Menschen nicht erlaubt, Mensch zu sein.

Sartre verurteilt also die Gewalt, die von Unterdrückern ausgeht, weil sie einen bestehenden Gewaltzustand aufrechterhält, aber er verteidigt die Gewalt von Unterdrückten, weil sie einen bestehenden Gewaltzustand beseitigt. Nach seiner Auffassung verwandelt die Gewalt von Unterdrückern einen Menschen in einen Knecht, während die Gewalt von Unterdrückten einen Herrn in einen Menschen verwandelt.

In seinem berühmt-berüchtigten Vorwort zu Frantz Fanons Buch *Die Verdammten dieser Erde* (1961) philosophiert Sartre zweifellos mit dem Holzhammer, wenn er, geradezu wutschäumend, mit einer recht klobigen Argumentation den Befreiungskampf gegen den französischen Kolonialismus verteidigen will. So erklärt er in holzschnittartigen Entweder-Oder-Sätzen: Der Kolonialisierte findet sich entweder mit seiner Situation ab, die ihn in ein Objekt der Unterdrückung verwandelt, oder er greift auf das Mittel der Gewalt zurück. Er ist also entweder terrorisiert oder terroristisch (vgl. WM 152).

Die Mahnung, auf Gewalt zu verzichten, weist er in diesem Text mit aller Entschiedenheit zurück. Denn genau in diesem Moment, wo die Kolonialisierten sich zu wehren beginnen, führt das Plädoyer für Pazifismus und Gewaltlosigkeit letztlich nur dazu, dass die bisherige repressive Ordnung bestehen bleibt. So können zwar die Unterdrücker im Normalfall auf manifeste Gewaltaktionen verzichten, weil sie sich auf das Recht verlassen können, das ihre Interessen wahrt, aber die Gewalt bleibt für die Unterdrückten ein unverzichtbares Mittel der Befreiung (WM 155):

[W]enn die Gewalt heute abend begonnen hätte, wenn es auf der Erde niemals Ausbeutung oder Unterdrückung gegeben hätte, dann könnte die demonstrative Gewaltlosigkeit
vielleicht den Streit besänftigen. Aber wenn das ganze System bis zu euren gewaltlosen
Gedanken von einer tausendjährigen Unterdrückung bedingt ist, dann dient eure Passivität nur dazu, euch auf die Seite der Unterdrücker zu treiben.

Sartres These, dass erst die – wenn es nicht anders geht, auch gewaltsame –
Befreiung von Unterdrückung einen Menschen in einen Menschen verwandelt,
mag zweifellos überzogen klingen, sie gewinnt jedoch an Plausibilität, wenn man
sein existentialistisches Menschenbild genauer in Rechnung stellt[13]. Die „Zweideutigkeit des Menschseins" ist das anthropologische Fundament, von dem aus
Sartre das Verhältnis von Freiheit und Befreiung versteht. So heißt es (SG 430):

[D]er Mensch ist ganz und gar Natur und ganz und gar Gegen-Natur, er überschreitet
die Welt, und die Welt erdrückt ihn.

Eine solche Unterdrückung ist nur möglich, weil der Mensch Objektivität, Faktizität und Körperlichkeit ist, so dass die Handlungen anderer Menschen überhaupt
auf ihn einwirken können. Die Verwerflichkeit der Gewalt beruht aber vor allem
darauf, dass der Mensch eben zugleich auch Freiheit ist. Wäre der Mensch also nur
Freiheit und Entwurf, dann könnte der Versuch einer Objektivierung gar nicht erfolgreich sein; wäre er hingegen ohnehin nur Objektivität und Faktizität, dann wäre
nicht einsichtig, warum ihn die Unterdrückung daran hindern soll, ein menschliches Leben zu führen. Gerade weil ich auch bin, was ich bin – meine Faktizität und
Körperlichkeit – können andere auf das einwirken, was ich noch nicht bin, nämlich meine noch unrealisierten Möglichkeiten, auf die hin ich mich frei entwerfe.
Eine Unterdrückung besteht im Grunde also darin, dass mir ein Anderer meine
Möglichkeiten stiehlt, indem er festlegt, welche von ihnen ich zu ergreifen habe.
Aus der Perspektive Sartres bedeutet das, jemanden daran zu hindern, die *conditio
humana* im vollen Sinne zu verwirklichen. Damit wird ein Mensch gezwungen,
eher als Objekt und Faktizität und weniger als Freiheit und Entwurf zu leben. Sartre
kann also aufgrund seiner existentialistischen Anthropologie zeigen, inwiefern
das Leben eines Menschen einerseits als Verwirklichung der *conditio humana* zu

---

13 Die Legitimation von Gewalt, sofern sie sich gegen repressive Verhältnisse richtet,
ist ein Motiv, das häufiger, am unmissverständlichsten sicher im Vorwort zu Fanons
Buch innerhalb von Sartres Denken anklingt. Allerdings gibt es bei ihm auch gegen-
läufige Überlegungen, die zeigen, dass die Bejahung von Gewalt nicht sein einziges
und erst recht nicht sein letztes Wort zum Thema der Befreiung ist. Siehe für eine
differenzierte ausgewogene Sichtweise den sehr instruktiven Aufsatz von Alfred
Betschart in diesem Band.

begreifen ist, diese Verwirklichung andererseits aber von kontingenten, sozialen wie historischen Umständen abhängig ist. Nur darum macht es Sinn zu sagen, dass ein freies Wesen erst noch befreit werden muss. Wäre der Mensch nur Freiheit, wäre Befreiung unnötig, wäre er nur Faktizität, wäre sie dagegen unmöglich.

Trotz seiner Ablehnung der Menschenrechte bringt Sartre also letztlich doch wieder kulturübergreifende, universelle Standards ins Spiel, an denen er die Legitimität politischer Verhältnisse bemessen will. Im Vergleich dazu argumentiert Schmitt kulturalistisch: Legitim ist, was der politischen Selbsterhaltung eines Volks dient. Die politische Einheit fällt dabei mit einer substanziellen Homogenität zusammen – und außerhalb ihrer gibt es keinerlei universelle Maßstäbe, sondern nur noch Feinde[14]. Mit dem Liberalismus hat sich für Schmitt in letzter Konsequenz auch jeder Universalismus erledigt, während Sartre demgegenüber nach einer existentialistischen Neubestimmung des Humanismus sucht. Die Ablehnung des bürgerlichen Humanismus und die Rechtfertigung von Gewalt führen Schmitt und Sartre jedenfalls zu völlig entgegengesetzten Konsequenzen. Wie sich zuspitzend sagen lässt: Bei Carl Schmitt steht der *Mächtige*, bei Sartre hingegen der *Ohnmächtige* über dem Gesetz. Gewalt, die gegen Menschenrechte verstößt, ist für Schmitt erlaubt, wenn sie der Selbsterhaltung einer kulturellen Lebensform dient, bei Sartre ist sie erlaubt, wenn sie der Befreiung von unterdrückten Menschen dient. Nicht der Soldat, sondern der Paria ist hier der Widersacher des Bürgers.

Siglenverzeichnis

BG   Jean-Paul Sartre: *Brüderlichkeit und Gewalt*. Wagenbach: Berlin 1993.

BP   Carl Schmitt: *Der Begriff des Politischen*. Duncker u. Humblot: Berlin 1996.

EM   Jean-Paul Sartre: *Entwurf für eine Moralphilosophie*. Rowohlt: Reinbek 2005.

EO II/2   Sören Kierkegaard: *Entweder/Oder. Zweiter Teil. Band 2*. Eugen Diederichs: Köln 1987.

GLP   Carl Schmitt: *Die geistesgeschichtliche Lage des heutigen Parlamentarismus*. Duncker u. Humblot: Berlin 1996.

---

14 Schmitts Denken bietet im Übrigen eine intellektuelle Einstiegsdroge für all diejenigen, die heutzutage wieder oder immer noch von der kulturellen Homogenität eines Volkes träumen und dabei auf der Suche nach Argumenten sind, um ihre Verbitterung über die multikulturelle Wirklichkeit mit einem rationalen Überbau aufzurüsten.

KLS	Herbert Marcuse, „Der Kampf gegen den Liberalismus in der totalitären Staatsauffassung". In: ders.: *Schriften 3. Aufsätze aus der ‚Zeitschrift für Sozialforschung'.* Suhrkamp: Frankfurt a. M. 1979, S. 7–44.
LL	Carl Schmitt: *Legalität und Legitimität.* Duncker u. Humblot: Berlin 2005.
MD	Jean-Paul Sartre: „Die Vorstellung von *Les Temps Modernes*". In: Ders.: *Der Mensch und die Dinge. Aufsätze zur Literatur 1938–1946.* Rowohlt: Reinbek 1986, S. 156–170.
NPB I	Sören Kierkegaard: *Abschließende unwissenschaftliche Nachschrift zu den Philosophischen Brocken. Erster Teil.* Eugen Diederichs: München 1994.
NPB II	Sören Kierkegaard: *Abschließende unwissenschaftliche Nachschrift zu den Philosophischen Brocken. Zweiter Teil.* Eugen Diederichs: München 1994.
PT	Carl Schmitt: *Politische Theologie. Vier Kapitel zur Lehre von der Souveränität.* Duncker u. Humblot: Berlin 2004.
SG	Jean-Paul Sartre: *Saint Genet, Komödiant und Märtyrer.* Rowohlt: Reinbek 1982.
SN	Jean-Paul Sartre. *Das Sein und das Nichts. Versuch einer phänomenologischen Ontologie.* Rowohlt: Reinbek 1994.
T	Jean-Paul Sartre: *Tagebücher. Le carnets de la drôle de guerre September 1939–März 1940.* Rowohlt: Reinbek 1996.
ÜJ	Jean-Paul Sartre: *Überlegungen zur Judenfrage.* Rowohlt: Reinbek 1994.
W	Sören Kierkegaard: *Die Wiederholung. Drei erbauliche Reden 1843.* Eugen Diederichs: München 1998.
WM	Jean-Paul Sartre: „Die Verdammten dieser Erde' von Frantz Fanon". In: Ders.: *Wir sind alle Mörder. Der Kolonialismus ist ein System. Artikel. Reden. Interviews 1947–1967.* Rowohlt: Reinbek 1988, S. 141–159.
WS	Carl Schmitt: *Der Wert des Staates und die Bedeutung des Einzelnen.* Duncker u. Humblot: Berlin 2015.

Literaturverzeichnis

Hofmann, Hasso: *Legitimität gegen Legalität. Der Weg der politischen Philosophie Carl Schmitts.* Duncker u. Humblot: Berlin 2002.

Liessmann, Konrad-Paul: *Kierkegaard zur Einführung.* Junius: Hamburg 1993.

Mehring, Reinhard: *Carl Schmitt zur Einführung.* Junius: Hamburg 2006.

Schönherr-Mann, Hans-Martin: *Gewalt, Macht, individueller Widerstand.* Nomos: Baden-Baden 2015.

Lou Marin

Albert Camus: Von der Résistance zur libertären Revolte gegen Absurdität und Nihilismus

Dass Albert Camus vom Ausgang des Zweiten Weltkriegs bis zu seinem Tod 1960 lange während Freundschaften mit AnarchistInnen unterhielt, sich in Paris in deren Milieu bewegte, für Anarchisten wie Maurice Laisant etwa bei Aktionen gegen den Indochina-Krieg vor Gericht aussagte und von 1948 bis 1960 regelmäßig Beiträge für anarchistische Zeitungen aller Strömungen schrieb, ist im deutschen Sprachraum noch immer weitgehend unbekannt.[1]

Der Anarchismus ist eine philosophische Strömung und eine soziale Bewegung, die sich gegen jede Form von Herrschaft richtet, gleichwohl eine organisierte, von unten in Freiwilligkeit kollektivierte Ökonomie sowie eine unbegrenzt freiheitliche öffentliche Sphäre, damit also eine freiheitlich-sozialistische Gesellschaft anstrebt. Historisches Vorbild sind die freiwilligen Kollektivierungen in der spanischen Revolution vom Juli 1936, die aus Sicht der AnarchistInnen nicht an sich, sondern nur durch den Krieg scheiterten, den Franco und in den eigenen Reihen der Linken auch die Kommunistische Partei Spaniens gegen sie führten. In diese Tradition stellte sich auch Camus, wenn er die spanische Revolution der bolschewistischen Revolution in Russland 1917 in seinen anarchistischen Artikeln vorzog:

> Darum wird der 19. Juli 1936 auch eines der Daten der zweiten Revolution des Jahrhunderts sein, derjenigen nämlich, die [...] schließlich den Menschen weiter tragen wird, als es die Revolution von 1917 je konnte. Genährt durch Spanien und im Allgemeinen durch das libertäre Genie wird sie uns eines Tages ein Spanien und ein Europa zurückgeben.[2]

Bewundernswert auch die Weitsicht in dieser Aussage von 1954, dass eine Diktatur in einem solchermaßen vom „libertären Genie" geprägten Land nicht von Dauer sein kann. Während für die anarchistische Bewegung im Allgemeinen die Begriffe „libertär" und „anarchistisch" synonym verwendet werden und ein definitorischer Unterschied eher von außen, von nicht-anarchistischer Seite an beide Begriffe herangetragen wird, benutzte Camus aus Angst vor einer neuen Ideologie, einem

---

1   Vgl. Marin (Hg.): *Albert Camus – Libertäre Schriften (1948–1960)*, zu Maurice Laisant S. 159–162.
2   Camus, zit. nach Marin: A.a.O., S. 187.

neuen Ismus vor allem den Begriff *libertaire* oder, durchaus im obigen Sinne einer freiwillig kollektivierten Ökonomie, des *socialisme libertaire* für seine eigene Positionsbestimmung in dieser Lebensphase. Dass er sich der anarchistischen Denkströmung und Bewegung zugehörig fühlte, zeigte er offen vor allem in der Auseinandersetzung um sein Hauptwerk *Der Mensch in der Revolte* 1951–1952, als er im Wesentlichen von AnarchistInnen in seinem Konflikt mit Jean-Paul Sartre und Francis Jeanson unterstützt und verteidigt wurde. In einem Artikel in *Le Libertaire* von 1952 benutzte er etwa unerschrocken das „wir", um seine Zugehörigkeit zur anarchistischen Bewegung explizit zu machen, gleichzeitig aber auch, um sich von dortigen gewaltsamen, nihilistischen Tendenzen abzugrenzen:

> Aber heute – und ihr anderen Libertären des Jahres 1950 wisst es sehr wohl – können wir auf positive Werte nicht mehr verzichten. Wo werden wir sie finden? […] Man wird nun verstehen, […] dass das Schlusskapitel meines Buches [*Der Mensch in der Revolte*] sich explizit auf die französische, spanische und die Jura-Föderation der I. Internationale bezieht, die zum Teil bakunistisch waren. […] Gerade weil Bakunin in mir lebendig ist, wie er es für unsere Zeit ist, habe ich nicht gezögert, die nihilistischen Vorurteile, die er mit seiner Zeit teilte, in den Vordergrund zu rücken. Indem ich dies tat, so scheint mir, dass ich […] jener Strömung einen Dienst erwiesen habe, deren großer Repräsentant Bakunin ist […], dass ich dem libertären Denken, von dem ich trotzdem glaube, dass die morgige Gesellschaft nicht darauf verzichten kann, einen Dienst erwiesen habe.[3]

Es ist also ein anti-nihilistischer Anarchismus, den Camus hier und in *Der Mensch in der Revolte* vertritt, ein Anarchismus der positiven Werte, der Gewaltkritik. Camus wurde so zu einem Theoretiker des gewaltkritischen bzw. gewaltfreien Anarchismus – einer der vielen Strömungen innerhalb des Anarchismus. Faktisch kommt Camus dem sehr nahe, was die gewaltfrei-anarchistischen Aktionsgruppen in der BRD um die Zeitschrift *Graswurzelrevolution* seit 1972 in ihren gewaltfreien Massenaktionskampagnen innerhalb der Anti-AKW-Bewegung von der Platzbesetzung des geplanten AKWs Wyhl bis hin zu den Castor-Blockaden der Neunziger- und Nullerjahre unter gewaltfreier Revolte verstanden – und was insofern durchaus wirksam war, als die mächtige Atomindustrie durch diese Bewegung und nach Fukushima entscheidend in ihrer Macht eingeschränkt und zurückgedrängt werden konnte. Diese Erfahrungen prägten mein eigenes Engagement als Aktivist in den letzten drei Jahrzehnten und mein Interesse am Revolte-Konzept von Camus.

Wie aber kam Camus zu solchen libertären Positionen, warum wollte er mit seinem philosophischen Hauptwerk dieser Bewegung „einen Dienst" erweisen?

---

3   Camus, zit. nach Marin: A.a.O., S. 150ff.

Wie kam der Literat und Theoretiker des Absurden, der Tatsache, dass der Mensch leben will und doch sterben muss, zur Forderung nach positiven Werten? Hierfür ist es nötig, die Irrungen und Wirrungen von Vichy und der Nazi-Okkupationszeit sowie der ersten Jahre der Befreiung, also den Zeitraum der Jahre 1939 bis 1946 sowie die persönlichen Begegnungen Camus' in dieser Zeit genauer zu betrachten. Wer dies tut, wird überrascht feststellen, dass die Begegnung mit AnarchistInnen diesen Weg begleiteten, deren Lebenserfahrung und inhaltlicher Werdegang Camus beeinflussten, ihn zwar nicht sofort zum Libertären werden ließen, aber Grundlinien dessen legten und in eine gewaltkritisch-libertäre Richtung zeigten, die bei Camus dann nach der Befreiung deutlich hervortrat.

Begegnungen mit französischen und italienischen Libertären 1940/41: Rirette Maîtrejean und Nicola Chiaromonte

Camus war 1940 gerade aus Algerien, wo er aufgewachsen war und bereits als Journalist gearbeitet hatte, nach Paris gekommen, als das Absurde weniger in seiner philosophischen Ausprägung, sondern faktisch als ungeheure Brutalität in Form der Nazi-Okkupation von Paris auf ihn hereinbrach. Er war zufällig bei der Tageszeitung *Paris-Soir*, wo er eine erste, untergeordnete Arbeit gefunden hatte, der Korrekturleserin Rirette Maîtrejean begegnet. Diese war zugleich eine bedeutende Aktivistin und Anarchafeministin der französischen anarchistischen Massenbewegung vor dem Ersten Weltkrieg. Insbesondere hatte sie die bewaffneten Raubüberfälle der sogenannten, sich als anarchistisch verstehenden „Bonnot-Bande" der Jahre 1911/12, die einige Unschuldige ermordete, scharf kritisiert – sie kann damit zu den gewaltkritischen, den Nihilismus bekämpfenden Selbstheilungskräften der Anarchie gezählt werden.[4] Mit Rirette Maîtrejean zusammen machte Camus den *Exode* aus Paris kurz vor dem Einmarsch der Nazis 1940 über Clermont nach Lyon. In dieser Zeit waren sie mehr als drei Monate täglich zusammen und führte sie ihn quasi in die Geschichte des französischen Anarchismus ein, machte ihn mit weiteren anarchosyndikalistischen Korrekturlesern bekannt, die mit ihr zusammen in der Korrekturleser-Gewerkschaft organisiert waren. Camus traf Rirette Maîtrejean nach der Befreiung in Paris wieder, wo beide zusammen im Pariser Redaktionskomitee der libertären Zeitschrift *Témoins* waren, das sich u.a. abwechselnd in der Wohnung von Rirette Maîtrejean oder bei Camus traf.[5] Besonders die Passagen zur Kritik des individuellen Terrorismus in

---

4 Genau dies zeige ich in meiner jüngst veröffentlichten Biographie, vgl. Marin: *Rirette Maîtrejean. Attentatskritikerin, Anarchafeministin, Individualanarchistin.*

5 Vgl. Marin: *Albert Camus*, S. 40.

Der Mensch in der Revolte gehen auf die Lebenserfahrung und den Einfluss von Rirette Maîtrejean zurück.[6]

Weitgehend unbekannt und auch unberücksichtigt blieb beim politischen Werdegang von Camus die Tatsache, dass bereits das Jahr 1941, als Camus von Lyon nach Oran (Algerien) zurückkehrte, als Zeitpunkt der Aufnahme seines Kampfes gegen die politische Absurdität des Vichy-Regimes und der Nazi-Okkupation eingestuft werden muss. Camus pendelte mit seiner zweiten Ehefrau, Francine Faure, oft von Oran nach Algier und baute in dieser Zeit, 1941, zusammen mit seinen ehemaligen FreundInnen des *Théatre de L'Équipe* u.a. über das von ihnen genutzte *Maison Fichu* in Algier ein Fluchthilfenetzwerk Marseille – Algier – Oran – Casablanca auf.[7] Einer der Geflüchteten aus Europa, denen Camus half und der im Umfeld der Familie Faure in Oran untergebracht wurde, war Nicola Chiaromonte. Er hatte in den Dreißigerjahren in der damaligen Exilgruppe antifaschistischer Italiener in Frankreich, *Giustizia e Libertà*, seinen Mentor, den späteren Anarchisten Andrea Caffi, kennengelernt. Beide verließen 1935 die Gruppe; der Kontakt zu Caffi brach zunächst ab. Chiaromonte wurde Spanienkämpfer unter André Malraux und näherte sich dann Stück für Stück dem Anarchismus Tolstois an. Dies geschah dann bereits in New York, wohin er mit Hilfe des Fluchthilfenetzwerks Camus' 1941 gelangen konnte. Nach der Befreiung und zurückgekehrt nach Italien arbeitete Chiaromonte eng mit dem Schriftsteller Ignazio Silone zusammen, dessen Französisch-Übersetzer wiederum der libertäre Sozialist Jean-Paul Samson war, der Herausgeber der bereits erwähnten Zeitschrift *Témoins*.[8]

Camus war 1941 zusammen mit Francine und ihrer Familie noch in eine weitere Aktivität gegen das Vichy-Regime verwickelt. Weil Vichy jüdische SchülerInnen und LehrerInnen aus der Staatsschule ausgeschlossen hatte, lehrten Camus, Francine Faure und die gesamte Familie der Faures in jüdischen Privatschulen – Camus in der Privatschule des entlassenen jüdischen Gymnasiallehrers André Bénichou.[9]

Dabei waren diese Aktivitäten für Camus schon 1941 durchaus lebensgefährlich. Bei der Verhaftung von Camus' Freund Roger Namia im *Maison Fichu* aufgrund des Fluchthilfenetzwerks wurde ein an Camus gerichteter Brief Namias gefunden.[10]

---

6   Vgl. dazu Marin: *Rirette Maîtrejean*, S. 196–211.
7   Lottman: *Camus. Eine Biographie*, S. 202f.; sowie: Todd: *Albert Camus*, S. 283–289.
8   Bresolin: „Le choix des camarades", S. 27f., 30 und 35.
9   Todd: *Albert Camus*, S. 283–289.
10   Lottman: *Camus. Eine Biographie*: S. 202f.

Einmal schrieb Chiaromonte an Camus von New York aus und kurz darauf lud die Polizei Camus zum Verhör. Sie bestanden darauf, dass der Name ‚Maillot' [unter dem Chiaromonte offensichtlich geschrieben hatte] in Wirklichkeit der von Chiaromonte war und er [Camus] bestritt das.[11]

Angesichts dieser Bedrohungen kam seine Abreise nach Chambon-sur-Lignon 1942 gerade zur rechten Zeit.

Der gewaltfreie protestantische Pastor André Trocmé, die laizistische Romanfigur Tarrou und die Judenrettung in Chambon-sur-Lignon zur Zeit von Camus' Aufenthalt 1942–1943

Seit Januar 1942 war Camus' Tuberkulose in beiden Lungenflügeln schlimmer geworden. Nach dem Biografen Lottman spuckte er bereits Blut, als das Verhör infolge des Chiaromonte-Briefs stattfand.[12] Da Tuberkulose damals durch Kuren in frischer Luft und Höhenlage behandelt wurde, hatten Francine und Albert die glückliche Gelegenheit, nach Le Panelier auf 1000 m über Meer auszuweichen, einem einsam gelegenen Gehöft, ca. 3 km entfernt von der Stadt Chambon-sur-Lignon, auf dem Plateau Vivarais-Lignon in den Cevennen, einem Teil des Massif Central. Dort führte eine Großtante von Francine, Sarah Oettly, eine Pension.

Im August 1942 trafen die Camus' dort ein. Albert Camus blieb dort bis November 1943. Das war nicht geplant. Francine kehrte im Oktober 1942 nach Algerien zurück, um als Lehrerin weiterzuarbeiten. Am 7. November 1942 überschlugen sich die Ereignisse: Die Alliierten landeten in Nordafrika und nur vier Tage später marschierten die Deutschen ins Gebiet des bisher von Vichy aus verwalteten südlichen Frankreichs ein. Camus war von seiner Frau getrennt, im Exil – Themen, die in dem Roman *Die Pest*, den er in dieser Zeit in Rohfassung schrieb, eine vordringliche Rolle spielen sollten.[13]

Die Jahre von Vichy und der deutschen Besatzung in Chambon-sur-Lignon sind in die Geschichte der französischen Résistance sowie die Geschichte des zivilen Widerstands gegen den Nationalsozialismus in Europa eingegangen. Jacques Semelin:

---

11 Lottman: *Albert Camus. A Biography*, US-amerikanische Originalausgabe, erstv. 1979, umfangreicher als die gekürzte dt. Version, S. 251. Ü.d.A. (Übersetzung durch Autor).
12 Ebd.
13 Henry: *La Montagne des Justes*, S. 128f.

Im Herzen der Cevennen, dem Land der Hugenotten, wo man Verfolgung aus eigener Anschauung kannte, leistete das protestantische Dorf Chambon-sur-Lignon während der gesamten Dauer des Krieges eine bemerkenswerte Arbeit. Mit den Pfarrern André Trocmé und Édouard Theis an der Spitze führten die Einwohner von Chambon auf lokaler Ebene eine der bemerkenswertesten Aktionen gewaltfreien Widerstands (sie benutzten dieses Wort offen) durch. Sie bildeten nach und nach Hilfsstellen, die bei der Suche nach einem Unterschlupf oder der Flucht ins Ausland [v.a. in die Schweiz] halfen.[14]

Die historische Forschung geht heute davon aus, dass die ca. 5000 BewohnerInnen von Chambon und den umliegenden Dörfern und Gehöften rund 5000 Juden und Jüdinnen retteten – Grundlage dieser Schätzungen ist dabei die Aussage des Passfälschers der Region, Oscar Rosowsky, denn kaum jemand konnte ohne falsche Papiere überleben.[15]

Weil die bekannten Biografen Camus' nur rudimentär über Camus' Zeit in Chambon berichten, füllen die literarisch-historischen Forschungen von Regionalforschern wie etwa Patrick Gerard Henry eine wichtige Lücke, dabei besonders das vierte Kapitel „La Peste d'Albert Camus" seines Buches La Montagne des Justes, das im Folgenden in dessen wichtigsten Passagen referiert wird.[16]

Bei seiner Ankunft in Chambon 1942 hatte Camus noch Kontakte nach Lyon aus der Zeit seiner Flucht mit Rirette Maîtrejean. Er erneuerte nun den Kontakt zu Pascal Pia und dem katholischen Dichter René Leynaud, beide inzwischen in der Résistance-Organisation Combat. Camus traf Leynaud 1943 regelmäßig in Lyon und St-Etienne – nach St.-Etienne musste er sich von Le Panelier aus alle 12 Tage begeben, um dort eine Sauerstoffinsufflation in den Brustkorb (Pneumothorax) zu erhalten. Camus stellte Leynaud einem Freund aus dem Plateau vor, dem Dominikanerpater, Nietzscheaner und Antifaschisten Raymond Léopold Bruckberger; Pia brachte seinerseits Camus in Verbindung mit Francis Ponge, dessen Ehefrau aus Chambon stammte, und mit Pierre Fayol, dem Leiter der regionalen bewaffneten Combat-Gruppe um Chambon.[17] Dieses interessanterweise querbeet aus Religiösen und Nicht-Religiösen bestehende Kontaktgeflecht weitete sich, laut Aussage des Passfälschers Rosowsky, auf Jean Bouix aus, „einen Bauern des Dorfes Mazet-Saint-Voy, dessen Aufgabe es war, Juden zu finden, die noch

---

14 Semelin: Ohne Waffen gegen Hitler, S. 218f.

15 Vgl. die Aussage von Oscar Rosowsky im Dokumentarfilm von Pierre Sauvage: Les Armes de l'esprit, 1989, sowie: Gril-Mariotte: Lieu de mémoire au Chambon-sur-Lignon, S. 120. Für detaillierte Fallstudien zur Judenrettung siehe die umfassendste Publikation: Cabanel/Joutard/Semelin/Wieviorka: La Montagne refuge.

16 Henry: La Montagne des Justes, Kapitel 4, S. 127–157.

17 Fayol: Le Chambon-sur-Lignon sous l'occupation: Zu Camus siehe S. 31, 76, 156f.

keine falschen Papiere hatten, und sie davon zu überzeugen, sich welche machen zu lassen. Nach Rosowsky war Bouix ‚ein Freund von Albert Camus.'"[18]

Nach Patrick Gerard Henry bleibt unklar, ob Camus den Koordinator der Judenrettung, den protestantischen Pastor von Chambon, André Trocmé, der bereits in Konflikt mit der Institution Kirche geraten und deshalb nach Chambon „abgeschoben" worden war, persönlich traf: Eine wichtige Quelle, Philip Hallie, behauptet dies, eine andere, Nelly, die Tochter von Trocmé, bestreitet dies. Henry schreibt weiter:

> Im Gegensatz zu den Angaben Lottmans war er [Camus] vollständig über die gewaltsamen Aktionen der Résistance in Chambon-sur-Lignon und Umgebung informiert. Oscar Rosowsky, Jean Bouix und Pierre Fayol bestätigen das alle drei. Fayol und Camus waren Freunde und, wie [Camus-Biograf] Todd bemerkt, hörten sie in Panelier sogar zusammen die BBC. In der Tat: Trotz einer verbreiteten Ansicht, nach der Camus an keiner Aktivität der Résistance vor seiner Abreise vom Plateau Ende 1943 teilgenommen hätte, gibt es zumindest zwei Gründe, die dafür sprechen, zu glauben, seine Aktion innerhalb der Résistance hätte schon früher begonnen, und zwar seit seinem Aufenthalt in Panelier. Der erste Grund ist ein Brief [Camus'] an Francine, datiert auf den 31. August 1944, in welchem er sagt: ‚Ich bin in die Résistance[19] eingetreten […]. Und zwar bin ich in der Haute-Loire in sie eingetreten und dann gleich danach in Paris, zusammen mit Pia, in die Bewegung Combat.' Der zweite Grund besteht […] in seinen falschen Papieren, die auf den Namen Albert Mathé lauteten und auf den 20. Mai 1943 datiert sind. Auch Hallie fragt sich seinerseits, was Camus vom gewaltfreien Widerstand im Dorf gewusst hatte. Juden befanden sich überall auf dem Plateau, selbst in Panelier, und der Schriftsteller war oft in Kontakt mit Chouraqui. Die Antwort des Letzteren hat mich klar darauf hingewiesen, dass er [Camus] Kenntnis von allen Aktionen der Résistance, sowohl der gewaltfreien (jener, die darin bestanden, möglichen Opfern der Nazis Zuflucht zu gewähren) als auch der gewaltsamen hatte: ‚Seit Anfang an war Albert Camus über die Résistance auf dem Laufenden, welche die Pastoren Theis und Trocmé in Chambon-sur-Lignon anleiteten.'[20]

In *Die Pest* finden sich klare Andeutungen auf die Shoah in Europa, auf die Internierungslager in Frankreich, wo verschiedene Organisationen versuchten, wenigstens die Kinder vor der Deportation in die Vernichtungslager zu bewahren. Henry:

---

18 Henry: *La Montagne des Justes*, S. 130. Ü.d.A.

19 Hier meint Camus eine bekannte Résistance-Organisationen wie „Combat"; m.E. waren jedoch bereits seine Aktivitäten zur Fluchthilfe und als Lehrer in jüdischen Privatschulen 1941 in Oran ein Akt der Résistance, wenn nämlich die Résistance nach Victor Serge definiert wird, der explizit Fluchthilfe in seine Definition miteinbezog.

20 Henry: *La Montagne des Justes*, S. 132f.

> Es gibt keinen Zweifel, dass Camus Kenntnis nicht nur von ihrer [der Internierungslager]
> Existenz hatte, sondern auch von den legalen und illegalen Aktionen, um aus ihnen die
> Kinder herauszubringen. Er war darüber informiert, weil die Organisation von Choura-
> qui, die OSE [*Œuvre de secours aux enfants*; Hilfswerk für Kinder], sehr stark in diese
> Aktionen verwickelt war.[21]

André Chouraqui, ein jüdischer Freund Camus' aus Algerien, lebte auf dem Plateau und leitete zu der Zeit klandestin die Fluchthilfe für Kinder über die OSE.
Camus besuchte ihn oft.[22]

Noch durch einen anderen Umstand wird die genaue Kenntnis Camus' der
Résistanceaktionen zur Zeit der Rohfassungs-Niederschrift des Romans deutlich:
in der Wahl der Personennamen im Roman. Viele Namen im Roman haben einen
lokalen Hintergrund:

> ,Paneloux' [Pater Paneloux im Roman] für Panelier; ,Dr. Rieux' [Arzt und Hauptperson
> im Roman] für den Dr. Paul Riou; ,Grand' [Joseph Grand, der Statistiker und verhinderte
> Schriftsteller, der den ersten Satz seines Romans ständig neu schreibt] war ein Bauer und
> Freund von Camus, der in Panelier wohnte.[23]

Wie konnte es sein, dass in solch existentieller Situation gewaltfreier Widerstand
möglich war? Zentral war hier die Person André Trocmés, der gleich nach seiner
Ankunft in Chambon-sur-Lignon 1934 sein von Gandhi beeinflusstes, gewaltfrei-
libertäres Widerstandsverständnis in einer Predigt kundtat und dann jahrelang
verbreitete: „Keine Regierung kann uns dazu verpflichten zu töten; man muss ein
Mittel finden, um gegen den Nazismus Widerstand zu leisten, ohne Menschen
zu töten."[24]

Die Anschauungen und die Rolle von Trocmé werden in *Die Pest* am deutlichsten durch die Romanfigur des Tarrou beschrieben, darauf weist Henry über-
zeugend hin:

> Als Pazifist nähert er [Trocmé] sich an Tarrou an. […] Die Gewaltfreiheit war gleicher-
> maßen sehr präsent im Denken von Camus. […] Tarrou hatte in sich diese ,Größe', durch
> die er an Trocmé erinnert, wenn er etwa sagt, man müsse der Gewalt widerstehen, aber
> allein mit den ,Waffen des Geistes'. Sehen wir, wie er seinen Pazifismus explizit ausdrückt:
> ,Und darum habe ich beschlossen, alles abzulehnen, was von nah oder fern, aus guten oder
> schlechten Gründen, tötet oder rechtfertigt, daß getötet wird.'[25] […] ,da ich mich weigerte

---

21 A.a.O., S. 136.
22 A.a.O., S. 131.
23 A.a.O., S. 138.
24 André Trocmé, zit. nach Henry: A.a.O., S. 142.
25 Henry zitiert hier Camus: *Die Pest*, S. 149.

zu töten.'²⁶ Genauso wie Trocmé zusammen mit anderen in seiner Kirchengemeinde Aktionen zur Fluchthilfe organisiert, stellt Tarrou [im Roman] die ‚Sanitätsgruppen' auf.²⁷

Tarrou kritisiert an einer entscheidenden Stelle des Romans, als er Rieux von seinem Vater, dem Staatsanwalt, erzählt, die Leidenschaft des Vaters für bürokratische Abläufe bei Zugfahrplänen – ein Hinweis auf die bürokratische Massenvernichtung mittels Zugverschickung – und verknüpft dies mit seiner Abscheu vor dem Vater und damit dem Staat an sich, der die Todesstrafe ausspricht:

> Der rote Talar hatte ihn verwandelt. Er war nicht mehr gutmütig und nicht mehr herzlich. In seinem Mund wimmelte es von ungeheuerlichen Sätzen, die unaufhörlich wie Schlangen hervorkrochen. Und ich begriff, daß er im Namen der Gesellschaft den Tod jenes Mannes verlangte, daß er sogar verlangte […]: ‚Dieser Kopf muß fallen.' […] Von diesem Augenblick an konnte ich den Fahrplan […] nur noch mit scheußlichem Ekel betrachten.²⁸

Tarrou beschließt, den Vater zu verlassen und sein Leben dem Kampf gegen die Todesstrafe zu widmen – wie Camus dies direkt nach dem Kriege für den Rest seines Lebens auch tun sollte. Tarrou fragt sich an einer Stelle im Roman, ob man „ohne Gott ein Heiliger sein" könne, doch die Hauptperson des Romans, Rieux, sagt dazu:

> Aber wissen Sie, ich fühle mich mit den Besiegten enger verbunden als mit den Heiligen. Ich glaube, daß ich am Heldentum und an der Heiligkeit keinen Geschmack finde. Was mich interessiert, ist, ein Mensch zu sein.²⁹

In seinem Vergleich mit Trocmé schreibt Henry: „Tarrou war eine laizistische Version von Trocmé."³⁰ Und am Ende seiner Untersuchung kommt Henry zu der Schlussfolgerung:

> Unter diesem Gesichtspunkt ähnelt Tarrou sicherlich Trocmé, indem er die gewaltfreie Aktion der Rettung personifiziert; während Rieux eine Verkörperung von Fayol und der bewaffneten Résistance sein könnte.³¹

Camus konzipiert hier literarisch also ganz aus dem Erfahrungsschatz seiner Kenntnis – und Beteiligung, denn flüchtige Juden waren ja auch auf dem Hof von Frau Oettly aufgenommen worden, „selbst in Panelier"³² – eine gegenseitige

---

26 Henry zitiert hier Camus: *Die Pest*, S. 150.
27 Gesamtzitat Henry: *La Montagne des Justes*, S. 146.
28 Camus: *Die Pest*, S. 146f.
29 A.a.O., S. 151.
30 Henry: *La Montagne des Justes*, S. 147.
31 A.a.O., S. 154.
32 A.a.O., S. 132.

Wertschätzung, keineswegs einen Gegensatz, wie das so oft beschrieben wird, zwischen gewaltfreiem und bewaffnetem Kampf gegen den Nationalsozialismus. Trocmé und Fayol kannten sich und, so schreibt Henry an einer Stelle, hatten „sichtbare Wertschätzung füreinander".[33]

Noch hielt Camus zu dieser Zeit den bewaffneten Widerstand gegen die Nazis für notwendig, den gewaltfreien für nicht ausreichend. Rieux ist die Hauptperson des Romans, nicht Tarrou; Tarrou ist ein Heiliger, Rieux ist profaner, will nur Mensch sein; Camus lässt am Ende Tarrou durch die Pest sterben; Rieux als simplen, einfach menschlichen Befürworter des gewaltsamen Widerstands gegen die Nazis überleben.

Doch die gegenseitige Wertschätzung beider Widerstandsformen wurde im Widerstand in Chambon auch praktisch: Die bewaffneten Gruppen nahmen immer wieder Rücksicht auf die Judenrettung, hielten sich mit bewaffneten Aktionen zurück, um Repressionstruppen von Vichy oder der Nazis nicht aufs Plateau zu locken. Es kam sogar zu einem Pakt zwischen Fayol und Trocmé. Henry zitiert dazu Trocmés Memoiren:

> Der Pastor erzählte [darin]: ‚Fayol, mein Freund, hatte einen großen und edlen Charakter. […] Er besuchte mich oft, und das war nur naheliegend, denn wir vertraten beide eine gemäßigte Einstellung. Ich meinte, Gewaltstreiche gegen die deutschen Verbände wären sinnlos und würden nur Repressalien in Gang setzen. Er war einverstanden.' Der Fall der Familie Eyraud zeigt dabei, bis zu welchem Punkt die beiden Gruppen unentwirrbar verbunden waren und bis zu welchem Punkt sie gemeinsam handelten. Frau Eyraud führte eine Pension, in der sich zahlreiche Kinder und junge Erwachsene während der Besatzung versteckten. Zur gleichen Zeit hielt Léon ‚Noël' Eyraud eine Führungsposition in der Résistance inne. Ihre Tochter berichtete: ‚Das Haus wurde dann zu einem Treffpunkt junger Résistants.' Und sie erklärte dann, mit welcher Entschlossenheit ihr Vater eingriff, um zu verhindern, dass deutsche Soldaten sinnlos in der Region getötet würden. ‚Ich erinnere mich auch an den Tag, an dem ihm das Projekt der jungen Résistants zu Ohren kam, die deutschen Genesenden [Chambon war ein Kurort, an dem deutsche Frontverletzte aus der Ostfront ihren Genesungsurlaub verbrachten], die am Flussstrand badeten, mit dem Maschinengewehr zu beschießen […]. Sein Ziel war, nicht nur das Dorf zu schützen, sondern auch Männer, die sich nicht verteidigen konnten.' Es ist offensichtlich, dass den Résistance-Befehlshabenden Fayol und Eyraud klar war, dass das Schicksal des Dorfes und das Gelingen der gewaltfreien Rettungsaktionen zu einem Großteil davon abhingen, wie sie ihre eigenen Aktionen durchführten. Wenn die deutschen Soldaten willkürlich getötet worden wären, hätte es als Folge sehr starke Repressalien gegeben, die wiederum alle Résistancegruppen der Region betroffen hätten, ob sie bewaffnet waren oder nicht.[34]

---

33 A.a.O., S. 150.
34 A.a.O., S. 150f.

Camus seinerseits erinnerte sich auch später, als er in Paris war, immer wieder an die Möglichkeiten, verfolgte Juden und Jüdinnen aus Paris in dieses Rettungsnetzwerk einzuschleusen und tat dies auch in verschiedenen Fällen, schickte Verfolgte aus Paris zu den Fayols oder direkt zu Frau Oettly. Henry:

> Als er [Camus] Ende 1943 in Paris eintraf, sandte er eine jüdische Frau zum Verstecken in das Dorf und ließ dabei Fayol eine codierte Nachricht zukommen, dass sie unter einem ‚vererbbaren Infekt' leide[35]

– dechiffrierbar für sie beide als Verfolgte durch die „Pest" des Nationalsozialismus.

Der Widerstand gegen sinnlose gewaltsame Aktionen prägte auch Camus' unmittelbaren weiteren Werdegang innerhalb der Résistance und führte ihn zu einem elementaren Konflikt mit der PCF (*Parti communiste français*; Französische Kommunistische Partei). Darüber weiß der Anarchist und Autor der ersten Rowohlt-Monografie zu Camus, Morvan Lebesque, anlässlich der Hinrichtung eines deutschen Offiziers in Nantes durch kommunistische Partisanen und die nachfolgenden Diskussionen innerhalb der Résistance zu berichten:

> [Am 20. November] 1941 ermordeten zwei anonyme Terroristen in Nantes den Militärgouverneur der besetzten Stadt. Dieses Attentat kostete fünfzig Geiseln das Leben, weil die Mörder sich nicht stellten [das hatten die Nazis bereits lange im Vorfeld für solche Attentate angekündigt]. Warum hätten sie sich auch stellen sollen? Es war viel wirksamer, wenn die Geiseln erschossen wurden, denn diese offenkundig ungerechte Hinrichtung mußte notgedrungen den Haß gegen die Besatzungsmacht schüren und die Bildung von Widerstandsgruppen beschleunigen – und das war denn auch der Fall. Politisch gesehen, hatten die Mörder also recht, nicht nur ihr eigenes Leben nicht für das des Ermordeten hinzugeben [ich verweise hier auf den zweiten Teil von Camus' Drama *Die Gerechten*, in dem Kaljajew unbedingt für seinen Mord am Großfürsten büßen, also sein Leben hingeben will], sondern zudem fünfzig andere Leben statt des ihren vernichten zu lassen, selbst und vor allem das Unschuldiger. Damit kommen wir zu dem von Simone de Beauvoir in *Le Sang des autres* [dt. *Das Blut der anderen*] aufgeworfenen Paradoxon: in Kriegs- und Revolutionszeiten besteht der wahre Mut darin, sich nicht zu stellen und die anderen sterben zu sehen. Camus empörte sich mit seinem ganzen Wesen gegen einen solchen Sophismus der revolutionären Aktion. Die auf das ewige ‚wer den Zweck will, will auch die Mittel' bezogene Wahrscheinlichkeitsrechnung begnügte sich nicht damit, die Revolte zu entmenschlichen, sie verurteilte sie bis in ihre Zielsetzungen hinein. Lügen, Ausmerzungen, kafkahafte Prozesse – sie führte zu allem.[36]

---

35   A.a.O., S. 152.
36   Lebesque: *Camus*, S. 93.

Nach seiner Erfahrung von Chambon kritisierte Camus diese Strategie innerhalb der Résistance explizit und zog sich dadurch das Misstrauen der PCF zu.

Menschen retten als Maxime von „Weder Opfer noch Henker". Die Evolution Camus' zum gewaltkritischen Anarchismus in *Der Mensch in der Revolte* und zum gewaltfreien Widerstand im antikolonialen Kampf

Nach seiner Flucht aus Oran 1941 kam Nicola Chiaromonte nach New York, wo er Jahre seines US-Exils in einem Kreis um Dwight und Nancy Macdonald verbrachte, die dann 1944 die trotzkistisch orientierte Zeitschrift *Partisan Review* verließen, um die eher libertär orientierte Zeitschrift *Politics* zu gründen, in der etwa Artikel der französischen Anarchosyndikalistin Simone Weil oder des US-Anarchisten Paul Goodman veröffentlicht wurden. Die Macdonalds vollzogen also am Ausgang des Krieges eine Wendung vom Trotzkismus hin zu Pazifismus und individuellem Anarchismus.[37] Der italienische Anarchismusforscher Alessandro Bresolin schreibt dazu weiter:

> Chiaromonte machte Macdonald und die Gruppe um *Politics* mit dem Autor von *Der Fremde* bekannt. Außerdem war es er [Chiaromonte], der Camus davon überzeugte, im Frühjahr 1946 seine Reise in die USA zu unternehmen. […] Chiaromonte holte Camus von der Schiffsanlegestelle in New York ab. Albert war überwältigt von der Kriegserfahrung und er fand hier einen fruchtbaren Boden für die Bereicherung seiner Ideen. Er war mit dem Milieu um *Politics* in der Absicht einverstanden, weder ‚Opfer noch Henker' angesichts des Kalten Krieges werden zu wollen und sich der Aufteilung der Welt in zwei Blöcke zu verweigern.[38]

In diesem Kreis um die Macdonalds, um Chiaromonte und *Politics* in New York diskutierte Camus die Thesen des bereits erwähnten Anarchisten Andrea Caffi, dessen Artikel „A Critique of Violence" in *Politics* im Januar 1946 erschienen war. Nachdem sich Chiaromonte und Caffi 1935 getrennt hatten, lebte Letzterer in Toulouse, nahm dort am Leben der italienischen und spanischen ImmigrantInnen teil, wurde noch 1944 wegen Résistanceaktivitäten festgenommen, konnte aber entkommen. In dieser Zeit entwickelte sich Caffi bereits zum gewaltfreien Libertärsozialisten und übermittelte dann Chiaromonte nach Kriegsende seinen Artikel zur Kritik der Gewalt. Camus freundete sich mit Caffi an, als Caffi 1948 von Toulouse nach Paris zurückkehrte. Camus verschaffte Caffi sogar einen Arbeitsplatz

---

37 So heißt es etwa explizit im französischen Wikipedia-Eintrag zu Dwight Macdonald; vgl. dazu auch Isserman: *If I Had a Hammer…*, S. 84ff.
38 Bresolin: „Le choix des camarades", S. 28f.

bei Gallimard. Caffi trat dann in Paris dem französischen Zweig der *Groupes de liaison internationale* (GLI) bei, einem Zusammenschluss von AnarchistInnen und revolutionären SyndikalistInnen mit Beteiligung Camus'. Die GLI wurden zwei Jahre nach den erwähnten Diskussionen von Chiaromonte und den Macdonalds mit Camus zunächst in New York, dann in Paris gegründet.[39] Im Gründungsmanifest steht, dass die GLI „jenseits der Grenzen Inseln des Widerstands bilden sollen, in denen wir versuchen werden [...], Werte aufrechtzuerhalten, die dem Leben einen Sinn geben."[40]

Es entstanden aus diesen Zusammenhängen diesseits und jenseits des Ozeans in den Jahren 1948 bis 1950 Solidaritätskampagnen zugunsten libertärer spanischer Gefangener in den Lagern Francos und Stalins, die manchmal zur Nicht-Vollstreckung von Todesurteilen oder Freilassungen führten – eine weitere Form des Prinzips „Menschen retten".

Für Chiaromonte war Caffi eine Art Ideengeber und philosophisches Vorbild. Die französische Zeitschrift *La Quinzaine littéraire* hatte Caffi als „den Walter Benjamin Italiens"[41] bezeichnet. Chiaromonte wollte, wie der gesamte Kreis um *Politics*, die Konsequenzen aus der Gewaltorgie von zwei Weltkriegen und schlimmsten Diktaturen ziehen, näherte sich dabei an Theorie und Praxis des gewaltfreien Widerstands an und interessierte sich für Gandhi, Tolstoi, Huxley und Simone Weil. Bresolin:

> Aber die Gewaltfreiheit, die er [Chiaromonte] entwickelte, nährte sich von der Lehre seines Meisters Caffi, nach welcher die Gewalt ‚nicht vereinbar war mit den Werten der Zivilisation und der gesellschaftsfähigen Menschheit, die wir bewahren wollen. [...] Mit der Gewalt verleugnen wir notwendigerweise die Werte, die unsere Lebensberechtigung ausmachen.' Caffi insistierte stark auf der Verbindung zwischen dem Gedanken der Gesellschaft und dem Gedanken der Gewaltfreiheit: ‚Es gibt einen unüberwindbaren Konflikt zwischen dem Streben nach Gesellschaftsfähigkeit und dem Willen zur Macht. Jede Gewalt ist, qua Definition, antisozial.'[42]

Hier war sie wieder: die Verbindung von Gewaltkritik und Herrschaftskritik. Menschen retten – das war die Erfahrung von Chambon-sur-Lignon, die Camus in die Nachkriegsdiskussionen in New York einbrachte und festigte. Er kam 1946 zurück nach Paris und veröffentlichte unmittelbar, im November 1946, die achtteilige

---

39   Wahrscheinlich im November 1948, nach der Rückkehr Camus' nach Frankreich also; vgl. dazu vor allem Vanney: „Une liberté en action", S. 88. Zum Arbeitsplatz bei Gallimard für Caffi, siehe Bresolin: A.a.O., S. 30.

40   GLI-Gründungsmanifest, zit. nach Vanney: Ebd.

41   Zit. nach Bresolin: „Le choix des camarades", S. 27.

42   A.a.O., S. 35; mit Zitaten Caffis.

Artikelserie „Weder Opfer noch Henker", die Quintessenz seiner New Yorker Diskussionen und eine seiner letzten Arbeiten für die Tageszeitung *Combat*, die er kurz
darauf verließ, um danach hauptsächlich für anarchistische Zeitungen zu schreiben.
„Menschen retten" hieß dabei der zweite Artikel vom 20. November 1946.[43] Im
vorletzten Artikel der Serie, am 29. November 1946, forderte Camus, nunmehr
ganz auf der politischen Linie Tarrous, als universelles antistaatliches Prinzip: „Eine
internationale Rechtsordnung, in deren erstem Artikel die Todesstrafe allgemein
abgeschafft würde."[44]

Sofort nach Erscheinen der Artikelserie wurde sie über den Ozean an die Macdonalds übermittelt. Sie übersetzten sie relativ schnell ins Englische, und die Serie
verbreitete sich in den USA in den Kreisen der Kriegsdienstverweigerer sowie
eines entstehenden afrikanisch-amerikanischen Protestbewusstseins. Schon im
Februar 1946, kurz vor Camus' Ankunft in New York, hatte Dwight Macdonald
zusammen mit anderen US-Kriegsdienstverweigerern das CNVR (*Committee for
Non-Violent Revolution*) gegründet, das allerdings nur bis 1948 bestand.[45]

Robert „Bob" Moses, ein junger schwarzer Student aus den Südstaaten der USA
und späterer prägender Aktivist der Bürgerrechtsbewegung, las in den Fünfziger-
jahren die beiden ihn prägenden Texte Camus', „Weder Opfer noch Henker" in
der Übersetzung der Macdonalds' sowie *Die Pest*. Als Pest charakterisierte Moses
infolgedessen die Zustände rassistischer Unterdrückung in den USA, besonders
die Segregation in den Südstaaten; „Weder Opfer noch Henker" las er als Aufruf
zur gewaltfrei-libertären Revolte. Zusammen mit Ella Baker gründete Bob Moses
das SNCC (*Student Nonviolent Coordinating Committee*), das von 1960 bis 1965
mit Sit-Ins und Go-Ins in segregierte Restaurants, Lokale, Bushaltestellen, Über-
landbusse, Schwimmbäder, Parks usw. die gewaltfreien Massenaktionen der Bürgerrechtsbewegung prägte. Das SNCC war eine *group-centered* (gruppenzentrierte)
Basisbewegung, deren gewaltfreie Aktionen nur koordiniert wurden und deren de-
zentrale Organisationsform dem *leader-centered* (anführerzentrierten) Modell anderer Schwarzenorganisationen, auch der Martin Luther Kings, gegenüberstand.[46]

Heute gilt diese Phase von SNCC auch schwarzen AnarchistInnen in den
USA als libertäres Modell einer Graswurzelorganisation. Über diesen Umweg
der Camus-Rezeption in den USA und die gewaltfreien Aktionen von SNCC
wurden diese Aktionsformen Sit-In, Teach-In, Go-In usw. 1968 wiederum – sogar
unter Beibehaltung der US-amerikanischen Bezeichnungen – in Europa durch

---

43 Camus: „Weder Opfer noch Henker", In: Lévi-Valensi: *Albert Camus*, Bd. II, S. 166ff.
44 A.a.O., S. 181.
45 Isserman: *If I Had a Hammer…*, S. 136f.
46 Vgl. zur detaillierten Geschichte des SNCC: Carson: *Zeiten des Kampfes*.

die Studentenbewegung übernommen und umgesetzt. In dieser Rezeptionsgeschichte liegt Camus' praktischer Einfluss auf die Revolte von 1968 – völlig jenseits orthodox-linker Wahrnehmungen, wonach er für 1968 keine Rolle spielte.

Das Prinzip „Menschen retten" ist bei Camus integraler Bestandteil seines Verständnisses von Revolte. Dies deckt sich aktuell mit dem m.E. überraschenden bürgerrechtlichen Engagement Unzähliger, ja Tausender der Bewegung „Refugees Welcome", die im Herbst und Winter 2015/16 in der BRD fast eine Million Flüchtende aus den Kriegsgebieten in Nahost aufgenommen, versorgt und begleitet haben – trotz aller Anfeindungen aus dem Lager des neorechten Populismus. Dies deckt sich auch mit dem Lebenswerk des 2016 verstorbenen Rupert Neudeck, dem Camusianer und Gründer von „Cap Anamur", und seinen unzähligen Rettungsaktionen für lebensgefährdete Flüchtlinge in Seenot. Und es deckt sich mit dem Hinweis, wie denn eine gewaltfreie, unbewaffnete Revolte in völlig verfahrenen, brutalen Bürgerkriegssituationen wie etwa Syrien überhaupt aussehen könnte: Es gibt sie faktisch, und zwar als Massenflucht von Millionen Unbewaffneter, die sich so der Herrschaft ihrer Regierungen und terroristischer Milizen entziehen.

Dafür nur einige der bedeutendsten und deutlichsten Zitate in diesem Sinne aus Camus' Hauptwerk *Der Mensch in der Revolte*:

> [...] statt zu töten und zu sterben, um das Sein hervorzubringen, das wir nicht sind, müssen wir leben und leben lassen, um zu schaffen, was wir sind.[47]

> Wenn ein einziger Mensch tatsächlich getötet wird, verliert der Revoltierende auf gewisse Weise das Recht, von der Gemeinschaft der Menschen zu sprechen, von der er indes seine Rechtfertigung ableitete. Wenn diese Welt keinen höheren Sinn, der Mensch nur den Menschen als Bürgen hat, genügt es, daß ein Mensch ein einziges Wesen aus der Gesellschaft der Lebenden ausschließt, um selbst von ihr ausgeschlossen zu sein.[48]

> Wenn ein einziges Wesen in der unersetzlichen Welt der Brüderlichkeit fehlt, ist sie entvölkert. [...] Das irrationale und das rationale Verbrechen verraten gleicherweise den Wert, den die Bewegung der Revolte an den Tag gebracht hat.[49]

Es ist klar und weithin bekannt, dass diese theoretische Fundierung von Camus' Revoltekonzept zum direkten Widerspruch und in der Folge zum Bruch mit Jean-Paul Sartre und seinem Mitarbeiter Francis Jeanson führte. Dieser wurde im weiteren Verlauf der Fünfzigerjahre durch die Auseinandersetzungen um den Algerienkrieg praktisch unüberbrückbar, bei dem Sartre und Jeanson bedingungslos

---

47 Camus: *Der Mensch in der Revolte*, S. 204.
48 A.a.O., S. 227f.
49 A.a.O., S. 228.

die FLN und Camus den algerischen, ebenso antikolonialen Messalismus um den algerischen Gewerkschafter Messali Hadj unterstützte.[50]

Es geht letztlich um zwei Konzeptionen, die nur schwer zu vereinen sind, wenn man vom gemeinsamen Kampf gegen den Nationalsozialismus absieht. Sartre machte das besonders in seinem Vorwort zu Frantz Fanons die antikoloniale Gewalt affirmierenden Buch *Die Verdammten dieser Erde* explizit. Zu welchen Formulierungen Sartre hier greift, ist gerade unter dem Eindruck aktueller Ereignisse in Paris, Nizza oder Berlin erschreckend – und die Gegnerschaft zu Camus bringt er dabei direkt zum Ausdruck:

> Man bleibt entweder terrorisiert oder wird selbst terroristisch. […] Denn in der ersten Zeit des Aufstands muß getötet werden: einen Europäer erschlagen heißt zwei Fliegen auf einmal treffen, nämlich gleichzeitig einen Unterdrücker und einen Unterdrückten aus der Welt schaffen. Was übrigbleibt, ist ein toter Mensch und ein freier Mensch. […] Sie sehen gut aus, unsere Gewaltlosen: weder Opfer noch Henker. Kommt mir bloß nicht damit![51]

In Camus' Begrifflichkeiten war das reiner Nihilismus. Und die Folgen dessen waren unübersehbar: Algerien bekam als Ergebnis eines achtjährigen bewaffneten Kampfes zwar die Unabhängigkeit, jedoch auch eine strukturelle, unsichtbare Militärdiktatur, die bis heute anhält. Grundlegende Konflikte werden dort aufgrund dieser Konzeption des Unabhängigkeitskrieges sehr schnell mit brutaler Gewalt ausgetragen, wovon der interne Bürgerkrieg im Algerien der Neunzigerjahre zeugte. Doch Camus wusste, dass der antikoloniale Kampf auch anders geführt werden kann. Zu seiner Zeit gab es das unübersehbare, ebenfalls erfolgreiche – dabei aber nicht zu einer Militärdiktatur führende – Beispiel des indischen Befreiungskampfes unter Gandhi. Camus näherte sich diesem Beispiel in seinen Positionen immer mehr an, zum Beispiel bei seinem Entwurf für eine Kampagne zur Kriegsdienstverweigerung zusammen mit dem antimilitaristischen Anarchisten Louis Lecoin vom Januar 1958, in welchem beide, Camus und Lecoin, schrieben:

> Hinzu kommt, dass sich die Gewaltfreiheit, der man oft nachsagt, dass sie in die Irre führt, in vielen Fällen als sehr wirksam erwiesen hat, während der bewaffnete Widerstand oft genug sein Ziel verfehlt hat. Die Bedeutung der Bewegung von Gandhi muss in diesem Zusammenhang nicht weiter erwähnt werden.[52]

Gandhi war in der Rezeption durch Camus nun auch nicht mehr der *Mahatma*, der entrückte Heilige nach Art von Tarrou oder Trocmé, sondern ebenso profan,

---

50 Zur Solidarität Camus' mit dem Messalismus vgl. vor allem Marin: *Albert Camus*, S. 333–344.

51 Sartre: „Vorwort", S. 19f., 22.

52 Camus, zit. nach Marin: *Albert Camus*, S. 100.

rein menschlich wie vordem im Roman Rieux – und deshalb waren Gandhis Aktionen auch von jeder Alltagsperson durchführbar. In seinem *Vorwort zur Algerischen Chronik* vom März-April 1958 schrieb Camus dann eindeutig:

> Schließlich hat Gandhi bewiesen, daß man für sein Volk kämpfen und sogar siegen kann, ohne auch nur einen einzigen Tag aufzuhören, Achtung zu verdienen. Das blinde Niedermetzeln einer unschuldigen Menge, in der der Mörder im vorhinein gewiß ist, Frauen und Kinder zu treffen, wird jede Sache jederzeit entehren. […] Darum erschien es mir zugleich unanständig und schädlich, gemeinsam mit den Leuten, die Melouza [das Massaker von Melouza vom 28. Mai 1957 wurde von der FLN gegen ein messalistisches Dorf verübt; 374 Männer wurden mit Messern, Äxten und Spitzhacken ermordet; Fanon erklärte als FLN-Pressesprecher, über die wahren Hintergründe im Bilde, öffentlich, es sei ein Massaker der französischen Armee gewesen; 1991 gab der FLN-Oberst Mohammedi Said zu, den Befehl zum Massaker erteilt zu haben; es war nur eines von mehreren Massakern der FLN gegen die Messalisten[53]] oder die Verstümmelung der europäischen Kinder sehr gut verdaut haben, gegen die Folterungen zu protestieren. So wie es mir schädlich und unanständig schien, den Terror an der Seite der Leute zu verurteilen, die sich so leicht mit der Folter abfinden [das war an die Seite des französischen Kolonialismus gerichtet].[54]

Francis Jeanson meinte in seinem Buch *L'Algérie hors la loi*, 1955 zusammen mit seiner Ehefrau Colette publiziert: „Der Messalismus befindet sich auf dem Weg der Liquidierung"[55], und er klagte gleichzeitig Messali Hadj in stalinistischer Manier des Trotzkismus an.[56]

Camus' Positionierung dagegen war eindeutig, er verortete sich mit seinen Bezügen auf Gandhis Kampf klar auf der Seite des Antikolonialismus:

> Die Zeit des Kolonialismus ist vorbei, das gilt es zu erkennen und die Konsequenzen zu ziehen. […] Skizzierung der Lösung, die mir noch möglich erscheint[:] Indem sie das Ende des Kolonialismus als gegeben hinnimmt, schließt diese Lösung die Träume der Wiedereroberung oder Erhaltung des Status Quo aus. […] Diese Lösung schließt aber auch die Träume einer Entwurzelung der Algerienfranzosen aus, die zwar nicht das Recht haben, jemanden zu unterdrücken, wohl aber das, nicht unterdrückt zu werden.[57]

Doch genau so ist es gekommen – mit der sekundären Katastrophe, dass die entwurzelten, nach Frankreich ausgewanderten Algerienfranzosen, die sich als vertrieben und von Frankreich „verraten" wahrnahmen, dann auch noch die Basis

---

53 Vgl. dazu A.a.O., S. 64f.
54 Ders.: „Vorwort zur Algerischen Chronik", S. 146.
55 Francis Jeanson, zit. nach Dechezelles: „Zu einem Buch über Algerien.", in: Marin, *Albert Camus*, S. 333–340, Zitat Jeanson S. 334.
56 Jeanson, zit. nach Dechezelles: Ebd.
57 Camus: „Vorwort zur Algerischen Chronik": S. 150, 153.

für den Aufbau des neofaschistischen Front National unter Jean-Marie Le Pen bildeten. Camus' dritter Weg jenseits von Kolonialmacht und nicht-pluralistischem Befreiungsnationalismus – und mit ihm der des algerischen Messalismus sowie einiger mit Camus in dieser Frage übereinstimmenden französischen AnarchistInnen wie Louis Lecoin oder Rirette Maîtrejean – wurde zwischen den Gewaltideologien des Kolonialismus und der FLN zerrieben.

Der Anarchist Maurice Joyeux rief anlässlich des Todes von Albert Camus 1960 mit einem Zitat aus *Der Mensch in der Revolte* in der anarchistischen Zeitschrift *Le Monde libertaire* in Erinnerung:

> Wenn sie [die Revolte] eine Revolution will, will sie sie zugunsten des Lebens und nicht dagegen. […] Wenn sie schließlich die Geschichte fortschreiten lässt und den Schmerz der Menschen lindert, macht sie es ohne Terror, wenn nicht ohne Gewalt und unter den verschiedensten politischen Bedingungen.[58]

Literatur

Beauvoir, Simone de: *Das Blut der anderen*, Rowohlt: Reinbek 1988 (1963).

Bresolin, Alessandro: „Le choix des camarades: Camus, Chiaromonte, Caffi, Silone". In: *Les Rencontres méditerranéennes Albert Camus: Le Don de la liberté. Les relations d'Albert Camus avec les libertaires* Selbstverlag: Lourmarin 2009.

Cabanel, Patrick / Joutard, Philippe / Semelin, Jacques / Wieviorka, Annette: *La Montagne refuge. Accueil et sauvetage des juifs autour du Chambon-sur-Lignon*. Albin Michel: Paris 2013.

Camus, Albert: *Der Mensch in der Revolte*, Rowohlt: Reinbek 1969.

–: *Die Pest*, Rowohlt: Düsseldorf 1950.

–: „Vorwort zur Algerischen Chronik". In: Ders.: *Fragen der Zeit*, Rowohlt: Reinbek 1977, S. 143–154.

–: „Weder Opfer noch Henker", 8 Artikel vom 19. bis 30. November 1946, In: Lévi-Valensi, Jacqueline (Hg.): *Albert Camus – Journalist in der Résistance*, Laika: Hamburg 2014, Bd. II, S. 157–185.

Carson, Clayborne: *Zeiten des Kampfes. Das Student Nonviolent Coordinating Committee (SNCC) und das Erwachen des afro-amerikanischen Widerstands in den sechziger Jahren*. Graswurzelrevolution: Nettersheim 2004.

Dechezelles, Yves: „Zu einem Buch über Algerien. Offener Brief an Francis und Colette Jeanson", in: Marin, Lou (Hg.): *Albert Camus – Libertäre Schriften (1948–1960)*, Laika: Hamburg 2013, S. 333–340.

---

58 Camus, zit. nach Joyeux, In: Marin: *Albert Camus*, S. 168.

Fayoll, Pierre: *Le Chambon-sur-Lignon sous l'occupation (1940–1944). Les résistances locales, l'aide interalliée, l'action de Virginia Hall (O.S.S.)*. L'Harmattan: Paris 1990.

Gril-Mariotte, Aziza: *Lieu de mémoire au Chambon-sur-Lignon. Le Plateau, terre d'accueil et de refuge*. Dolmazon: Le Cheylard 2013.

Henry, Patrick Gerard: *La Montagne des Justes. Le Chambon-sur-Lignon, 1940–1944*. Privat: Toulouse 2010.

Isserman, Maurice: *If I Had a Hammer… The Death of the Old Left and the Birth of the New Left*. Basic Books, Inc.: New York 1987.

Lebesque, Morvan: *Camus*. Rowohlt: Reinbek 1982 (1960).

Lévi-Valensi, Jacqueline (Hg.): *Albert Camus – Journalist in der Résistance*, 2 Bde. Laika: Hamburg 2014.

Lottman, Herbert R.: *Albert Camus. A Biography*. Erstveröff. 1979, hier Ginko Press: Corte Maders, California/USA 1997.

–: *Camus. Eine Biographie*. Verlag Hoffmann & Campe: Hamburg 1986.

Marin, Lou (Hg.): *Albert Camus – Libertäre Schriften (1948–1960)*. Laika: Hamburg 2013.

–: *Rirette Maîtrejean. Attentatskritikerin, Anarchafeministin, Individualanarchistin*. Graswurzelrevolution: Heidelberg 2016.

Sartre, Jean-Paul: „Vorwort", In: Fanon, Frantz: *Die Verdammten dieser Erde*. Suhrkamp: Frankfurt a. M. 1981, S. 7–28.

Sauvage, Pierre: *Les Armes de l'esprit* (Film), USA/Frankreich 1989, Länge: 90 Minuten.

Semelin, Jacques: *Ohne Waffen gegen Hitler. Eine Studie zum zivilen Widerstand in Europa*. Dipa: Frankfurt a. M. 1995.

Todd, Olivier: *Albert Camus. Ein Leben*. Rowohlt: Reinbek 1999.

Vanney, Philippe: „Une liberté en action: Albert Camus et les Groupes de liaison internationale", In: *Les Rencontres méditerranéennes Albert Camus: Le Don de la liberté. Les relations d'Albert Camus avec les libertaires*. Selbstverlag: Lourmarin 2009, S. 85–97.

Esther Redolfi Widmann

Emanzipatorische Ethik, Macht und individueller Widerstand in Simone de Beauvoirs *Die unnützen Mäuler*

Einleitung

Simone de Beauvoir sieht im Existentialismus jene Philosophie, deren Denken als einziges der Aufgabe gewachsen ist, eine Ethik zu entwerfen, die auch unmittelbar praktisch anwendbar und relevant ist. Die Werke, in denen Beauvoir ihre existentialistische Ethik formuliert und deren Umsetzbarkeit veranschaulicht, sind ihr Essay *Für eine Moral der Doppelsinnigkeit* und ihr Theaterstück *Die unnützen Mäuler*.

Hans-Martin Schönherr-Mann beschreibt in *Gewalt, Macht, individueller Widerstand. Staatsverständnisse im Existentialismus*, dass diese Ethik eine hochpolitische Angelegenheit ist, da sie den Staat bzw. dessen Verfassung an sich betrifft, aber auch, wie Beauvoir in ihrer dramatischen Darstellung einer Grenzsituation in *Die unnützen Mäuler* zeigt, dass die Gleichheit vor dem Recht den Schutz vor Diskriminierung und die Mündigkeit und das Engagement des Individuums einschließt. Nach Schönherr-Manns These vertritt Simone de Beauvoir einen liberalen Individualismus, dessen primäres Anliegen die Selbstverwirklichung freier mündiger Bürgerinnen und Bürger ist. In *Die unnützen Mäuler* zeigt Beauvoir den Kampf für die Rechte des Individuums – mit einem besonderen Augenmerk auf die Rechte von Frauen –, die der Staatsgewalt abgetrotzt und schließlich von dieser anerkannt werden müssen. Die zwiespältige Situation, in der sich der Staat als Repräsentant und Verteidiger einer patriarchal verfassten Gesellschaftsordnung befindet, kommt in den Handlungssträngen des Theaterstücks deutlich zum Ausdruck. Darin zeigt sich, wie Beauvoirs emanzipatorische existentialistische Auffassung, die den Menschen ontische und praktische Freiheit zugesteht, auch unmittelbar die individuelle Verantwortung für all ihre Handlungen nach sich zieht.

In ihrem Essay *Für eine Moral der Doppelsinnigkeit* beschreibt sie, in welchem Dilemma sich der moderne Mensch befindet und welchen Herausforderungen er sich ihrer Meinung nach stellen muss. Allerdings steht die Antwort auf die sich seither aufdrängende Frage noch aus: *Ist es heute noch möglich, nach moralischen Prinzipien zu leben, und wenn ja, nach welchen?* Beauvoirs Standpunkt, dass die Aufgabe des Menschen nicht darin besteht, zu fragen, weshalb er auf Erden ist, sondern wie er diese Zeit verleben will, deutet darauf hin, dass der französische Existentialismus als politische Philosophie der Emanzipation auch zu einer Klärung ethischer Positionen beitragen kann. Aus den Parallelen zwischen den Verhaltensmustern der Vergangenheit und jenen der Gegenwart lassen sich auch Möglichkeiten für ethisch vertretbare Lebens- und Handlungsweisen ableiten, für die sich das Individuum jeweils entscheiden kann. Wohlgemerkt handelt es sich dabei, ganz in Beauvoirs Sinne, um einen Entwurf, bzw. einen Versuch zur Orientierung.

Zur Aktualität von Simone de Beauvoirs Existentialismus: *Die unnützen Mäuler*

Simone de Beauvoir ist heute auf Grund ihrer zahlreichen philosophischen Schriften, u. a. ihrer Essays *Pyrrhus und Cineas* (1944), *Der Existentialismus und die Volksweisheit* (1945), *Moralischer Idealismus und politischer Realismus* (1945), *Für eine Moral der Doppelsinnigkeit* (1947), *What is Existentialism* (1947) und *Merleau-Ponty and Pseudo-Sartreanism* (1955), unbestritten eine bedeutende Mitbegründerin und Hauptexponentin des französischen Existentialismus, der es in hohem Maße gelungen ist, weltweit zur Popularisierung des Existentialismus beizutragen. Beauvoirs wichtigste Werke sind ihr 1949 erschienenes Opus *Das andere Geschlecht* und der 1954 mit dem Prix Goncourt, dem höchsten französischen Literaturpreis, ausgezeichnete Roman *Die Mandarins von Paris*. Neben ihren bekanntesten Veröffentlichungen gibt es aber auch eine Reihe bislang zu Unrecht kaum beachtete bzw. verkannte Arbeiten. Dabei handelt es sich allem voran um zwei *Œuvres*, die sie 1945 fast zeitgleich verfasst und in denen sie den Entwurf einer existentialistischen Ethik formuliert und die Möglichkeit ihrer praktischen Umsetzung veranschaulicht hatte: die Rede ist von *Die unnützen Mäuler* und *Für eine Moral der Doppelsinnigkeit*.

Beauvoirs einziges Bühnenspiel in zwei Akten und acht Szenen wurde 1945 vom Pariser Gallimard Verlag veröffentlicht. Unter dem französischen Titel *Les bouches inutiles* hatte es 1945 am *Théâtre des Carrefours* Premiere, und wurde 1966 beim Festival de Marvejols und 1967 beim Festival von Saint-Germain-des-Prés aufgeführt. Die englische Übersetzung ist 2011 in den von Margaret A. Simons und Mary Beth Timmermann kuratierten *Simone de Beauvoir Series* erschienen. Dieses sowohl in der Forschung als auch vom Publikum kaum beachtete Werk wurde bislang von Rowohlt, Beauvoirs deutschem Verleger, nicht in deutscher Übersetzung herausgegeben. *Für eine Moral der Doppelsinnigkeit* wurde, obschon sie die darin veranschaulichten Thesen im Zuge eines Vortrags 1945 vorgestellt hatte, erst 1947 unter dem französischen Titel *Pour une morale de l'ambïguité* veröffentlicht.

Allerdings mehren sich nun die positiven Anzeichen, die für ein Wiederaufgreifen von *Die unnützen Mäuler* bzw. deren Thematik sprechen. Die Parallelen zwischen den damaligen und den aktuellen Umständen und Rahmenbedingungen scheinen immer zahlreicher und signifikanter zu werden. Simone de Beauvoir musste sich während des Zweiten Weltkrieges, als sie selbst die Not und Angst des Konflikts miterlebte, mit einem moralischen Dilemma auseinandersetzten, welches bis heute nicht an Aktualität eingebüßt hat. In *Für eine Moral der Doppelsinnigkeit* spricht sie die Bedrängnis an, mit der auch heute noch viele Menschen konfrontiert sind:

> Die Menschen von heute […] erkennen sich als höchstes Ziel, dem alles Handeln untergeordnet sein muß, und doch werden sie durch die Erfordernisse des Handelns dazu gebracht, sich gegenseitig als Mittel oder als Hindernisse zu behandeln. Je mehr Macht über die Welt sie bekommen, desto erdrückender lasten Kräfte auf ihnen, die sie nicht zu kontrollieren vermögen: sie sind die Herren der Atombombe, und doch ist diese nur zu ihrer Vernichtung geschaffen; jeder Mensch spürt auf seinen Lippen den unvergleichlichen Geschmack seines Lebens und doch fühlt er sich innerhalb der ungeheuren Gesamtheit, die bis an die Grenzen der Erde reicht, unbedeutender als ein Insekt. Wohl zu keiner Zeit wurde die Größe des Menschen deutlicher offenbar, aber noch nie wurde diese Größe grausamer verhöhnt. Trotz so vieler hartnäckiger Lügen kommt in jedem Augenblick, bei jedem Anlaß die Wahrheit ans Licht: die Wahrheit des Lebens und des Todes, meiner Einsamkeit und meiner Verhaftung mit der Welt, meiner Freiheit und meiner Knechtschaft, der Bedeutungslosigkeit und der höchsten Bedeutung jedes und aller Menschen. […] Da es uns also nicht gelingt, vor der Wahrheit zu fliehen, wollen wir versuchen, ihr ins Antlitz zu sehen. Wir wollen versuchen, unsere wesensmäßige Ambivalenz auf uns zu nehmen. Das Wissen um die wahren Bedingungen unseres Lebens muß uns die Kraft zum Leben und die Gründe für unser Handeln geben.[1]

Die Philosophin war davon überzeugt, dass der Existentialismus eine Ethik zu entwerfen vermag, die auch unmittelbar praktisch relevant ist – d. h. sich in die Tat umsetzen lässt. Genau dies hatte sie in ihrem Essay auch unmissverständlich zum Ausdruck gebracht:

> Wir behaupten also nicht nur, daß der Existentialismus die Aufstellung einer Ethik ermöglicht, sondern wir halten ihn für die einzige Philosophie, in der eine Ethik am Platze ist. […] Nur der Existentialismus zieht, wie die Religionen, das Böse wirklich in Betracht, und vielleicht deshalb steht man ihm so ablehnend gegenüber: die Menschen fühlen sich nicht gern gefährdet. Und doch, gerade weil es eine echte Gefahr, wirkliche Fehlschläge, eine wirkliche Verdammung auf Erden gibt, haben die Wörter Sieg, Klugheit oder Freude

---

1   Beauvoir: „Für eine Moral der Doppelsinnigkeit", S. 80f.

einen Sinn. Nichts ist im voraus entschieden, und weil der Mensch etwas zu verlieren hat und verlieren kann, kann er auch gewinnen.[2]

Dennoch hatte Beauvoir die Hoffnung auf eine einfache Lösung, also auf eine Art „Vademecum ethischen Verhaltens", mit einer sehr präzisen Äußerung bereits im Keim erstickt, denn:

> Was ist praktisch zu tun? Welches Handeln ist gut, welches schlecht? Wer eine solche Frage stellt, verfällt seinerseits in eine naive Abstraktion. Rezepte liefert die Morallehre ebenso wenig wie die Wissenschaft oder die Kunst. Man kann lediglich bestimmte Methoden vorschlagen.[3]

Diese zu Beginn der Betrachtungen als Negativum postulierte Prämisse wird sich allerdings nicht als Nachteil, sondern geradezu als Stärke erweisen. Es ist insbesondere dieser Aspekt der gerade heute Beauvoirs Ethikentwurf maßgebliche Aktualität verleiht. Helene Heise, eine Wissenschaftlerin die sich ausführlich mit Beauvoirs Schriften auseinandergesetzt hat, bestätigt dies in *Beauvoir's ethics of ambiguity: an appreciation:*

> In our time, ethical writings are attempting to provide a system of morality that was formerly supplied by regular sermons from the pulpit. […] Simone de Beauvoir's descriptions of the moral life, however, are not self-righteous. Although she does not make any explicit demands on us, the importance of leading a moral life comes through plainly in her writing.[4]

Les bouches inutiles als Darstellungs- und Ausdrucksform existentialistischer Positionen

Beauvoir und Sartre, die sich als Zeitzeugen und engagierte Intellektuelle dazu verpflichtet sahen, Gewalt, Ungerechtigkeit und Elend des Krieges zu thematisieren bzw. anzuprangern, hatten nebst deren Schriften nach einem Medium gesucht, welches ihnen die Möglichkeit bot, Positionen und Ideen des französischen Existentialismus einem breiteren Publikum vorzustellen. Beide entschieden sich für die Bühne bzw. für das Theater, wenngleich Simone de Beauvoir eben nur für dieses eine Mal. Diesbezüglich darf keinesfalls die Tatsache außer Acht gelassen werden, dass die Darstellung des neuen Menschen nach den Vorstellungen des französischen Existentialismus nach einer neuen Form des Theaters verlangte. Deshalb distanzierten sich sowohl Beauvoir als auch Sartre vom klassischen, psychologischen

---

2   A.a.O., S. 98f.
3   A.a.O., S. 173.
4   Heise: „Beauvoir's ethics of ambiguity: an appreciation", S. 175.

Theater, um am Entwurf eines neuen Genres zu arbeiten: dem des Situationstheaters. Sartre hatte in seinem Artikel *Für ein Situationstheater* eine äußerst prägnante Definition desselben wiedergegeben:

> Die zentrale Substanz eines Stücks ist folglich nicht der Charakter, den man in gelehrten «Theaterwörtern» ausdrückt und der nichts anderes ist als die Summe unsrer Eide (der Eid, sich reizbar, starrsinnig, treu zu zeigen usw.), sondern die Situation. […] Aber wenn es wahr ist, daß der Mensch in einer gegebenen Situation frei ist und daß er in dieser Situation und durch sie sich selbst wählt, dann muß man im Theater einfache menschliche Situationen zeigen und Freiheiten, die in diesen Situationen gewählt werden. Der Charakter kommt danach, wenn der Vorhang gefallen ist. Er ist nur die Verhärtung der Wahl, ihre Verkalkung; […] Das Bewegendste, was das Theater zeigen kann, ist das Entstehen eines Charakters, der Augenblick der Wahl, der freien Entscheidung, durch die sich eine Moral und ein ganzes Leben engagiert. Die Situation ist ein Appell; sie schließt uns ein; sie bietet uns Lösungen, wir müssen entscheiden.[5]

Mit den in *Die unnützen Mäuler* verwendeten dramatischen Mitteln ist es Beauvoir gelungen, umrisshaft eine Synthese von Werten zu skizzieren, aus denen sich praktische Handlungsmöglichkeiten ableiten lassen, ohne die Notwendigkeit eines universell gültigen Wertesystems zu postulieren. Liz Stanley und Catherine Naji verweisen in der Einführung des Theaterstücks eindeutig auf die Tatsache, dass sich die Philosophin sämtlicher Protagonistinnen und Protagonisten bedient, um dem Publikum die unterschiedlichen Situationen einschließlich der sich daraus ergebenden Vielfalt an Entscheidungsmöglichkeiten vor Augen zu führen:

> In the play, Beauvoir explores the meaning and consequences of divergent ethical and philosophical ideas. She does this in part through characters who embody philosophical positions, in larger part through exploring how these characters react to a situation in which a cataclysmic decision is made and its terrible consequences are about to be enacted. […] The positions adopted by its characters change because of this decision – as one event follows another, so what look like static viewpoints begin to shift. This is because this decision overturns everything people had previously assumed about social bounds: it demolishes their beliefs about the nature of the social contract and forces them to realize the ethical consequences that will follow the decision. As their knowledge and understanding change, their sense of self changes as well.[6]

Da Simone de Beauvoir *Les bouches inutiles* noch während der Besatzungszeit verfasst und fertiggestellt hatte und sie sich nicht im Klaren gewesen war, ob ihr Stück vor oder nach Kriegsende aufgeführt würde, hatte sie sich, um die strenge Zensur zu umgehen, entschlossen, jedweden Bezug zur damals aktuellen historischen

---

5   Sartre: „Für ein Situationstheater", S. 45f.
6   Stanley / Naji: „Introduction to the The Useless Mouth", S. 14.

Situation auszuklammern. Beauvoir verlegte das Stück in das 14. Jahrhundert in eine fiktive frankophone belgische Kleinstadt, die sich erst vor kurzem gewaltsam eines tyrannischen Gouverneurs entledigt hatte und die nun von dessen Anhängern belagert wird. Obwohl die Bewohner den Entsatz ihrer Mitstreiter erwarten, droht ihnen auf Grund einer Lebensmittelknappheit binnen weniger Wochen der Hungerstod. Eine Entscheidung des Stadtrats sieht vor, sich aller unnützen Mäuler bzw. aller Schwachen, Alten, Kinder und Frauen zu entledigen. Sie alle sollen in die Gräben außerhalb der Stadtmauern verbannt und ihrem sicheren Tod ausgeliefert werden. Zu Beginn der Aufführung lässt Beauvoir die Zuschauer noch glauben, dass die Bewohner der Stadt das Urteil stillschweigend hinnehmen würden. Etwas später scheint die Philosophin zu suggerieren, dass es dem Hauptdarsteller des Stückes, Jean-Pierre, gelingen würde, den Herrscher und dessen Rat davon zu überzeugen, gemeinsam mit den unnützen Mäulern für die Freiheit der Stadt in den Kampf zu ziehen.

Die Wahl des Begriffs „suggerieren" wurde sehr überlegt getroffen, da sich der Fokus des vorliegenden Beitrags auf die Situation und die entsprechenden Verhaltensweisen richtet bzw. auf die Reaktionen Cathérines, der Frau des Statthalters, der weiblichen Hauptdarstellerin. Dabei ist zu beachten, dass Beauvoir in *Die unnützen Mäuler* Frauen zeigt, die im Laufe der Handlung weit über die ihnen anfänglich zugestandenen gesellschaftlichen und politischen Rollen hinauswachsen. Joanne Megna-Wallace beschreibt diese Transformation deutlich in *Simone de Beauvoir's Les Bouches inutiles: A Sartrean Cocktail with a Twist*:

> [T]he principal heroines are strong, independent, and authentic human beings. Despite their lack of political power, they utilize the only means they know to save their own lives: their voices, silence, and their influence with the men they love who dispose of their fate. [...] Women are assigned a role in defending their human rights.[7]

Aufschlussreich ist dabei, dass die Philosophin die unnützen Mäuler männlichen Geschlechts in Kinder, Kranke und Alte unterteilt, indes sie in Hinblick auf jene dem weiblichen Geschlecht zugehörigen keine derartige Differenzierung vornimmt:

> All females are defined in an a *priori* way as useless by virtue of their sex category membership, while only some kinds of males are seen as useless (boys, old men, and the sick) because they cannot work. And what is defined as work is only the activities that healthy adult men engage in, activities that no women can do.[8]

---

7   Wallace-Megna: "Simone de Beauvoir's *Les Bouches inutiles*", S. 35f.
8   Stanley / Naji: „Introduction to the The Useless Mouth", S. 15.

Zur Aktualität der Lage der Frau in Zeiten von Gewalt, Macht und individuellen Widerstand

Am Beispiel von Cathérine, der Frau des Statthalters, zeigt Simone de Beauvoir auf, wie sich eine Frau trotz ihres Mangels an Einfluss und einer allem Anschein nach aussichtslosen Ausgangsposition die Chance nicht nehmen lässt, den ihr zur Verfügung stehenden – unpolitischen – Spielraum zu nutzen, um sich bei den politischen Akteuren für die Rechte der Schwachen bzw. der unnützen Mäuler stark zu machen. In *Für eine Moral der Doppelsinnigkeit* hatte Beauvoir sämtliche Möglichkeiten einer Opposition aufgezeigt, die gewissermaßen Cathérine unter den gegebenen Umständen zur Verfügung stehen:

> Es gibt zwei Arten von Opposition. Die erste ist die radikale Ablehnung [was auf Clarices Verhalten zurückzuführen ist] der von einem Regime aufgestellten Ziele: [...] Der Oppositionelle der zweiten Art akzeptiert zwar das objektive Ziel, kritisiert jedoch die subjektive Bewegung, die auf dieses Ziel hinführt; vielleicht wünscht er sogar keinerlei Veränderungen der Machtverhältnisse, sondern hält es für erforderlich, das Subjektive unablässig als solches erscheinen zu lassen, indem er die Maßnahmen der Regierenden immer wieder in Frage stellt. Gleichzeitig verlangt er, daß unaufhörlich die Mittel durch das Ziel und das Ziel durch die Mittel in Frage gestellt werden müssen.[9]

Tatsächlich hatte die Frau des Statthalters bis zum Beschluss des Rates, alle unnützen Mäuler zum Tode zu verurteilen, an die politische Institution bzw. an deren Oberhaupt, ihren Mann, geglaubt. Und obschon sie als „Frau" eindeutig von allen politischen Entscheidungen ausgeschlossen war, schreckte sie zu keinem Zeitpunkt davor zurück, sich zumindest im Schatten der Macht bzw. ihres Mannes zu engagieren. Dieses Verhalten ähnelt, so Beauvoir, dem einer „First Lady", aber eben nur dem einer First Lady und nicht dem eines Staatsoberhauptes. Als der Statthalter Cathérine die Entscheidung des Rats mitteilt, schreckt sie nicht vor der Konfrontation zurück und klagt ihn und die politischen Vertreter der Stadt unmissverständlich an. Selbstbewusst versucht sie ihren Mann mit allen ihr zur Verfügung stehenden Mitteln ins Gewissen zu reden. Sie nutzt sozusagen ihren minimalen immanenten Spielraum um eine maximale transzendente Wirkung zu erzielen:

> Your wives, your fathers, your children will be dead, and Vaucelles will live! Were we not her flesh and blood too? Can we be cut off like a rotting hand? [...] Come here. Look at these men. They have met with thirty other men and they have said, We are the present and the future, we are the entire town, only we exist. We decide that the women, the old

---

9   Beauvoir: „Für eine Moral der Doppelsinnigkeit", S. 188f.

men, the children of Vaucelles are no more than useless mouths. Tomorrow they will be driven outside the town and condemned to die of hunger and cold in the ditches.[10]

Im vierten Bild des zweiten Akts ihres Bühnenstücks verdeutlicht Beauvoir in einer theatralischen Glanzleistung Cathérines verzweifelten Bekehrungsversuch:

> We told each other: *our* suffering, *our* victory. We had one future between us. And suddenly, here I am alone, in front of you; you will throw me in the ditches, where cold cinders, peelings, bones, old rags are thrown. But at least look me in the face! […] You're not *asking* me. You have condemned me. […] Am I free to agree? What would you do if I refused? […] I am no longer permitted to have a will. I was a woman and now I am no more than a useless mouth. You have taken from me more than life itself. […] You choose life for yourselves, but death for us.[11]

Als Frau des Statthalters lässt sie nichts unversucht, auch Jean-Pierre – der vom Rückkehrer, der sich die Hände nicht schmutzig machen wollte, schließlich zu dem die Rebellion aller Stadtbewohner anführenden Helden mutieren wird – davon zu überzeugen, dass es unerlässlich ist, sofort zu handeln. Und Handeln bedeutet nach Beauvoir Verantwortung zu übernehmen. Denn erst in dem Moment, in dem ein Mensch die eigene Freiheit einsetzt und zur Tat schreitet, beginnt er sich im existentialistischen Sinne des Wortes zu *verhalten* bzw. als Freiheit zu verwirklichen. Als Cathérine aber schließlich einsehen muss, dass es ihr nicht gelingt, auf ihren Mann und auf Jean-Pierre Einfluss zu nehmen, bleibt ihr – in eine ausweglose Situation getrieben, wie zuvor im Hinblick auf die Vielfalt der Oppositionsmöglichkeiten angedeutet – keine andere Wahl als eine Verzweiflungstat zu planen. Sie ist ernsthaft gewillt ihren Mann, sollte er nicht einlenken, zu ermorden. Auch aus diesem Grunde liegt die Vermutung nahe bzw. darf Beauvoir zumindest auch so verstanden werden, dass es letztlich auf Cathérines Entschlossenheit zurückzuführen ist, die Entscheidungsträger dazu gedrängt zu haben, ihrem Beispiel zu folgen und alles dafür zu tun, die unnützen Mäuler bzw. völlig unschuldige und schutzbedürftige Menschen vor dem sicheren Tod zu bewahren.

Die Situation, in der sich Cathérine in *Die unnützen Mäuler* befindet, spiegelt die Lage der Frauen wider, denen es auch zu Simone de Beauvoirs Zeiten unmöglich war, sich politisch zu engagieren. Jahre bevor sie *Das andere Geschlecht* verfasst hatte, beklagt die Philosophin in *Für eine Moral der Doppelsinnigkeit* die mangelnden Rechte bzw. Freiheiten von Frauen:

> Den Frauen wird in vielen Kulturen eine solche Situation zugewiesen, da sie keine andere Möglichkeit haben, als die von den Männern geschaffenen Gesetze, Götter, Sitten und

---

10 Dies.: „The Useless Mouths", S. 58.
11 A.a.O., S. 57f.

Wahrheiten passiv hinzunehmen. Sogar heute gibt es in Ländern des Westens unter jenen Frauen, die nicht durch die Ausübung eines Berufes ihre Freiheit zu gebrauchen gelernt haben, noch viele, die im Schatten der Männer Schutz suchen: diskussionslos übernehmen sie die von ihrem Gatten oder Liebhaber ausgesprochenen Ansichten und anerkannten Werte. […] Sobald jedoch eine Befreiung als möglich erscheint, ist der Verzicht auf eine Ausnützung dieser Möglichkeit ein Verzicht auf die Freiheit, ein Verzicht, der Unredlichkeit bedeutet und eine positive Schuld ist.[12]

Erwähnenswert Joanne Wallaces Studie, in der sie lapidar auf ebendiesen aktuellen Bezug von Beauvoirs Theaterstück verweist:

> Like women throughout history, they are forced to rely on good will of their leaders, and when this fails, to use their influence in the personal sphere. […] Certainly in the medieval society of the play's setting, but also in 1945 when the play was written, power was male, and women had not yet realized their potential for bringing about change and sharing power. This is still our challenge today.[13]

Wie bereits erwähnt, ist Simone de Beauvoir der Überzeugung, dass die Überwindung einer abstrakten Moral nur dann möglich ist, wenn der Entschluss fällt, zur Tat zu schreiten bzw. wenn die- bzw. derjenige sich auch tatsächlich in der Lage befindet, dies tun zu können. Die Grundproblematik ist hier – obschon diese erst in *Das andere Geschlecht* in den Fokus ihrer Untersuchung rücken wird –, wie sich dies mit der situierten Freiheit der Frau in Einklang bringen lässt. Vorläufig beschränkt sich Beauvoir darauf, die Entscheidungsfreiheit bzw. die Handlungsmöglichkeiten von Frauen umrisshaft zu beleuchten, da diese auch immanent situiert durchaus die Gelegenheit haben zur Tat zu schreiten und dadurch die transzendente Dimension ihrer Freiheit zu realisieren. Am Ende des Theaterstückes, als sich die unnützen Mäuler mit den übrigen Bewohnern zusammenschließen, um mit Waffengewalt gegen die Belagerer vorzugehen, stellt sich die bislang so mutige und selbstsicher wirkende Cathérine zum ersten Mal die Frage, welche Konsequenzen ihr Handeln tatsächlich mit sich bringt: „Perhaps it would have been better to have let myself be thrown into the ditches without resisting. Have I saved these children and women? Have I condemned these men to death?"[14] Simone de Beauvoir erörterte diesen Gewissenskonflikt in *Für eine Moral der Doppelsinnigkeit* wie folgt:

> Gibt es vielleicht eine zwangsläufige Dialektik der Macht, die der Moral keinen Platz mehr läßt? Ist, selbst in konkreter, realistischer Form, das Bemühen um Sittlichkeit den

---

12 Dies.: „Für eine Moral der Doppelsinnigkeit", S. 101f.
13 Wallace-Megna: „Simone de Beauvoir's *Les Bouches inutiles*", S. 38.
14 Beauvoir: „The Useless Mouths", S. 81.

Interessen des Handelns abträglich? Sicher wird man hier einwenden, daß das Zögern, die Unruhe den Sieg nur hinausschieben. Da auf jeden Fall mit jedem Erfolg ein gewisses Scheitern verbunden ist, […] wäre es da nicht am besten, sie einfach nicht zur Kenntnis zu nehmen?[15]

Letzten Endes ist es Jean-Pierre, dem Beauvoir es überlässt, Cathérine die einzig richtige Antwort zu geben:

Your silence would perhaps have saved these men. It would certainly have lost these women and children. Instead we will weigh upon the earth. […] We cannot know. Now I see it clearly: our lot is to take the risk and the anguish. But why should we hope to be at peace? […] We are fighting for liberty, and liberty will triumph through our freely given sacrifice. Alive or dead, we are the victors.[16]

In diesem Zusammenhang sei auch nachstehende Passage aus *Für eine Moral der Doppelsinnigkeit* erwähnt, in der die Philosophin ausdrücklich festhält dass

jede politische Entscheidung eine ethische Entscheidung ist, Entscheidung und Einsatz: Man setzt auf die Aussichten und Risiken der ins Auge gefaßten Maßnahme; aber ob man unter den gegebenen Umständen die Aussichten und Risiken akzeptieren soll, muß unwiderruflich entschieden werden, und indem man diese Entscheidung trifft, setzt man Werte.[17]

Trotz allem aber verurteilt oder rechtfertigt sie weder in *Les bouches inutiles* noch in einer ihrer anderen Schriften irgendjemanden *a piori*. Sie lässt es sich aber auch nicht nehmen, ausdrücklich darauf hinzuweisen, dass der mathematische Faktor, das rationale Kalkül, keineswegs als Entscheidungshilfe dienen sollte, bzw. verneint sie, dass allgemein gültige, d. h. abstrakte Lösungen irgendeinen Nutzen haben:

Es ist hier unmöglich, in aller Ruhe mathematische Berechnungen anzustellen. Man muß versuchen, die Erfolgsaussichten abzuwägen, die ein bestimmtes Opfer mit sich bringt; aber erstens ist eine solche Schätzung stets zweifelhaft, und zudem kann man angesichts der unmittelbaren Wirklichkeit des Opfers nur schwer im Begriff einer Erfolgsaussicht denken. […] Das Leid eines Menschen oder auch die Leiden von Millionen Menschen lassen sich mit den von Millionen anderen Menschen gewonnenen Errungenschaften nicht auf einen Nenner bringen; der gegenwärtige Tod und das zukünftige Leben sind inkommensurabel. Es wäre völlig utopisch, wollte man eine Gleichung aufstellen, in der auf der einen Seite die mit dem zu erreichenden Ziel multiplizierten Erfolgsaussichten, auf der anderen das unmittelbare Opfer stünden.[18]

---

15 Dies.: „Für eine Moral der Doppelsinnigkeit", S. 187.
16 Dies.: „The Useless Mouths", S. 81.
17 Dies.: „Für eine Moral der Doppelsinnigkeit", S. 184.
18 A.a.O., S. 183f.

Conclusio

Es hat den Anschein, als wären wir kaum weitergekommen, denn die voranstehenden Ausführungen besagen nichts anderes, als daß es nützlich erscheint, die am wenigsten nützlichen Menschen jenen Menschen zu opfern, die nützlicher sind. Aber dieser Rückverweis vom Nützlichen auf das Nützliche läßt eines deutlich werden: die Ergänzung des Wortes «nützlich» ist das Wort «Mensch», aber auch das Wort «Zukunft», es ist der Mensch als «Zukunft des Menschen».[19]

Doch dieser erste Eindruck täuscht, denn wie Christine Daigle in ihrer Studie aufzeigt, war es nie die Intention Simone de Beauvoirs gewesen, allgemeingültige Verhaltensweisen vorzuschlagen:

She is not concerned with providing recipes for right conduct. She is not looking for definite rules and principles, because, as she says, these cannot be established. […] In the realm of ethics, then, we have to be creative and invent rules of conduct for ourselves. […] Despite the fact that Beauvoir gives us no recipes, her philosophy gives us the necessary method and guidance to make of human flourishing a genuine possibility for the human being.[20]

Dennoch hat sich im Laufe der Erörterungen des Theaterstücks der Entwurf einer Morallehre, die nach Beauvoirs Ermessen ohne Weiteres als individualistische Ethik bezeichnet werden darf, deutlich herauskristallisiert:

Wenn man unter Individualismus eine Einstellung versteht, die dem Menschen einen absoluten Wert beimißt und ihm allein die Macht zuerkennt, seine Existenz zu begründen, dann ist die existentialistische Ethik individualistisch. […] Sie steht im Gegensatz zu den totalitären Doktrinen, die über den Menschen das Trugbild der Menschheit stellen. […] Ein solcher Individualismus führt jedoch nicht zur Anarchie der Willkür. Der Mensch ist frei, aber in seiner Freiheit findet er sein Gesetz. Zunächst einmal muß er die Freiheit auf sich nehmen, darf ihr nicht entfliehen wollen. Er nimmt sie auf sich, indem er konstruktiv tätig wird – man existiert nicht, ohne zu schaffen –, aber auch durch ein negatives Verhalten: er lehnt die Unterdrückung für sich und für seine Mitmenschen ab. In beiden Fällen geht es darum, der zufälligen Geworfenheit des Daseins die Freiheit abzuringen, das heißt, die Gegebenheit, die zunächst grundlos *da ist*, als vom Menschen gewollt neu zu erfassen. Eine solche Eroberung ist niemals abgeschlossen. Die Zufälligkeit bleibt bestehen, und um seinen Willen zu bestätigen, ist der Mensch sogar gezwungen, den Skandal dessen, was er nicht will, in der Welt erscheinen zu lassen. Aber dieses partielle Scheitern ist eine Bedingung des Lebens; man kann sich eine Aufhebung dieses Scheiterns nicht vorstellen, ohne gleichzeitig an den Tod zu denken. Das bedeutet nicht, daß man mit dem

---

19 A.a.O., S. 158.
20 Daigle: „The Ambiguous Ethics of Beauvoir", S. 124f.

Scheitern einverstanden sein muß, sondern man muß vielmehr bereit sein, ohne Unterlaß dagegen anzukämpfen.[21]

Daraus lässt sich schließen, dass der hier veranschaulichte Moralentwurf auch nach Simone de Beauvoirs Ermessen als individualistische Ethik bezeichnet werden darf. Die Philosophin setzt nämlich eine Freiheit voraus, auch wenn diese, wie am Beispiel der weiblichen Protagonistin Cathérine aufgezeigt worden ist, nur situiert existiert. Die Verstrickung von Freiheit und Verantwortung und das gegenseitige Angewiesensein der Geschlechter führen die Aktualität von Beauvoirs Theaterstück deutlich ans Licht. Täglich werden wir durch Medien mit Kriegen und Krisen konfrontiert. Konflikte, die Tod, Armut und Leid verursachen, lasten seit Menschengedenken auf uns. Es ist unumstritten, wie sehr die Emanzipation, die den patriarchalischen Staat unterwandert, auf den demokratischen Rechtsstaat angewiesen ist. Obschon der Zweite Weltkrieg viele Jahre zurückliegt, sind wir noch weit davon entfernt, von einem Weltfrieden sprechen zu können. Davon zeugen die zahlreichen Kriege und Konflikte, die zurzeit weltweit sowohl zwischenstaatlich als auch innerstaatlich wüten und unter denen Frauen noch mehr leiden als Männer. Aktuelle politikwissenschaftliche Studien belegen, dass sich die klassische Form des Krieges seit dem Zweiten Weltkrieg im Wandel befindet. War das staatlich-militärische Gewaltmonopol früher auf Gegner außerhalb gerichtet, so konzentriert sich die militärische Gewaltanwendung in aktuellen Konflikten vermehrt auch auf innerstaatliche Subjekte, die als Zerfallsprodukte eines einheitlich gedachten Staatssubjekts in Konkurrenz zu diesem bzw. untereinander stehen. Sinn und Zweck dieser „neuen Kriege" ist der Streit um das innergesellschaftliche Machtmonopol zwischen verschiedenen Interessensgruppen, die lediglich ihre partiellen Interessen verfolgen und nach schnellem Profit streben. Bekämpften sich bislang militärische Großverbände auf Kosten der Zivilbevölkerung, so sind es aktuell vermehrt bewaffnete Einzelgruppen, Milizen und Privatarmeen, die Leid und Elend verursachen. Die dabei entstandene chaotisierte Kriegsführung, die keine zentrale Gesamtleitung nach strategischen Prinzipien vorsieht, verschlimmert die Lage aller Beteiligten zunehmend auch dadurch, dass die klassische Trennung zwischen Kampfzonen und einigermaßen sicheren Hinterlandzonen nicht mehr existiert.[22]

Simone de Beauvoir selbst war – auch stellvertretend für viele ihrer Zeitgenossinnen – unmittelbare Augenzeugin von Gewalttaten und der Misere des Zweiten Weltkrieges, und so können auch wir uns heute aufgrund eines den gesamten Globus umspannenden Kommunikationsnetzes weder unmittelbar als Augenzeugen,

---

21 Beauvoir: „Für eine Moral der Doppelsinnigkeit", S. 190.
22 Vgl. Woyke: *Handwörterbuch internationaler Politik*.

allerdings aber auch nicht als gänzlich Unbeteiligte bzw. Unwissende gerieren. Wenn nur diejenigen, die frei sind, auch verantwortlich sind, stellt sich die Frage, in welchem Ausmaß gerade die emanzipierten Frauen Verantwortung tragen, anders als dies für Frauen der Fall ist, deren Freiheit in traditionellen Lebensformen situiert, d. h. deren Rechte vielfach nicht anerkannt sind. Die Notwendigkeit einer modernen Moral, die sich den aktuellen Begebenheiten anpasst und die uns zudem in die Lage versetzt, ein verantwortungsvolles Verhalten an den Tag zu legen, ist mehr denn je notwendig. Denn was der Existentialismus dem Menschen keinesfalls bietet, ist der Trost einer Garantie von „außen", wie Beauvoir in *Für eine Moral der Doppelsinnigkeit* deutlich zum Ausdruck bringt. Der Existentialismus gewährt uns nämlich keine Flucht ins Abstrakte, ganz im Gegenteil, da er

> behauptet, daß es jedem Menschen trotz seiner Begrenzungen und durch seine Begrenzungen zukommt, sein Dasein als etwas Absolutes zu verwirklichen. Trotz der schwindelerregenden Größe der uns umgebenden Welt, trotz der Last unserer Unwissenheit, trotz der Risiken zukünftiger Katastrophen und unserer eigenen Schwäche innerhalb der riesigen Gesamtheit bleibt die Tatsache bestehen, daß wir heute und immerdar frei sind, wenn wir uns dafür entscheiden, unser Dasein in seiner auf das Unendliche hin offenen Endlichkeit zu wollen.[23]

Letzten Endes war auch Simone de Beauvoirs Zeit, so wie unsere Gegenwart, durch Kriege und Konflikte gezeichnet. Die Philosophin besteht aber darauf, dass eines nie in Vergessenheit geraten darf, nämlich dass „die Vergangenheit […] ein Anruf [ist], ein Anruf an die Zukunft."[24] Deshalb ist ihr an alle zeitlos gerichteter Rat „weder in der Vergangenheit noch in der Zukunft ein Ding einem Menschen vorziehen, denn dieser allein ist der Grund aller Dinge."[25]

Literatur

Beauvoir, Simone de: „Pyrrhus und Cineas" [*Pyrrhus et Cinéas*, 1944]. In: Dies.: *Soll man de Sade verbrennen? Drei Essays zur Moral des Existentialismus*. Rowohlt: Reinbek bei Hamburg 2007, S. 195–264.

–: „Der Existentialismus und die Volksweisheit" [*L'existentialisme et la sagesse des Nations*, 1945]. In: Dies.: *Auge um Auge. Artikel zu Politik, Moral und Literatur 1945–1955*. Rowohlt: Reinbek bei Hamburg 1992, S. 35–85.

---

23 Beauvoir: „Für eine Moral der Doppelsinnigkeit", S. 192.
24 A.a.O., S. 143.
25 A.a.O., S. 144.

–: „Moralischer Idealismus und politischer Realismus" *[Idéalisme morale et réalisme politique, 1945]*. In: Dies.: *Auge um Auge. Artikel zu Politik, Moral und Literatur 1945–1955*. Rowohlt: Reinbek bei Hamburg 1992, S. 7–34.

– „The Useless Mouths". In: Simons, Margaret A. (Hg): *Simone de Beauvoir. "The Useless Mouths" and Other Literary Writings*. Urbana: University of Illinois Press, 2011, S. 33–87.

–: „Für eine Moral der Doppelsinnigkeit" *[Pour une morale de l'ambïguité, 1947]*. In: Dies.: *Soll man de Sade verbrennen? Drei Essays zur Moral des Existentialismus*. Rowohlt: Reinbek bei Hamburg 2007, S. 78–192.

–: „What Is Existentialism?" *[Qu'est-ce que l'existentialisme?, 1947]*. In: Simons, Margaret A., Timmermann, Marybeth, Mader, Mary Beth (Hrsg.): *Simone de Beauvoir: Philosophical Writings*. University of Illinois Press, 2004, S. 323–326.

–: „Merleau-Ponty and Pseudo-Sartreanism" *[Merleau-Ponty et le pseudo-sartrisme, 1955]*. In: Simons, Margaret A., Timmermann, Marybeth (Hrsg.): *The Beauvoir Series. Simone de Beauvoir: Political Writings*. University of Illinois Press, 2012, S. 206–257.

–: *Das andere Geschlecht. Sitte und Sexus der Frau* [*Le deuxième sexe*, 1949]. Rowohlt: Reinbek bei Hamburg 2008.

–: *Die Mandarins von Paris* [*Les Mandarins*, 1954]. Rowohlt: Reinbek bei Hamburg 2007.

Daigle, Christine: „The Ambiguous Ethics of Beauvoir". In: Daigle, Christine (Hg.): *Existentialist Thinkers and Ethics*. McGill-Queen's University Press: Montreal 2006, S. 3–23.

Heise, Helene: „Beauvoir's ethics of ambiguity: an appreciation". In: *Simone de Beauvoir Studies Volume 8: The legacy of Simone de Beauvoir and Jean-Paul Sartre*, 1991, S. 175–182.

Sartre, Jean-Paul: „Für ein Situationstheater". In: Sartre, Jean-Paul: *Mythos und Realität des Theaters. Aufsätze und Interviews 1931–1971*. Rowohlt: Reinbek bei Hamburg 1991, S. 45–57.

Schönherr-Mann, Hans-Martin: *Gewalt, Macht, individueller Widerstand. Staatsverständnisse im Existentialismus*. Nomos: Baden-Baden 2015.

Simons, Margaret A. (Hg): *Simone de Beauvoir. "The Useless Mouths" and Other Literary Writings*. University of Illinois Press: Urbana 2011.

Stanley, Liz / Naji, Catherine: „Introduction to the The Useless Mouth (A Play)". In: Simons, Margaret A. (Hg): *Simone de Beauvoir. "The Useless Mouths" and Other Literary Writings*. University of Illinois Press: Urbana / Chicago / Springfield 2011, S. 11–32.

Wallace-Megna, Joanne: „Simone de Beauvoir's *Les Bouches inutiles*: A Sartre-an Cocktail with a Twist". In: Patterson, Astarita Yolanda (Hrsg.): *Simone de Beauvoir Studies, Vol. 7.* The Simone de Beauvoir Society: Menlo Park 1990.

Woyke, Wichard (Hg.) *Handwörterbuch internationaler Politik.* UTB: Bonn 2004.

Autorinnen und Autoren

Alfred Betschart promovierte an der Universität St. Gallen (HSG). Mitglied des Vorstands der Sartre Gesellschaft e.V. (Berlin), mehrere Beiträge in Büchern, Vorträge im deutsch- und englischsprachigen Raum. Für weitere Veröffentlichungen und Informationen zu Sartre siehe seine Webseite www.sartre.ch.

Jens Bonnemann, PD Dr. phil, Akademischer Rat am Institut für Philosophie der Friedrich-Schiller-Universität Jena. Forschungsschwerpunkte: Wahrnehmungsphilosophie, Bildphilosophie und Ästhetik, Sozialphilosophie, Phänomenologie. Studium der Philosophie, Germanistik, Kommunikationswissenschaft in Bochum und Essen. Promotion am Institut für Philosophie in Bochum. Lehraufträge an den Universitäten Bochum, Basel und Weimar. Lehrstuhlvertretung an der Universität Landau. Einschlägige Veröffentlichungen: *Der Spielraum des Imaginären. Jean-Paul Sartres Imaginationstheorie und ihre Bedeutung für seine phänomenologische Ontologie, Ästhetik und Intersubjektivitätstheorie.* Felix Meiner: Hamburg 2007. *Die wirkungsästhetische Interaktion zwischen Text und Leser. Wolfgang Isers impliziter Leser im* Herzmaere *Konrads von Würzburg.* Peter Lang: Frankfurt a. M.: 2008. *Wahrnehmung als leibliches Widerfahrnis.* Mentis-Verlag: Münster (im Druck). Hg. zus. mit Nikolaj Plotnikov und Meike Siegfried: *Zwischen den Lebenswelten. Interkulturelle Profile der Phänomenologie.* Lit-Verlag: Münster 2012 (Sammelband). Email: jensbonnemann@uni-jena.de.

Michel Kail unterrichtete Philosophie. 1986–2007 war er Mitglied der Redaktion der von Sartre und Beauvoir gegründeten Zeitschrift *Les Temps Modernes*. Er war ebenfalls Kodirektor der 1966 gegründeten Zeitschrift *L'Homme et la Société*, einer internationalen Zeitschrift für Sozialwissenschaften. Er verfasste mehrere Werke und Beiträge zu Sartre und Beauvoir, Psychologiegeschichte, Wirtschaftskritik und politischer Philosophie. Er ist Mitherausgeber von Sartres Werk *Was ist Subjektivität?* (Turia + Kant: Wien 2015).

Kristoffer Klement, Jahrgang 1986, studierte Philosophie und Geschichte in Braunschweig und Berlin mit den Schwerpunkten Sozialphilosophie, politische Philosophie, Sozialontologie und Ethik. 2015 schloss er seinen Master im Fach Philosophie an der Humboldt-Universität zu Berlin mit einer Arbeit zu politischer Entfremdung in demokratischen Verhältnissen ab. Derzeit bereitet er eine Promotion zur Ethik und Kritik sozialer Integration vor. Hand in Hand mit der philosophischen Forschung engagiert er sich gegen Rassismus, für Geflüchtete und Tierrechte. Kontakt: kklement@arcor.de.

Lou Marin, geb. 1961, politisch sozialisiert in weiterem Sinne in der westdeutschen Anti-AKW- und Friedensbewegung der Achtzigerjahre, im engeren Sinne seit 1982 Autor und Mitglied im Redaktions- und HerausgeberInnen-Kollektiv der gewaltfrei-anarchistischen Zeitung *Graswurzelrevolution*; lebt seit 2001 in Marseille und ist dort Mitglied des Kollektivs der Bibliothek und des Archivs der anarchistischen Bewegung CIRA (*Centre Internationale de Recherches sur l'Anarchisme*), Publikationen in französischer, englischer und deutscher Sprache zu Albert Camus und seinen Verbindungen zum Anarchismus.

Esther Redolfi Widmann, Philosophin und Referentin (Bachelorstudium und Masterstudium der Philosophie an der Università degli Studi di Trento, Italien, und Doktoratsstudium an der Leopold-Franzens-Universität-Innsbruck, Österreich) im Forschungsbereich französischer Existentialismus (Jean-Paul Sartre und Simone de Beauvoir).

Linda Sauer ist Politikwissenschaftlerin mit Schwerpunkt Politische Theorie und Philosophie. Sie promoviert über die politische Urteilskraft im Werk Hannah Arendts und arbeitet als Wissenschaftliche Mitarbeiterin an der Hochschule für Politik – Bavarian School of Public Policy und an der School of Education der TU München. Ihre Forschungsschwerpunkte liegen im Bereich der Politischen Philosophie, der Existenz- und Geschichtsphilosophie sowie der modernen Emanzipationsbewegungen. Sie ist Mitautorin mehrerer Sammelbände, u.a.: Rigmar Osterkamp (Hg.): *Auf dem Prüfstand: Ein bedingungsloses Grundeinkommen für Deutschland?*, Baden-Baden 2015. Kontakt: linda.sauer@hfp.tum.de.

Hans-Martin Schönherr-Mann, Prof. f. politische Philosophie an der LMU München; der Hochschule für Politik/TUM; regelmäßiger Gastprof. an der Univ. Innsbruck; neuere Buchpublikationen 2010: *Die Macht der Verantwortung*, Karl Alber Hinblick; 2012: *Was ist politische Philosophie*, Campus Studium; 2013: *Protest, Solidarität und Utopie – Perspektiven partizipatorischer Demokratie*, Edition fatal; 2015: *Untergangsprophet und Lebenskünstlerin – Über die Ökologisierung der Welt*, Matthes & Seitz Berlin; *Gewalt, Macht, individueller Widerstand – Staatsverständnisse im Existentialismus*, Nomos; *Camus als politischer Philosoph*, Innsbruck Univ. Press; 2016: *Politik zwischen Verstehen und Werten – Hermeneutik als politische Philosophie*. Vorlesung am Geschwister-Scholl-Institut 2002/2003, SVH; *Sexyness als Kommunikation – Die Geburt der Sexualität aus dem Geist der Massenmedien*, BoD.

Tatjana Schönwälder-Kuntze ist apl. Professorin für Philosophie an der LMU. Sie hat ebendort Philosophie, Logik und Wissenschaftstheorie sowie Psychologie studiert. Seit 2010 ist sie mit Unterbrechungen im Heisenbergprogramm der DFG zunächst als Fellow am Institut für Sozialforschung in Frankfurt, dann 2012 als Gastwissenschaftlerin und -dozentin an der UC Berkeley im *Critical Theory Program*. Weitere Lehraufträge und Gastprofessuren im In- und Ausland, u.a. am Institut für Philosophie der Friedrich-Alexander-Universität Erlangen-Nürnberg, am Institut für Philosophie an der Universität Wien und als Lehrstuhlvertretung an der Carl von Ossietzky Universität Oldenburg. Systematisch-historisch forscht sie im Rahmen kritisch-reflexiver Sozialphilosophie zur Formulierung einer dekonstruktiven Ethik, wie sie vor allem in der französischen Gegenwartsphilosophie nach Kant (, Hegel) und Husserl konzipiert wird. Wichtigste Veröffentlichungen (Auswahl): *Authentische Freiheit. Zur Begründung einer Ethik nach Sartre* (2001); *Störfall Gender. Grenzdiskussionen in und zwischen den Wissenschaften* (2003, Mithg.); *George Spencer Brown. Eine Einführung in die Laws of Form* (2004/2009, Ko-Autorin); *Corporate Citizenship and Ethical Theory* (2008, Mithg.); *Freiheit als Norm? Moderne Theoriebildung und der Effekt Kantischer Moralphilosophie* (2010) sowie zuletzt *Philosophische Methoden zur Einführung* (2015/2016).

Richard Sobel ist Professor der Ökonomie an der Universität Lille 1 in Frankreich und Forscher am CLERSE (UMR 8019 CNRS). Seine Arbeiten widmeten sich der Kritik der politischen Ökonomie, der Epistemologie und der Wirtschaftsphilosophie. Letzte Veröffentlichung: "Formal Economy, Substantive Economy, and Economism: A Critical Interpretation of Karl Polanyi's Distinction". In: *Philosophy of the Social Sciences*, 2016, Vol. 46 (5), S. 473–497 (mit Nicolas Postel).

Paul Stephan hat Ende 2015 sein Studium der Philosophie, Germanistik und Soziologie mit dem Grad eines Magister Artium abgeschlossen. Er studierte an der Goethe-Universität Frankfurt am Main und am University College Dublin. In seiner von Christoph Menke betreuten Magisterarbeit beschäftigte er sich mit der Wahrheitsproblematik beim späten Nietzsche. Er hielt einige Vorträge und veröffentlichte zahlreiche Artikel zu Aspekten von Nietzsches Philosophie, insbesondere zu ihrer politischen Bedeutung. Gegenwärtig bereitet er ein Promotionsprojekt vor, dass sich der Frage nach der Authentizität im Denken Kierkegaards, Stirners und Nietzsche widmen soll. Daneben arbeitet er an einem weiteren Buchprojekt, nämlich einer Einführung in den Links-Nietzscheanismus. Einige Texte von ihm können auf blog.harp.tf eingesehen werden.

Personenregister

Lightning Source UK Ltd.
Milton Keynes UK
UKHW011345271220
375924UK00001B/122